C. von der Mosel

Repertorium des Deutschen Verwaltungsrechtes

C. von der Mosel

Repertorium des Deutschen Verwaltungsrechtes

ISBN/EAN: 9783741158377

Hergestellt in Europa, USA, Kanada, Australien, Japan

Cover: Foto ©ninafisch / pixelio.de

Manufactured and distributed by brebook publishing software (www.brebook.com)

C. von der Mosel

Repertorium des Deutschen Verwaltungsrechtes

Repertorium

des

Deutschen Verwaltungsrechtes.

Alphabetisch zusammengestellt

von

C. von der Mosel,
Königlich Sächsischer Bezirks-Assessor.

Plauen, 1877.
Verlag von Felix Schöne.

Abkürzungen.

R.V. = Reichsverfassung vom 16. April 1871 (Reichs-Gesetzblatt von 1871 Seite 64 ff.).
G.O. = Gewerbeordnung vom 21. Juni 1869 (Bundes-Gesetzblatt von 1869 Seite 245 ff.).
St.G.B. = Strafgesetzbuch für das Deutsche Reich, in der Neuredaction publicirt im Reichsgesetzblatte von 1876 Seite 40 ff.
E.O. = Ersatz-Ordnung vom 28. September 1875 (Central-Blatt für das Deutsche Reich vom Jahre 1875 Seite 535 ff.).
C.O. = Control-Ordnung vom 28. September 1875 (Central-Blatt vom Jahre 1875 Seite 631 ff.).
R.O. = Recrutirungs-Ordnung vom 28. September 1875 } beide als Heer-Ordnung im
L.O. = Landwehrordnung vom 28. September 1875 } Separatabdrucke publicirt.

NB. In den Text des Repertoriums sind lediglich die durch das Reichs- bez. Bundes-Gesetzblatt publicirten Bestimmungen aufgenommen worden; bei denjenigen Bestimmungen des Textes, welche durch das Gesetzblatt nicht zur Publication gelangt sind, ist dieß in der dazu gehörigen Anmerkung besonders bemerkt worden. Mit Rücksicht darauf, daß in der Ersatz-Ordnung sowohl als in der Control-Ordnung auf die einschlagenden Bestimmungen des Militärgesetzes, des Wehrgesetzes und der übrigen Militärgesetze, welche im einzelnen Falle einschlagen, verwiesen wird, hat man sich in diesen Fällen auf Allegirung der betreffenden Bestimmung der Ersatz-Ordnung und Control-Ordnung beschränkt.

Abbildungen.
  I. Vervielfältigungen derselben fallen unter das Preß=
     gesetz (Preßgesetz vom 7. Mai 1874, § 2). Hierzu
     siehe **Presse**, insbesondere A I 1 (Anzeige des Locals)
     und A II (Vernichtung strafbarer Abbildungen und
     der zu deren Herstellung benutzten Platten ꝛc. ist im
     Urtheile auszusprechen).
  II. Naturwissenschaftliche, technische ꝛc. Abbildungen, welche
     ihrem Hauptzwecke nach nicht als Kunstwerke zu be=
     trachten sind, unterstehen dem Schutze des Gesetzes
     vom 11. Juni 1870 gegen Vervielfältigung (§ 43
     und 44 dieses Gesetzes und **Urheberrecht** unter I).
     Das Recht, Werke der bildenden Kunst, Photogra=
     phien, Muster und Modelle nachzubilden, steht mit
     gewissen Modificationen dem Urheber ausschließlich
     zu. (Gesetze vom 9. 10. und 11. Jan. 1876 und
     dazu **Urheberrecht** unter II.)
  III. Ueber polizeilich strafbare Abbildungen s. St.G.B.
     § 360, No. 6 und 7 (Abbildungen, welche dem
     Papiergelde ähnlich sind, unbefugte Abbildung von
     Wappen).

Abdecker. Eine besondere Concession fordert G.O., ab=
  gesehen von der nach § 16 der G.O. erforderlichen
  Genehmigung zu Errichtung von Abbdeckereien als ge=
  werblichen Anlagen, nicht; die bestehenden Zwang= und
  Bannrechte der Abdecker sind aufrecht erhalten durch
  G.O. § 7, No. 2.

Abgaben s. **Steuern**.

Abgraben von fremden Grundstücken, Wegen ꝛc., ist nach Str.G.B. § 370, 1 strafbar; wegen fortdauernder Geltung der Landesgesetze über Feldpolizei s. Einführungsgesetz vom 31. Mai 1870 § 2, 2.

Ablösbarkeit gewerblicher Zwang- und Bannrechte s. G.O. § 8 und § 9.

Abpflügen fremder Grundstücke s. St.G.B. § 370, 1 und Einführungsgesetz vom 31. Mai 1870 § 2, 2.

Abschlußnummer, Begriff derselben s. E.O. § 65, 2; nähere Bestimmungen hierüber s. E.O. § 57, 1—3 § 75, 2.

Absperrungsmaaßregeln bei ansteckenden Krankheiten s. Medicinalwesen B 2 und 3 auch Rinderpest.

Abstammung begründet den Erwerb der Reichs- und Staats-Angehörigkeit (Ges. vom 1. Juni 1870 § 2, 1).

Abzeichen s. Uniform, Orden, Landwehrdienstauszeichnung.

Active Dienstpflicht bez. Dienstzeit s. Militärwesen B und E.

Actives Heer, active Militärpersonen, wer dazu gehört, und Bestimmungen für dieselben s. Militärwesen D.

Adel. Strafe für unbefugte Annahme des Adelsprädicats s. St.G.B. § 360, 8; Verlust des Adels infolge Verlusts der bürgerlichen Ehrenrechte s. St.G.B. § 32 bis § 34.

Admiralität s. Seewesen B II 1.

Advocaten.
 I. Die advocatorische Praxis unterliegt der G.O. nicht (G.O. § 6).
 II. Die Advocatur ist öffentliches Amt im Sinne des St.G.Bs., dagegen sind Advocaten nicht Beamte im Sinne dieses Gesetzes (St.G.B. § 31, 2 § 395); über die Unfähigkeit zu diesem Amte bez. Verlust desselben als Strafe s. Amt.
 III. Ueber die dem Reichsoberhandelsgerichte über Advocaten zustehenden Disciplinarbefugnisse s. Ges. vom 29. März 1873.
 IV. Inwieweit Reichsbeamten bei Berechnung ihrer Pension

ihre frühere Thätigkeit als Sachwalter oder Notar angerechnet werden kann, s. Ges. vom 31. März 1873 § 52, 1.
V. Strafen für unberechtigte Erhebung von Gebühren Seiten der Advocaten s. St.G.B. § 352, für Prävarication s. § 356, für Offenbarung von Privatgeheimnissen s. § 200.

Aemter, öffentliche, s. Amt.
Aerzte s. Medicinalwesen.
Agenten s. Versicherungswesen II (Feuerversicherungsagenten), Auswanderung I 2 (Auswanderungsagenten).
Alkoholometer s. Maaß- und Gewichtsordnung vom 17. Aug. 1868 Art. 11, Eichordnung vom 16. Juli 1869 § 40—§ 42.
Allgemeiner Postverein s. Postwesen B V 1.
Alphabetische Liste s. zunächst Grundlisten; speciell die alphabetischen Listen betrifft E.O. § 46 (Bedeutung und Zweck), § 63, 3 (eigenhändige Führung durch den Civilvorsitzenden), § 65, 10 (Eintragung der Loosnummern im Musterungstermine), § 70, 8 (Revision durch die Oberersatzcommission), § 76, 4 (Wiedereintragung der zum Nachersatz ausgehobenen, aber nicht einberufenen Recruten).*)
Amortisation von Schuldurkunden und Schatzanweisungen des Deutschen Reichs, Verfahren hierfür s. Ges. vom 12. Mai 1873, auf Reichsbankantheile erstreckt durch § 8 des Bankstatuts vom 21. Mai 1875; dagegen findet bezüglich vernichteter oder verloren gegangener Banknoten eine Verpflichtung der Banken zur Ersatzleistung nicht Statt (Bankgesetz vom 14. März 1875 § 4).
Amt.
I. Angehörige eines Bundesstaates sind in jedem anderen Bundesstaate zu öffentlichen Aemtern unter denselben

---

*) Sternächst sind in die alphabetische Liste noch die körperlichen Fehler nach Angabe des Arztes einzutragen (R.O. § 3, 3).

Voraussetzungen zuzulassen, wie der Einheimische (R.V. Art. 3, 1); s. jedoch wegen des für die Legislative der Einzelstaaten gemachten Vorbehalts **Staatsangehörigkeit** unter B VI.

II. Begriff öffentlicher Aemter im Sinne des Strafrechts s. St.G.B. § 31 Abs. 2. Dagegen s. über den Begriff „Beamte" St.G.B. § 359.

III. Verlust öffentlicher Aemter und Unfähigkeit zu deren Bekleidung, hierüber s.
1) soviel Unfähigkeit zu deren Bekleidung, und zwar
   a. die dauernde Unfähigkeit infolge Verurtheilung zu Zuchthaus betrifft St.G.B. § 31 Abs. 1; speciell über die Unfähigkeit zur Beschäftigung im Eisenbahn- und Telegraphendienst infolge fahrlässigen Eisenbahn- oder Telegraphenvergehens s. St.G.B. § 319.
   b. Ueber zeitige Unfähigkeit infolge Aberkennung der Ehrenrechte s. St.G.B. § 34, 3, ohne Aberkennung der Ehrenrechte s. St.G.B. § 35 Abs. 1.
2) Ueber dauernden Verlust der öffentlicher Aemter infolge Aberkennung der Ehrenrechte s. St.G.B. § 33, ohne Aberkennung der Ehrenrechte s. St.G.B. § 35, 2, über Verlust von Militärämtern s. Militärstrafgesetzbuch vom 20. Juni 1872 § 43, § 153.
3) Auch in Materien, welche nicht Gegenstand des St.G.B. sind, kann Entziehung öffentlicher Aemter angedroht werden (Einführungsgesetz vom 31. Mai 1870 § 5).

Amtskleidung, Strafe für unbefugtes Tragen derselben s. St.G.B § 360, 8.

Anlagen, gewerbliche, s. Gewerbewesen B II.

Anleihen s. Reichsfinanzen D (Anleihen des Reichs) Inhaberpapiere (Prämienanleihen).

Anmeldung Fremder, s. Fremdenwesen A.

Anmusterung s. Musterung III.

Annahmescheine der 3- bez. 4jährigen Freiwilligen s. E.O. § 33, 4 § 84.

Ansageſtellen ſ. Zollweſen C VI.

Ansageverfahren, hierüber ſ. Zollgeſetz vom 1. Juli 1869 § 39, § 52 und Punct 9 der Anweiſung zum Zollgeſetze vom Jahre 1870 (allgemeine Beſtimmungen), Zollgeſetz vom 1. Juli 1869 § 74, § 83 (insbeſ. Beſtimmungen für den Seeverkehr betr.).

Antiquare ſ. Preſſe A I 1.

Anzeigepflicht bei Eröffnung des Gewerbebetriebs ſ. Gewerbeweſen B I.

Anzugsgeld ſ. Freizügigkeit D.

Apothekerweſen.
  A. Die Errichtung und Verlegung der Apotheken und der Verkauf von Arzeneimitteln unterliegt der Gewerbeordnung nicht (G.O. § 6, 1). Dieß erleidet jedoch folgende Beſchränkungen.
    I. Auch für Apotheker gelten die in § 29, § 53, § 54 der G.O. aufgeführten Beſtimmungen über das Erforderniß der Approbation und Prüfung; die hierzu ergangenen Beſtimmungen ſ. bei Medicinalweſen A I, insbeſ. A I 3, 3a, 3c und 5.*) Jedoch beſtehen auch gegenüber der Beſtimmung in G.O. § 29, 2, wonach die Approbation das unbeſchränkte Recht des Gewerbebetriebs an jedem Orte ertheilt, die Beſtimmungen über Errichtung und Verlegung der Apotheken fort.
    II. Die Apothekerwaaren, welche dem freien Verkehre zu überlaſſen ſind, beſtimmt der Bundesrath (G.O. § 6, 2). Auf Grund dieſer Beſtimmung veröffentlicht die, übrigens auf den Großhandel mit Arzeneiwaaren nicht Anwendung leidende, B.O. vom 4. Jan. 1875 das Verzeichniß der Zubereitungen, Droguen und chemiſchen Präparate, deren Feilhaltung und Verkauf (bez. als Heilmittel) nur in den Apotheken geſtattet iſt.

---

*) Insbeſondere wegen der Prüfungsordnungen ſ. Medicinalweſen A I 3 c Anm.

III. An Stelle der in den einzelnen Bundesstaaten in Geltung gewesenen Pharmacopoeen ist die nach Bek. vom 1. Juni 1872 vom Bundesrathe festgestellte, nach Bek. vom 4. Juli 1873 abgeänderte*) Pharmacopoea Germanica getreten.

IV. Vom Verkaufe im Umherziehen sind Arzeneimittel ausgeschlossen (G.O. § 56, 5).

V. Taxen können für Apotheker durch die Centralbehörde festgesetzt werden; Ermäßigung derselben durch freie Vereinbarung ist zulässig (G.O. § 80, 1). Die Strafe für Ueberschreitung der Taxe s. G.O. § 148, 8 jct. Gesetz vom 12. Juni 1872 § 2, 4.

VI. In Betreff der Berechtigung der Apotheker, Gehülfen und Lehrlinge anzunehmen, bewendet es bei den landesgesetzlichen Bestimmungen (G.O. § 41, 2), desgleichen ist das Verhältniß der Lehrlinge zu ihren Lehrherren auch künftig nach den Landesgesetzen zu beurtheilen (G.O. § 126, 2); nur die Bestimmung von § 106, 2 der G.O., wonach die Verpflichtung der Lehrlinge zum Besuche der Fortbildungsschule auf ortsstatutarischem Wege eingeführt werden kann, leidet auf Apothekerlehrlinge ebenfalls Anwendung (G.O. § 126).

VII. Die Eröffnung des Gewerbebetriebes ohne Approbation ist nach G.O. § 147, 1 jct. Ges. vom 12. Juni 1872 § 2, 3 strafbar; die Strafen für Zubereitung, Feilhaltung und Verkauf von Arzeneiwaaren, soweit der Handel mit denselben (vergl. oben A I) nicht freigegeben ist, enthält St.G.B. § 367, 3.

B. Sonstige Bestimmungen.

I. Ueber Medicinalgewichte und Präcisionswaagen der Apotheker s. Maaße und Gewichte B.

II. Ueber den Militärdienst**) der Pharmaceuten s.

---

*) Diese Abänderungen publicirt Central-Blatt von 1873 p. 213.

**) Ueber den einjährigen Freiwilligendienst der Pharma-

E.O. § 94 Nr. 1 Abf. 3 (der Diensteintritt derselben kann jeder Zeit erfolgen) und E.O. § 29, 2 (eine Minimalgröße ist nicht vorgeschrieben).
III. Strafen in Bezug auf das Apothekergewerbe f. oben A VII, A V und St.G.B. § 367, 5 (Nichtbefolgung der auf die Zubereitung und Feilhaltung von Arzeneien, Giftwaaren ꝛc. bezüglichen Bestimmungen).

Approbationen f. Medicinalwesen A, Apothekerwesen A.

Arbeitsbücher. Die Verpflichtung zu deren Führung ist:
I. für jugendliche Fabrik- und Bergarbeiter vorgeschrieben (G.O. § 131, § 154). Die Strafe für Annahme jugendlicher Arbeiter gegen diese Bestimmungen giebt G.O. § 150, 1 mit Berichtigung p. 512 des Gesetzblattes von 1870 und § 2, 6 des Gef. vom 12. Juni 1872;
II. für Gesellen und Gehülfen besteht diese Verpflichtung nicht (G.O. § 113, 2);
III. für Gehülfen und Lehrlinge der Kaufleute und Apotheker gelten obige Bestimmungen gleichfalls nicht (G.O. § 126);
IV. Strafe für Fälschung von Arbeitsbüchern f. St.G.B. § 363.

Arbeitseinstellung f. Gewerbewesen K IV.

Arbeitshaus, Unterbringung in demselben als Folge der Verweisung an die Landespolizeibehörde f. St.G.B. § 362.

Arbeitslohn. Zu Gunsten der Fabrikarbeiter, der Bergarbeiter und der in G.O. § 136 genannten außerhalb der Fabriken thätigen Arbeiter ist die Baarauszahlung des Arbeitslohnes vorgeschrieben und die Waarencreditirung Seitens der Arbeitgeber verboten (G.O § 134 bis § 139, § 154). Die Strafen für Uebertretung

---

ceuten (Dienst ohne Waffe) f. R.O. § 20 § 18, 1 § 6, 3; über den Militärbeamtenrang der Apotheker und Pharmaceuten f. L.O. § 14, 8.

dieser Vorschriften giebt G.O. § 146 jct. Ges. vom 12. Juni 1872 § 2, 2. Ueber Verabredungen zu Erlangung günstigerer Lohnbedingungen s. Gewerbewesen K IV.

Arbeitsscheue, Verfahren mit denselben, s. Armenwesen B.

Arbeitszeugnisse können sowohl von Gesellen, Gehülfen und Lehrlingen als von Fabrikarbeitern gefordert werden (G.O. § 113, § 114, § 127). Streitigkeiten über Arbeitszeugnisse unterliegen der Zuständigkeit der Gewerbegerichte (G.O. § 108). Auf Werkmeister in Fabriken desgleichen auf Gehülfen und Lehrlinge der Kaufleute und Apotheker leiden jedoch diese Bestimmungen keine Anwendung (G.O. § 126.)

Armeecorps, über diesen Begriff s. Militärgesetz vom 2. Mai 1874 § 3.

Armeecorpsbezirke s. E.O. § 1, 1 und dazu Militärwesen A I 2.

Armeeinspectoren, Begriff derselben s. Militärgesetz vom 2. Mai 1874 § 3.

Armenanlagen, über Zuziehung Neuanziehender zu denselben s. Freizügigkeit unter D.

Armencasse, Zuflüsse derselben s. Armenwesen A II.

Armenverbände s. Armenwesen A I (Bildung derselben), Ges. vom 6. Juni 1870 § 28 — § 33 (Pflichten und Rechte der Armenverbände), § 34 — § 42 (Streitsachen zwischen Armenverbänden), § 61 — § 64 (Verhältniß der Armenverbände zu einander, zu anderweit Verpflichteten und zu den Behörden). S. auch Armenwesen A III.

Armenwesen. Die Bestimmungen, welche die Armenversorgung betreffen, werden nach Art. 3, 3 der R.V. durch den in diesem Verfassungsartikel ausgesprochenen Grundsatz der Gleichstellung aller Reichsangehörigen nicht berührt. Diese Bestimmung erleidet folgende Modificationen:

A. Nach § 1 des Gesetzes vom 6. Juni 1870 sind innerhalb des Geltungsbereichs dieses Gesetzes

(f. **Unterstützungswohnsitz** Einleitung) alle Deutschen in Bezug auf Art und Maaß der im Falle der Hülfsbedürftigkeit zu gewährenden Unterstützung als Inländer zu behandeln; in beiden Beziehungen sind lediglich die Bestimmungen des Gesetzes über den Unterstützungswohnsitz maaßgebend. Die Landesgesetze bestimmen nach § 8 genannten Gesetzes lediglich

I. über Zusammensetzung und Einrichtung der Armenverbände; jedoch enthält das Gesetz vom 6. Juni 1870 in § 3 bis § 6 auch hierüber mehrfache Bestimmungen.

II. Die Landesgesetze bestimmen nach § 8 obigen Gesetzes weiter über Beschaffung der erforderlichen Mittel, jedoch darf bei nicht länger als dreimonatlichem Aufenthalte eine Zuziehung zu den Armenlasten nicht stattfinden (f. **Freizügigkeit** unter D), auch fließen in die Armencasse die mittelst öffentlicher Aufforderung zur Aufbringung der wegen strafbarer Handlungen erkannten Geldstrafen und Kosten empfangenen Gaben (Gef. vom 7. Mai 1874 § 16, 1), desgleichen Forderungen für verbotswidrig an Fabrikarbeiter creditirte Waaren (G.O. § 139 § 154 § 146, 2 und Gef. vom 12. Juni 1872 § 2, 2).

III. Die Landesgesetze bestimmen nach § 8 des Gesetzes vom 6. Juni 1870 ferner über Art und Maaß der zu gewährenden Unterstützung, darüber, inwiefern den Ortsarmenverbänden von den Landarmenverbänden oder von andern Stellen eine Beihülfe zu gewähren ist, endlich darüber, wiefern sich die Landarmenverbände der Ortsarmenverbände als ihrer Organe bedienen dürfen.

B. Die Strafen für Bettler, Vaganten, Arbeitsscheue und Trunkenbolde giebt St.G.B. § 361, No. 3—8; über Anwendung von Zwangsarbeit, Ueberweisung an die Landespolizeibehörde und demgemäß Aus=

weisung von Bundesausländern s. St.G.B. § 362*).
Auch bundesangehörige Bettler ꝛc. können ausgewiesen werden (Freizügigkeitsgesetz vom 1. November 1867 § 3 Abs. 1 und 2). Legitimationsscheine zum Gewerbebetriebe im Umherziehen sind Bettlern ꝛc. zu versagen (G.O. § 57, 4.)

C. Zur Eheschließung bedarf es der Genehmigung der Armenverbände nicht, wegen vorhandener oder zu befürchtender Armuth darf die Befugniß zur Eheschließung nicht beschränkt werden (Ges. vom 4. Mai 1868 § 1), wegen Nichtanwendbarkeit dieser Bestimmungen auf Bayern s. Ehe B II.

Arrest als Militärstrafe s. Militär=Straf=Ges.=Buch vom 20. Juni 1872 § 16, 1 § 17, 1 § 19 — § 29 § 44; über Vollstreckung der über Personen des Beurlaubtenstandes im Disciplinarwege**) verhängten Arreststrafen s. C.O. § 14, 3.

Arzeneimittel s. Apothekerwesen A II—IV, A VII, B III.

Arzt s. Medicinalwesen.

Auctionatoren, dieselben können öffentlich angestellt und vereidet werden. Näheres s. G.O. § 36 und dazu Gewerbewesen B III 3.

Auditeure s. Militärjustizbeamte.

Aufbereitungsanstalten, für diese gelten die bei Bergwesen aufgeführten Bestimmungen der G.O.

Aufenthaltsbeschränkungen s. Freizügigkeit A und B.

Aufenthaltskarten s. Fremdenwesen A I.

Aufgebot zur Ehe s. Ges. vom 6. Febr. 1876 § 44 — § 51, § 72, § 74, § 80***) und dazu Ehe.

---

*) Die auf Grund von § 362 b. St.G.B. erfolgenden Ausweisungen veröffentlicht regelmäßig das Central-Blatt.
**) Ueber den Arrest als Disciplinarstrafmittel überhaupt s. Disciplinarstrafordnung vom 31. Oct. 1872 § 3 C 2 § 4 (Armee-Verordnungs-Blatt von 1872 p. 332).
***) Ausführungsbestimmungen zu vorstehenden Gesetzesbestimmungen enthält die Ausf.-Verordnung vom 22. Juni 1875 (Central-Blatt von 1875 p. 386) § 5, 2; § 7 E (Formulare für

Aufhebung — Ausländer.

Aufhebung von Leichnamen, welchenfalls die Militärgerichte hierzu zuständig sind, s. Strafgerichtsordnung vom 3. April 1845 § 41 (Gesetzblatt von 1867 p. 238).

Aufnahme in den Unterthanenverband, dieselbe begründet die Reichs- und Staatsangehörigkeit (Ges. vom 1. Juni 1870 § 2, 4).

Aufrufe
1) mittelst Presse zur Aufbringung der wegen einer strafbaren Handlung erkannten Geldstrafe und Kosten sind verboten (Preßgesetz vom 7. Mai 1874 § 16, 1).
2) Das Recht der Landesgesetzgebung, über die öffentliche Vertheilung von Aufrufen, Vorschriften zu erlassen, wird durch das Preßgesetz nicht berührt (Preßgesetz vom 7. Mai 1874 § 30, 2 und dazu Gewerbwesen C I 4.

Aufruhrgesetze s. Militärwesen H V, auch Kriegszustand.

Ausfuhrprämien, inwieweit dieselben zulässig sind s. Zollwesen B II.

Ausfuhrverbote s. Zollwesen A I 2.

Ausfuhrvergütung s. Zollwesen B II, B IV, B V.

Ausgangszoll, derselbe ist weggefallen (s. Zollwesen A I 1).

Aushebung
I. der Militärpflichtigen
 1) im Frieden s. E.O. § 42, § 68 ff.*),
 2) im Kriege s. E.O. § 97, § 98;
II. von Pferden für den Armeebedarf s. Mobilmachungspferde.

Aushebungsbezirke s. Militärwesen A I 2.

Ausländer, über deren Wehrpflicht s. E.O. § 19, über

Anordnung des Aufgebots und Aufgebotsbescheinigungen), § 10 (Verzeichniß der auf Ersuchen eines andern Standesbeamten verkündeten Aufgebote), § 13 (kostenfreie Bescheinigung über das angeordnete Aufgebot).

*) Ausführungsbestimmungen s. R.O. § 2 — § 10.

die Zulässigkeit ihrer Bestrafung s. St.G.B. § 3 — § 8, über deren Naturalisation s. Naturalisation, über Aufenthaltsbeschränkungen derselben s. Freizügigkeit A I—V, über deren Beurtheilung in gewerblicher Beziehung s. Gewerbewesen A III 1, über die armenrechtliche Behandlung derselben s. Ges. vom 6. Juni 1870 § 66; auch von Ausländern sollen Reisepapiere nicht gefordert werden (Paßgesetz vom 12. Oct. 1867 § 2 und dazu Fremdenwesen C, Anm.), Verbot ausländischer Banknoten s. Bankgesetz vom 14. März 1875 § 11.

Auslieferung.
I. Eine Auslieferung Deutscher zur Bestrafung an ausländische Regierungen findet nicht Statt (St.G.B. § 9). Inwieweit Seiten ausländischer Staaten eine Auslieferung von Deutschen und Seiten Deutschlands eine Auslieferung von Ausländern stattfindet, bestimmen die einzelnen Auslieferungsverträge als: Vertrag vom 31. October 1871*) mit Italien, vom 14. Mai 1872**) mit Großbritannien, vom 24. Januar und 6. Juli 1874 mit der Schweiz, vom 24. Dec. 1874 (Gesetz-Bl. von 1875 p. 73) mit Belgien, vom 9. März 1876 (p. 223) mit Luxemburg, demnächst einzelne Handelsverträge, z. B. Vertrag mit Portugal vom 2. März 1872 Art. 18.
II. Ueber Auslieferung innerhalb des Reichsgebietes s. Rechtshülfegesetz vom 21. Juni 1869 § 21 ff.

Auslösung der Reichsbeamten s. Reichsbeamte A VII, der Militärpersonen s. Militärwesen S.

Ausmusterung s. C.O. § 36.

---

*) Ausführungsbestimmungen, welche zu diesem Vertrage zwischen Deutschland und Italien einerseits, der Schweiz andrerseits vereinbart worden sind, s. Central-Blatt von 1873 p. 271.
**) Hiezu s. Centr.-Bl. von 1874 p. 101 (Vorschriften zu Begründung des Auslieferungs-Vertrags), Centr.-Bl. von 1875 p. 430 (Vorschriften zu Begründung des Antrags auf vorläufige Festnahme).

Ausspielung von Sachen ist den Lotterien gleich zu achten, Veranstaltung derselben ohne obrigkeitliche Erlaubniß daher zu bestrafen (St.G.B. § 286).

Auswanderung.
  I. Das Auswanderungswesen fällt unter die Gesetzgebungscompetenz des Reichs (R.V. Art. 4, 1). Jedoch werden die landesgesetzlichen Bestimmungen,
  1) soweit sie privatrechtlicher Natur sind, durch die Bestimmungen von Buch V Titel VI des Allgemeinen Deutschen Handelsgesetzbuchs nach Art. 679 desselben (Gesetzblatt von 1869 p. 545) nicht berührt.
  2) Auch die landesgesetzlichen Vorschriften über Auswanderungsunternehmer und Auswanderungsagenten bestehen fort (G.O. § 6, 1).
  II. Ueber die Voraussetzungen für Entlassung aus der Reichs- und Staatsangehörigkeit s. Ges. vom 1. Juni 1870 § 14 — § 19 und dazu Staatsangehörigkeit A III.
  III. Ueber die Wehrpflicht derjenigen, welche nach erfolgter Auswanderung wieder einwandern s. E.O. § 19, 1—4.

Auswärtige Angelegenheiten s. R.V. Art. 11 (Rechte des Kaisers und des Bundesraths), Art. 8, 2 (Ausschuß für auswärtige Angelegenheiten); der Staatssecretär im auswärtigen Amte, die Directoren, Abtheilungschefs, vortragenden Räthe und etatsmäßigen Hülfsarbeiter desselben können mit Gewährung des gesetzlichen Wartegeldes jeder Zeit in den Ruhestand versetzt werden (Beamtengesetz vom 31. März 1873 § 25); im Uebrigen s. Gesandte, Consulatswesen.

Ausweisung, Gründe und Verfahren hierfür s. Freizügigkeit A—C.

Autorenrecht s. Urheberrecht.

Baarzahlung des Arbeitslohns ist vorgeschrieben s. Arbeitslohn.

Bäcker.
I. Dieselben können angehalten werden Preis und Gewicht ihrer Waaren anzuschlagen und Waagen zum Nachwägen der letzteren aufzustellen (G.O. § 73 und § 74). Ermäßigung ihrer Taxen steht denselben dießfalls frei (G.O. § 79). Die Strafe für Ueberschreitung der Taxen giebt G.O. § 148, 8 jct. Ges. vom 12. Juni 1873 § 2, 4.
II. Den städtischen Bäckern steht ein gewerbliches Zwangsrecht nicht mehr zu (G.O. 7, 4 b).
III. Inwieweit eine Besteuerung der Backwaaren zulässig ist s. Zollwesen B III, B IV.

Bahnbetriebsreglement s. Eisenbahnwesen B II.
Bahnpolizeibeamte s. Bahn-Polizei-Regl. § 66 — § 71.*)
Bahnpolizeireglement s. Eisenbahnwesen B I.
Bahnpolizeivergehen s. Bahn-Polizei-Regl. § 53 — § 65.**)
Bankwesen. Hierüber bestimmt das Ges. vom 14. März 1875. Dasselbe enthält

I. in § 1 — § 11 allgemeine Bestimmungen über Banken und Banknoten überhaupt.
   1) Zu § 1 (Voraussetzung der Befugniß zur Notenausgabe) s. Papiergeld.
   2) Zu § 3 (Zulässiger Nominalbetrag der Banknoten) s. die gleichen Bestimmungen in Art. 18 des Münzgesetzes vom 9. Juli 1873.
   3) Zu § 9: Die Banken, welche auf das Recht der Notenausgabe verzichtet haben, und die Antheile, welche infolge dessen dem steuerfreien ungedeckten Notenumlaufe der Reichsbank zuwachsen, veröffentlichen die Bekanntmachungen vom 1. April und 23. Juli 1876.
II. Zu § 12 — § 41 ***) (Reichsbank), und zwar

---

*) Centr.-Bl. von 1875 p. 69.
**) Centr.-Bl. von 1875 p. 67.
***) Hierzu und zwar:
   a. zu § 14 ff. (Pflichten der Reichsbank) s. Centr.-Bl. 1875 p. 802 (Bedingungen, unter welchen Seitens

Bankwesen.

1) Zu § 22 s. über die Thätigkeit der Reichsbank als Reichshauptcasse **Reichsfinanzen** unter E I.
2) Zu § 28, § 39 (Reichsbankbeamte) s. die unter **Reichsbeamte** aufgeführten allgemeinen und insbesondere die unter A II 1, D I, G I 4 und H aufgeführten speciell die Reichsbankbeamten betreffenden Bestimmungen.
3) Zu § 40: Das hier vorbehaltene Statut der Reichsbank ist publicirt unter dem 21. Mai 1875;*) die zu Ergänzung des Statuts ergangenen Bestimmungen über Pensionen, Cautionen und Wohnungsgelderzuschüsse der Bankbeamten giebt B.O. vom 23. December 1875; s. auch oben II 2.

III. Zu § 42 — § 54 (Privatnotenbanken), insbesondere zu § 45: Die Banken, welche die § 44 vorgeschriebenen Nachweise erbracht und daher den Beschränkungen in § 42 und § 43 nicht unterworfen sind, veröffentlicht Bek. vom 29. Dec. 1875 und Bek. vom 7. Januar 1876; über die Verpflichtung der Reichsbank, die Noten dieser Banken zum Nennwerthe anzunehmen, s. Bankgesetz § 19.

IV. Der nach § 61 beabsichtigte Vertrag des Reichs

---

der Reichsbank die Umwechselung von Reichs-Goldmünzen gegen andere Reichsmünzen zu erfolgen hat).
b. Zu § 36, § 37: Die bestehenden Reichsbankstellen und Reichsbankhauptstellen veröffentlicht Centr.-Bl. 1875 p. 802.
c. Zu § 38: Die Bedingungen, unter denen die Reichsbank durch die Unterschrift einer Reichsbankstelle verpflichtet wird, veröffentlicht Centr.-Bl. 1875 p. 820.

*) a. Zu § 1 des Statuts: Die preußischen Banknoten gelten in Folge des Uebergangs der preußischen Bank auf das Reich, gleichviel ob auf Thaler oder Mark lautend, als Noten der Reichsbank (Centr.-Bl. 1875 p. 787).
b. Zu § 11: Bei der ihr übertragenen Verwaltung des Reichsguthabens führt die Reichsbank den Namen „Reichshauptcasse" (Centr.-Bl. 1875 p. 821).

mit der Kgl. Preußischen Regierung wegen Abtretung der Preußischen Bank an das Reich ist abgeschlossen unter dem 17/18. Mai 1875 und im Gesetzblatte von 1875 p. 215 publicirt.

Bannrechte s. Gewerbliche Verbietungsrechte.

Baugewerken, für diese fordert die G.O. eine Prüfung nicht.

Baupolizei.
1) Strafen für baupolizeiliche Uebertretungen enthält St.G.B. § 367, 13—15.
2) Die Prüfung gewerblicher Anlagen erstreckt sich auch auf den baupolizeilichen Gesichtspunkt (G.O. § 18, § 24, 2 § 23, 5).

Bayern. Den Vertrag, betreffend den Beitritt Bayerns zur Verfassung des Deutschen Bundes, vom 23. Nov. 1870, und das Schlußprotokoll von demselben Tage publicirt (Gesetzblatt 1871 p. 6 ff., p. 23 ff.; im Uebrigen s. Gesetzgebung A II 1 b β, A II 2, Reichsverfassung II.*)

Beamte s. Amt, Civildienst, Reichsbeamte, Staatsdiener, Militärbeamte.

Beerdigung.
1) Dieselbe darf ohne Genehmigung der Ortspolizeibehörde nicht vor der Eintragung des Sterbefalls in das Standesregister stattfinden (Ges. vom 6. Febr. 1875 § 60).
2) Inwieweit zwischen den Deutschen Staaten über Beerdigung verstorbener Staatsangehöriger vertragsmäßige Bestimmungen bestehen, s. Unterstützungswohnsitz I.
3) Die Strafen für Beerdigung ohne Vorwissen der Behörden, desgleichen für Zuwiderhandlungen gegen

---

*) Soweit hiernach für Bayern besondere Bestimmungen gelten, sind dieselben bei den einzelnen Materien, z. B. Freizügigkeit C I 2, C II 2, Ehe B II, Unterstützungswohnsitz, Gastwirthe A I ꝛc. aufgeführt.

die polizeilichen Anordnungen über vorzeitige Beerbigung giebt St.G.B. § 367, 1 und 2.

Begleitadressen s. Postwesen B I 2 Anm. 2.

Begleiter beim Gewerbebetriebe im Umherziehen s. Gewerbewesen G I 2, G I 3 b.

Begleitscheine s. Zollgesetz vom 1. Juli 1869 § 41 bis § 58 und dazu Zollwesen A XII, XIII, XXII.

Begräbniß s. Beerdigung.

Begräbnißcassen s. Genossenschaftswesen D II u. III; die Strafe für die unbefugte Errichtung derselben giebt St.G.B. § 360, 9.

Behändigungsscheine für Briefe s. Post-Ordnung vom 18. Dec. 1874 § 22.*)

Behördencorrespondenz: Portopflichtige Sendungen zwischen Behörden verschiedener Bundesstaaten sind von der absendenden Behörde zu frankiren, Portoermäßigung findet nicht Statt; Näheres hierüber s. Postwesen B III 1 b.

Belagerungszustand s. Kriegszustand.

Bergwesen. Auf das Bergwesen findet G.O. keine Anwendung (G.O. § 6, 1). Jedoch gelten:

I. Die Bestimmungen der G.O. über Beschäftigung jugendlicher Arbeiter, Verpflichtung zur Baarzahlung, Verbot der Waarencreditirung und Coalitionswesen nach G.O. § 6, § 154 für Bergarbeiter ebenfalls; hierzu allenthalben siehe Gewerbewesen G I 3 a (jugendliche Arbeiter) K IV (Coalitionen), Arbeitslohn, Arbeitsbücher.

II. Diejenigen Bestimmungen, welche die Arbeiter wegen groben Ungehorsams, beharrlicher Widersetzlichkeit oder Verlassens der Arbeit mit Strafe bedrohen, sind aufgehoben (G.O. § 154, 2).

III. Inwieweit die Vorschriften über gewerbliche Hülfscassen auf Bergarbeiter Anwendung leiden, bez. inwieweit die diesfallsigen landesgesetzlichen Vorschriften

---

*) S. Centr.-Bl. 1875 p. 17.

fortbestehen, darüber s. Genossenschaftswesen D III 1.

IV. Die Strafe für Wegnahme von Mineralien, zu deren Gewinnung es einer Verleihung, Erlaubniß ꝛc. bedarf, s. St.G.B. § 370, 2.

V. S. auch Markscheider.

Berichtigungen der durch die Presse mitgetheilten Thatsachen, über die Verpflichtung zu deren Aufnahme s. Preßges. vom 7. Mai 1874 § 11.

Berufsconsuln s. Consulatwesen, insbes. § 7 und § 8 des Ges. vom 8. Nov. 1867.

Beschlagnahme von Preßerzeugnissen s. Presse A II.

Beschwerden über verweigerte oder gehemmte Rechtspflege hat der Bundesrath anzunehmen. (R.V. Art. 77.)

Besserungsanstalten s. Correctivmaaßregeln.

Bestellgebühren s. Postbestellgebühren.

Betrunkene, Bestrafung und Behandlung derselben s. Armenwesen B.

Bettler, Bestrafung und polizeiliche Behandlung derselben s. Armenwesen B.

Beurlaubtenstand s. Militärwesen F, Officiere II.

Bezirksärzte, über deren subsidiäre Verwendung beim Musterungsgeschäfte, ingleichen beim Kriegsersatzgeschäfte s. E.O. § 60, 1 § 96, 2.

Bezirkscommandeure s. Landwehrbehörden.

Bezirksfeldwebel s. Landwehrbehörden.

Bier.
I. Ueber dessen Besteuerung s. Zollwesen B III, B IV B V und Brausteuer.
II. Ueber dessen Ausschank s. Gastwirthe.
III. Ueber den Bierzwang s. G.O. § 7, 4a § 8, 2 § 9 § 10.

Bildende Künste s. Kunst, Urheberrecht II 1 und II Anm.

Bilder s. Abbildungen.

Binnenzölle, inwieweit solche zulässig sind s. Zollwesen A III.

Blattern s. Impfwesen.
Bracker s. Gewerbewesen B III 3.
Brandversicherungswesen s. Versicherungswesen.
Branntweinhandel s. Gastwirthe.
Branntweinschank s. Gastwirthe.
Branntweinsteuer. Hierüber siehe zunächst die bei Zollwesen B und C aufgeführten Bestimmungen über indirecte Abgaben überhaupt. Auf Grund der dort unter B I aufgeführten Competenzbestimmungen ist für verschiedene zum ehemaligen norddeutschen Bunde gehörigen Staaten und Gebietstheile das Ges. vom 8. Juli 1868 (p. 384)*) über Besteuerung des Branntweins ergangen. Hiezu, und zwar:
I. zum Eingange des Gesetzes (Geltungsbereich desselben) sind folgende Bestimmungen ergangen:
1) Durch die Verordnungen vom 5. Juni 1869 und 29. Dec. 1871 ist das Gesetz auf einige andere inzwischen in die Zolllinie eingeschlossene Gebietstheile, durch Ges. vom 16. Mai 1873 auf Elsaß-Lothringen erstreckt worden; auch in den künftig in die Zolllinie einzuschließenden Gebietstheilen

---

*) Hierzu sind folgende Ausführungsbestimmungen ergangen:
1) Zu § 5 (Ausfuhrvergütung) s.
   a. die Vorschriften über Ermittelung des Nettogewichts beim Export von Branntwein im Centr.-Bl. 1874 p. 21, p. 168, p. 435;
   b. Bestimmungen über den Verkehr mit Branntwein zwischen dem deutschen Branntweinsteuergebiete und Luxemburg im Centr.-Bl. von 1875 p. 812.
2) Zu § 13 des Gesetzes: Die längste Frist für die Berichtigung gestundeter Branntweinsteuer ist durch Bundesrathsbeschluß vom Jahre 1869 (im Centr.-Bl. nicht publicirt) auf sechs Monate festgesetzt worden.
3) Ueber Steuervergünstigungen für den zur Herstellung von Anilinfarben verwendeten Branntwein s. Centr.-Bl. 1875 p. 376, Centr.-Bl. 1876 p. 628, p. 554. Steuervergünstigungen für den zur Fabrikation von Bleizucker und Bleiweiß verwendeten Branntwein publicirt Centr.-Bl. von 1876 p. 24.

2*

tritt das Gesetz zufolge Ges. vom 16. Nov. 1874, soweit nicht daselbst die Besteuerung des Branntweins verfassungsmäßig der Landesgesetzgebung vorbehalten ist, mit dem Tage des Anschlusses in Kraft.

2) Für Hohenzollern gilt an Stelle des Gesetzes vom 8. Juli 1868 das Ges. vom 4. Mai 1868 mit dem Abänderungsgesetze vom 15. Nov. 1874.*)

II. Zu § 50 ff. (Strafen und Strafverfahren) s. Einführungsges. vom 31. Mai 1870 § 7 (Die Verjährung von Branntweinsteuercontraventionen ist eine dreijährige).

III. Statt der Bestimmungen in § 60 über die Vertretungsverbindlichkeit für die verwirkten Strafen gilt für die Gebietstheile, für welche die Gesetze vom 8. Juli und 4. Mai 1868 nicht gelten, das Ges. vom 8. Juli 1868 (p. 404).

Branntweinzwang s. Gewerbewesen A II.

Braumalzsteuer s. Zollwesen B III, B IV.

Braufteuer. Hierüber s. zunächst die bei Zollwesen unter B und C aufgeführten Bestimmungen über indirecte Abgaben überhaupt; auf Grund der dort unter B I gedachten Competenz ist für die Staaten, für welche diese Competenz des Reichs gilt, das Gesetz vom 31. Mai 1872 wegen Erhebung der Braufteuer ergangen. Hierzu, und zwar

I. zu § 1 des Gesetzes s. die Berichtigung p. 228 u. 229 des Ges.-Blatts von 1873.

II. Die in § 43 dem Bundesrathe vorbehaltenen Ausführungsbestimmungen sind nebst 3 Beilagen, enthaltend die Grundsätze für Fixation der Braufteuer**), die Vorschriften für Rückvergütung der Steuer bei der Ausfuhr von Bier, sowie die Grundsätze für

---

*) Bestimmungen betreffs der Uebergangsabgabe und Ausfuhrvergütung von Branntwein in Hohenzollern giebt Centr.-Bl. 1875 p. 750.

**) Abgeändert im Centr.-Bl. 1876 p. 636.

die Zulassung der Brauer zur Entrichtung der Brau=
steuer im Wege der Vermahlungssteuer*), im Jahre
1872 ergangen.**)
III. Für Els.-Lothringen bleibt die Besteuerung des in=
ländischen Bieres der inneren Gesetzgebung bis auf
Weiteres vorbehalten (Ges. vom 25. Juni 1873 § 4).

Bremsvorrichtungen s. Bahn=Poliz. Reglem.***) § 11,
§ 13, § 33.

Brennmaterial.
I. Inwieweit eine Besteuerung desselben zulässig ist s.
Zollwesen B IV.
II. Vorschriften über Eichung und Stempelung der Meß=
werkzeuge für Brennmaterial s. Maaße und Ge=
wichte E I 3 und D III.

Briefcouverts s. Postarges. vom 28. Oct. 1871 § 9
und Postwesen B I 2 Anm. 11.

Briefgeheimniß, dasselbe ist unverletzlich, die processualen
Ausnahmen bestimmen bis auf Weiteres die Landes=
gesetze (Postges. vom 28. Oct. 1871 § 5). Die Strafen
für Verletzung desselben giebt St.G.B. § 354, § 358
§ 299.

Briefporto s. Postarges. vom 28. Oct. 1871 § 1, § 3
und dazu Postwesen B III.

Brigade, deren Begriff, s. Militärges. vom 2. Mai
1874 § 3.

Brigadebezirke s. Militärwesen A I 2 a.

Brücken.
I. Inwieweit für deren Benutzung Abgaben erhoben
werden dürfen s. Zollwesen A III 2.
II. Strafen für Brückenpolizeivergehen s. unter Straßen=
wesen III, insbef. St.G.B. § 367, 14 (Unter=
lassung von Sicherungsmaaßregeln bei Bauten).

Brunnen s. St.G.B. § 367, 12 (Strafe für unterlassene

---

*) Abgeändert im Centr.-Bl. 1875 p. 180.
**) Im Centr.-Bl. aber nicht publicirt; Bestimmungen über
die Uebergangsabgabe publicirt Centr.-Bl. 1874 p. 127.
***) Centr.-Bl. 1875 p. 57.

Bedeckung), St.G.B. § 367, 14 (Strafe für Unter=
lassung von Sicherungsmaaßregeln beim Baue).
Bruttogewicht s. Zollwesen A XI.
Buchdrucker, Buchhändler s. Presse, insbes. A I 1.
Budget s. Reichshaushalt.
Budgetperiode, dieselbe ist einjährig (R.V. Art. 71, 2);
s. dagegen Legislaturperiode.
Bundes= s. Reichs=
Bundesamt für Heimathswesen s. Unterstützungs=
wohnsitz II.
Bundesexecution s. R.V. Art. 19.
Bundespräsidium s. R.V. Art. 11—19; wegen Ver=
tretung Preußens durch Baiern s. Schlußprotokoll vom
23. Nov. 1870 (p. 23 des Ges.=Bl. von 1871) unter IX.
Bundesrath s. R.V. Art. 6 — Art. 10 (Zusammensetzung,
Zuständigkeit, Geschäftsordnung, Ausschüsse, Rechte der
einzelnen Mitglieder), Art. 11, Abs. 1 und 2 (Com=
petenz bei Kriegserklärungen und Abschluß von Ver=
trägen), Art. 12 — Art. 15 (Berufung, Vorsitz).
Bundesstaaten. Dieselben sind aufgezählt in der Ein=
leitung zur R.V.; über die Vereinigung von Elsaß=
Lothringen mit dem Reiche s. Ges. vom 9. Juni 1871;
Streitigkeiten verschiedener Bundesstaaten, soweit nicht
privatrechtlicher Natur, entscheidet der Bundesrath (R.V.
Art. 76, 1); Verfassungsstreitigkeiten innerhalb eines
Bundesstaates, in welchem hierfür eine Behörde nicht
besteht, sind im Wege der Reichsgesetzgebung zur Er=
ledigung zu bringen (R.V. Art. 76, 2); die Bundes=
execution gegen einzelne Bundesstaaten ist vom Bundes=
rathe zu beschließen und vom Kaiser zu vollstrecken
(R.V. Art. 19).
Bürgerliche Ehrenrechte. Hierüber s. St.G.B. § 32
bis § 37; über die Folgen der Aberkennung der Ehren=
rechte, bez. die Folgen einer Untersuchung, welche zur
Aberkennung der Ehrenrechte führen kann, s. St.G.B.
§ 34 und dazu
1) soviel die Militärpflicht betrifft, C.O. § 28 (Zurück=

stellung als Folge), E.O. § 35, 2 und 3 (Aus=
schließung als Folge),
2) soviel das Recht, Lehrlinge zu halten betrifft, G.O.
§ 116 § 115, 2;
3) militärische Ehrenstrafen, welche infolge dessen ein=
treten s. Milit.=Straf=Ges.=Buch vom 20. Juni 1872
§ 31 Abs. 2, §. 37.
Bürgerrecht s. G.O. § 13, auch Gemeindewesen A
und B.

Canäle.
I. Der Reichscompetenz unterliegt nach R.V. Art. 4, 8
die Herstellung von Wasserstraßen im Interesse der
Landesvertheidigung und des allgemeinen Verkehrs.
II. Inwieweit für deren Benutzung Abgaben erhoben
werden dürfen s. Zollwesen A III 2; die Be=
schränkung der Höhe der Abgabe auf die Herstellungs=
und Unterhaltungskosten gilt jedoch nach R.V. Art. 54, 4
und Zollvertrag vom 8. Juli 1867 Art. 25 nur
von den im Besitze des Staats befindlichen künst=
lichen Wasserstraßen.
III. Strafen für verkehrspolizeiliche Zuwiderhandlungen
s. bei Wasserstraßen.
Candidaten des Schulamts, über deren Militärpflicht s.
Unterrichtswesen B II.
Cassenbillets s. Papiergeld.
Cautionen s. Reichsbeamte G.
Caviller s. Abdecker.
Chausseegeld s. Straßenwesen II.
Chemikalien, über Handel und Zubereitung s. Apotheker=
wesen, insbes. A II.
Chirurgen. s. Medicinalwesen, insbes. A I.
Cider, inwieweit dessen Besteuerung zulässig ist, s. Zoll=
wesen B III, B IV.
Civildienst.
I. Ueber den Anspruch der Invaliden und sonstigen
Militäranwärter auf Anstellung im Civildienste, über

Civilversorgung und Civilversorgungsschein f. Gef.
vom 27. Juni 1871 § 73, § 75 — § 77, § 81,
§ 87, § 88 jct. Gef. vom 4. April 1874 § 10 — § 13.
II. Ueber die Pensionsverhältnisse von Militärpensionären
während des Civildienstes f. Gef. vom 27. Juni
1871 § 33 — § 37, § 102c, § 103 — § 108 jct. Gef.
vom 4. April 1874 § 15, § 16.*) Inwieweit der
Civildienst bei Berechnung der Militärpension in
Anrechnung zu bringen ist f. Gef. vom 27. Juni
1871 § 20, § 60. Inwieweit der Militärdienst
bei Berechnung der Civil-Dienstzeit der Reichsbeamten
anzurechnen ist f. Beamtengesetz vom 31. März 1873
§ 47 — § 50; über Anrechnung der Function als Ge=
meinde=, Kirchen=, Hof= oder Schul=Beamter bei Be=
rechnung der Dienstzeit der Reichsbeamten f. Gef.
vom 31. März 1873 § 52 und dazu Reichs=
beamte D VI.
III. Ueber Unabkömmlichkeitsgründe und Unabkömmlich=
keitsverfahren f. Zurückstellung III 2.
IV. Im Uebrigen f. Reichsbeamte, Staatsdienst, Amt.

Civilehe f. Ehe.
Civilstaatsdienst f. Staatsdienst.
Civilversorgung f. Civildienst I.
Civilvorsitzender der Obererfatzcommission f. E.O. § 2, 4,
der Erfatzcommission f. E.O. § 2, 5; die dem Civil=
vorsitzenden der Erfatzcommission außerhalb des Erfatz=
wesens zugewiesenen Geschäfte enthält E.O. § 3, 1
§ 4, 1 § 4, 5 § 16, 3 § 18, 1 § 18, 7.
Classificationsverfahren f. Zurückstellung III 1.
Coalitionswesen f. Gewerbewesen K IV.
Colonisation, die Gesetzgebung hierüber unterliegt der
Reichscompetenz (R.V. Art. 4, 1).
Colporteure f. Gewerbewesen C I 4.
Communal= f. Gemeinde=.

---

*) Und die Ausführungsbestimmungen hierzu in der Anm.
zu Militärwesen P. P I. P II.

Concessionsentziehung s. Gewerbewesen M.
Concessionsgewerbe s. Gewerbewesen B u. C.
Concurrenz strafbarer Handlung, über deren Beurtheilung
  I. nach dem bürgerlichen Strafrechte s. St.G.B. § 73—§ 79,
  II. nach dem Militärstrafrechte s. Milit.St.G.B. vom 20. Juni 1872 § 54.
  III. In wieweit der Militärgerichtsstand bei Zusammentreffen mehrerer strafbarer Handlungen von Personen des Beurlaubtenstandes Statt hat s. Militärstrafgerichtsordnung vom 3. April 1845 (G.Bl. von 1867 p. 229) § 6, § 8, § 15.
Confessionen, deren Gleichstellung, s. Kirche A.
Confiscation
  I. bei Uebertretungen s. St.G.B. § 360, § 367, § 369.
  II. Von Preßerzeugnissen s. Presse A II.
  III. Einziehung einzelner Gegenstände kann auch bei Materien angedroht werden, welche nicht Gegenstand des St.G.B. sind (Einführungsges. vom 31. Mai 1870 § 5).
Congregationen s. Jesuitenorden.
Consularagenten s. Ges. vom 8. Nov. 1867 § 11.
Consulartarif s. Ges. vom 8. Nov. 1867 § 10, § 38 und dazu Consulatwesen B VIII.
Consularverträge s. Consulatwesen C.
Consulatwesen. Hierüber s.
  A. R.V. Art. 56 (Aufsicht über das Consulatwesen und Ernennung der Consuln gebührt dem Kaiser, im Amtsbezirke von Reichsconsuln dürfen neue Landesconsulate nicht errichtet werden rc.), und hierzu die erläuternden Bestimmungen in Nr. 6 des Protokolls vom 15. Nov. 1870 (p. 652) sowie in Nr. XII des Schlußprotokolles vom 23. Nov. 1870 (G.Bl. 1870 p. 23), wonach die einzelnen Staaten auch ferner auswärtige Consuln bei sich empfangen und für ihr Gebiet mit Exequatur versehen können, Reichsconsuln aber an auswärtigen Orten auch im bloßen Interesse von Einzelstaaten angestellt werden sollen.

B. Der Reichscompetenz unterliegt die Organisation des gemeinsamen Schutzes des Deutschen Handels im Auslande und die Anordnung gemeinsamer consularischer Vertretung ꝛc. (R.V. Art. 4, 7). Auf Grund dieser Competenzbestimmung ist das Ges. vom 8. Nov. 1867 über die Organisation der Bundesconsulate sowie der Amts-Rechte und -Pflichten der Bundesconsuln ergangen. Hierzu ergangene Einzelbestimmungen:*)

I. Die in § 8, 6 vorbehaltenen Bestimmungen über Amtsverlust, Versetzung in den Ruhestand ꝛc. sind enthalten im Beamtengesetze vom 31. März 1873; insbes. s. die Specialbestimmungen in § 25 desselben (Recht jederzeitiger Versetzung in den Ruhestand gegen Wartegeld), § 51 (Besondere Bestimmungen über Berechnung der Dienstzeit) und hierzu allenthalben unter Reichsbeamte.

II. Zu § 10 (Wahlconsuln): Das Verbot der Uebernahme von Nebenbeschäftigungen ohne Genehmigung ingleichen die Bestimmungen über den Gerichtsstand der auswärtigen Reichsbeamten leiden auf Wahlconsuln nicht Anwendung (Ges. vom 31. März 1873 § 16, § 21).

III. Der in § 12 erwähnte Eintrag in die Matrikel eines Reichsconsuls unterbricht die 10jährige Frist, binnen welcher die Staatsangehörigkeit wegen Aufenthalts im Auslande verloren wird. (Ges. vom 1. Juni 1870 § 21, 1.)

IV. Das in § 13 vorbehaltene Gesetz über die Eheschließung und die Beurkundung des Personenstandes von Reichsangehörigen im Auslande ist erlassen unter dem 4. Mai 1870 und auf Els.-Lothringen erstreckt durch Ges. vom 8. Febr. 1875; die Be-

---

*) In anderen als den in diesem Gesetze, insbes. in § 18 desselben genannten Fällen sind die Consuln nicht berechtigt, in amtlicher Eigenschaft Gelder für Privatpersonen zu erheben, oder in Verwahrung zu nehmen (Centr.-Bl. von 1875 p. 817).

stimmungen dieses Gesetzes vom 4. Mai 1870 gelten auch gegenüber den neuen Bestimmungen über das Standesamtswesen nach § 85 des Ges. vom 6. Febr. 1875 fort und sind erweitert durch Abs. 2 dieses §.

V. Zu § 22 (Consulargerichtsbarkeit): für Aegypten ist auf Grund des Ges. vom 30. März 1874 die Gerichtsbarkeit der deutschen Consuln durch V.O. vom 23. Dec. 1875 beschränkt worden.

VI. Die durch § 24 Abs. 1 begründete Zuständigkeit des preußischen Obertribunals bezüglich der Consulargerichtsbarkeit ist nach Ges. vom 22. April 1873 § 3 auf das Reichs=Ober=Handelsgericht übergegangen.

VII. Zu § 32 (die Consuln als Musterungsbehörde) s. Seemannsordnung vom 27. Dec. 1872 § 4 (die Seemannsämter werden im Auslande durch die Reichsconsulate gebildet).

VIII. Die in § 38 vorbehaltene Feststellung der von den Consuln zu erhebenden Gebühren ist erfolgt durch Gesetz vom 1. Juli 1872.

IX. Ueber die Zuständigkeit der Consuln in Militärangelegenheiten s. E.O. § 41, 3 (Legalisation ärztlicher Zeugnisse für Militärpflichtige), E.O. § 31, 7 (Befugniß der Botschaft in Petersburg, Zurückstellungen zu verfügen), E.O. § 2, 3 (Mitwirkung bei der Controle), E.O. § 15, 6 § 16, 2 (Consulatsatteste behufs Dispensation von der Rückkehr im Mobilmachungsfalle).

C. Consularverträge sind vom Reiche abgeschlossen bez. auf das Reich erstreckt unter dem 7. Febr. 1872 (Italien), 11. Jan. 1872 (Niederlande), 12. Jan. 1872 (Spanien), 11. Dec. 1871 (p. 95 des Ges.Bl. von 1872) und 29. April 1872 (Vereinigte Staaten), 8. Dec. bez. 26. Nov. 1874 (Ges.Bl. von 1875 p. 145, Rußland), 31. Oct. bez. 12. Nov. 1874 (p. 136 des Ges.Bl. von 1875, ebenfalls Rußland betr.); auch Handel D (Handelsverträge).

Conten, fortlaufende, f. Zollwesen A XX.

Controlbezirke f. Militärwesen A I 2a und b.

Controle (militärische). Allgemeine Bestimmungen über Zweck der Controle, Organisation derselben und Mitwirkung der Civilbehörden dabei f. C.O. § 1 und § 2. Inwieweit die Controle

I. durch die Landwehrbehörden ausgeübt wird, f. C.O. § 1, 3 Abf. 2 und hierzu C.O. § 9, 4 ff. (die Personen des Beurlaubtenstandes btr.), C.O. § 15 (die Ersatzreserve I. Classe btr.), C.O. § 16, 2 (die Ersatzreserve II. Classe btr.), C.O. § 79 (Controle der Rekruten btr.), Gef. vom 12. Febr. 1875 § 6, § 4 (den Landsturm btr.) und hierzu allenthalben Militärwesen F.

II. Inwieweit die Controle durch die Ersatzbehörden ausgeübt wird f. C.O. § 1, 3 Abf. 1 und dazu C.O. § 23 § 27, 6 jct. C.O. § 4, 2 (Meldung zur Stammrolle), C.O. § 48, 5 und 6 (die Militärpflichtigen, welche sich nicht gestellt haben, btr.), C.O. § 45, 4 (die Wehrpflichtigen, welche vor Beginn des militärpflichtigen Alters eingetreten sind).

Controlentziehung. Die Strafen hierfür enthält:

I. soviel die Personen des Beurlaubtenstandes betrifft, Militärgef. vom 2. Mai 1874 § 67 und dazu C.O. § 11, 4 (die Reservisten btr.), C.O. § 12, 3 (die Landwehr btr.);

II. soviel die Ersatzreserven II. Cl. betrifft, f. Militärgef. vom 2. Mai 1874 § 69, 6 und dazu C.O. § 13, 7, C.O. § 15, 7;

III. Strafen für unterlassene Meldung Militärpflichtiger zur Stammrolle oder zur Berichtigung derselben f. C.O. § 23, 10; für Versäumung der Gestellungstermine f. C.O. § 24, 7.

IV. Die Strafen für unerlaubte Auswanderung f. bei Staatsangehörigkeit A III.

Controllisten s. Anm.*)
Controlordnung s. Wehrordnung.
Controlversammlungen**)
 1) der Reserve, Land= und Seewehr s. C.O. § 11.
 2) der Ersatzreserve I. Classe s. C.O. § 15, 7.
Correctionshäuser s. Correctivmaaßregeln.
Correctivmaaßregeln.
 I. Die nach § 361 unter Nr. 3—8 des St.G.B. bestraften Landstreicher, Bettler, Arbeitsscheuen ꝛc. können infolge der Ueberweisung an die Landespolizeibehörde in ein Arbeitshaus untergebracht oder zu gemeinnützigen Arbeiten verwendet werden (St.G.B. § 362, 2).
 II. Jugendliche Personen, welche das 12., aber nicht das 18. Lebensjahr vollendet haben, können, wenn sie bei Begehung der That die zur Erkenntniß der Strafbarkeit erforderliche Einsicht nicht besaßen, in einer Erziehungs= oder Besserungsanstalt untergebracht oder ihrer Familie überwiesen werden (St.G.B. § 56, 2).
 III. Gegen Kinder, welche vor vollendetem 12. Lebensjahre strafbare Handlungen begehen, können nach Maaßgabe der Landesgesetze die zur Besserung geeigneten Maaßregeln getroffen werden, insbesondere kann die Unterbringung in einer Erziehungs= oder Besserungsanstalt erfolgen (St.G.B. § 55, 2).
Correspondenzkarten s. Postwesen B I 2, Anm. 3.
Courierzüge s. Schnellzüge.
Creditläger s. Zollwesen A XIX.
Cultus, freie Ausübung desselben, s. Kirche A.

Dampfkessel. Die allgemeinen Voraussetzungen für An=

---

*) In denselben werden die nicht in den Ranglisten und Landwehrstammrollen geführten Personen des Beurlaubtenstandes und die Ersatzreserve I. Classe geführt; Näheres hierüber giebt L.O. § 8, § 9.

**) Ausführungsbestimmungen hierüber s. L.O. § 17.

legung von Dampfkesseln giebt G.O. § 24. Die in Abs. 3 dieses § vorbehaltenen Ausführungsbestimmungen hierzu sind durch Bek. vom 29. Mai 1871 publicirt: die in § 19 der letzteren erwähnten Vorschriften für Eisenbahnlocomotiven giebt Bahn-Poliz.-Regl.*) §8 — §52, insbes. § 8 (Locomotivenprüfung), § 9 (Locomotiven-Register und Probe), § 52 (Vorbildung der Locomotivenführer); die auch für Dampfkesselanlagen geltenden allgemeinen Bestimmungen über Gewerbeanlagen s. bei Gewerbewesen B II 2 und 3.

Declaration s. Zolldeclaration.

Defectverfahren s. Reichsbeamte unter G. und wegen Erstreckung dieser Vorschriften auf Personen des Soldatenstandes Reichsbeamtengesetz vom 31. März 1873 § 157.

Defraudation s. Zollwesen C VII.

Degradation s. Milit.-St.-Ges.-Buch vom 20. Juni 1872 § 30, § 40—42.

Denkmünzen s. Orden (Kriegsdenkmünze); die Befugniß, Silbermünzen als Denkmünzen auszuprägen ist erloschen (Ges. vom 9. Juli 1873 Art. 11).

Depeschen s. Telegraphenwesen.

Depositengeschäft, inwieweit die Reichsbank zu demselben berechtigt ist, s. Bankgesetz vom 14. März 1875 § 13 No. 7 und 8; Privatbanken dürfen, wenn ihre Noten auch außerhalb des Emissionsstaates zur Zahlung gebraucht werden sollen, ihre Betriebsmittel nicht im Depositengeschäfte anlegen. (eod. § 44, 1.)

Deserteure, die Bestrafung derselben erfolgt nach Maaßgabe von § 69 ff. des Milit.-St.-Ges.-Buchs vom 20. Juni 1872, die Auslieferung nach Maaßgabe der einzelnen Auslieferungsverträge (s. Auslieferung I); die Vorschriften über Bestrafung Fahnenflüchtiger im Wege des Contumacialverfahrens bleiben in Kraft (Einführungsgesetz vom 20. Juni 1872 § 2, 2); über

---

*) Centr.-Bl. 1875 p. 57.

die Zuständigkeit der Reichsconsulate bezüglich desertirter Mannschaften der Marine s. Ges. vom 8. Nov. 1867 § 28, § 34.

Desinfection, Vorschriften über die Desinfection bei Rinderpest enthält Ges. vom 7. April 1869 § 2, 4 und revidirte Instruction vom 9. Juni 1873 § 6, § 8, § 20, § 30, § 36 (Maaßregeln vor und bei Ausbruch), § 37 — § 45 (Maaßregeln nach Erlöschen der Seuche); über die den Eisenbahnverwaltungen in allen Fällen des Gebrauchs von Transportmitteln zum Viehtransporte obliegende Verpflichtung zur Desinfection derselben s. Eisenbahnwesen B II 5.

Deutsches Reich; die zu demselben gehörigen Staaten s. unter Bundesstaaten; im Uebrigen s. Reichs=.

Diäten der Reichsbeamten s. Reichsbeamte A VII, der Militärpersonen s. Militärwesen S; die Mitglieder des Reichstags beziehen keine Diäten (R.V. Art. 32).

Dienstabzeichen s. Uniform.

Dienstboten s. Gesinde.

Dienstbriefe s. Posttaxgesetz vom 28. Oct. 1871 § 1, und wegen der Verpflichtung der absendenden Behörde zur Frankirung Postwesen B III 1b.

Dienstdepeschen s. Telegraphenwesen B I Anm.

Diensteid der Reichsbeamten s. Reichsbeamte A I 1.

Dienstmanninstitute s. Gewerbewesen B III 4.

Dienstpflicht s. Militärwesen B.

Dienstunbrauchbarkeit s. Anm.*)

Dienstuntauglichkeit, und zwar
1) dauernde, hierüber s. E.O. § 36, 1 (Ausmusterung**) E.O. § 65, 7 (Ausschluß von der Loosung);
2) zeitige, hierüber s. E.O. § 29 (Zurückstellung deswegen***).

---

*) Hierüber s. R.O. § 15 § 14, 5.
**) Und dazu R.O. § 9.
***) Und dazu R.O. § 8; wegen bedingter Tauglichkeit s. dagegen R.O. § 7.

Dienstwohnung der Reichsbeamten s. Ges. vom 31. März 1873 § 9.

Dienstzeit
A. der Militärpersonen:
   I. Ueber die Fälle verlängerter oder abgekürzter Militärdienstzeit s. Militärwesen E.
   II. Nach der Dienstzeit berechnet sich die Pension der Militärpersonen (Ges. vom 27. Juni 1871 § 6, § 48, § 65); über die Berechnung dieser Dienstzeit s. dieses Gesetz § 18 — § 25 (Officiere und Aerzte), § 48, § 53, § 54, § 57 (Angehörige der Marine), § 60 (Unterofficiere und Mannschaften des Heeres) und hierzu allenthalben die unter Militärwesen P aufgeführten Abänderungen und Zusätze, insbes. durch Ges. vom 4. April 1874.

B. Auch die Pension der Reichsbeamten ist nach der Dienstzeit bemessen (Ges. vom 31. März 1873 § 41, § 45 — § 52 und dazu Reichsbeamte D.).

Disciplinar-Behörden, -Strafen und -Verfahren
   I. für Militärpersonen s. Militärwesen J;
   II. für Reichsbeamte s. Reichsbeamtenges. vom 31. März 1873 § 72 — § 124 und dazu Reichsbeamte unter E;
   III. für die beim Reichsoberhandelsgerichte thätigen Advocaten s. Ges. vom 29. März 1873.
   IV. Eine disciplinelle Verfolgung von Reichstagsmitgliedern wegen ihrer Abstimmung oder der in Ausübung ihres Berufes gethanen Aeußerungen ist unzulässig (R.V. Art. 30).

Disciplinarhof, Disciplinarkammern s. Beamtengesetz vom 31. März 1873 § 86 — § 93, § 101 — § 116 und dazu Reichsbeamte E III, IV und V.

Discontgeschäfte, inwieweit die Banken zu denselben berechtigt sind, s. Bankgesetz vom 14. März 1875 § 13, 2 § 15 § 32 e (Reichsbank), § 44, 1 (Privatnotenbanken).

Discontzinsfuß der Reichsbank, derselbe ist von der

Reichsbank jeweilig bekannt zu machen (Bankges. vom 14. März 1875 § 15).

Dispensation von Ehehindernissen, s. Ges. vom 6. Febr. 1875 § 28 § 33, 5 § 35 § 40; Dispensation vom Aufgebote s. eod. § 50.

Disposition.
I. Ueber die zur Disposition der Truppentheile beurlaubten Mannschaften s. C.O. § 5, 4 d § 7, 8*).
II. Ueber die zur Disposition der Ersatzbehörden entlassenen Mannschaften s. C.O. § 5, 4c, E.O. § 81, § 82, C.O. § 7, 7**).
III. Officiere zur Disposition***), über Pensionirung derselben s. Ges. vom 27. Juni 1871 § 38.

Division, über diesen Begriff s. Militärges. vom 2. Mai 1874 § 3.

Doctortitel s. Medicinalwesen A VI.

Donau; über die Schiffahrt auf der Donau und dem schwarzen Meere s. den Vertrag vom 13. März 1871†).

Doppelbesteuerung s. Steuern A II.

Doppelkrone s. Münzwesen A I.

Dramatische Werke, Urheberrecht an denselben, s. Ges. vom 11. Juni 1870 § 50 ff. und dazu Urheberrecht I.

Droguenhandel s. Apothekerwesen A, insbes. A II.

---

*) Ausführungsbestimmungen hierzu giebt R.O. § 14, 2 (Voraussetzungen der Beurlaubung), L.O. § 15 (Verhältnisse der beurlaubten Mannschaften).
**) Ausführungsbestimmungen hierzu giebt R.O. § 14, 5 § 15 (Voraussetzungen der Entlassung), L.O. § 8, 4 (Fortführung derselben in den Controllisten).
***) Ueber die Dienstverhältnisse derselben s. L.O. § 27, 8.
†) Zusatzbestimmungen zum Schiffahrts- und Polizeireglement für die untere Donau s. Centr.-Bl. 1874 p. 65. Den Tarif der Schiffahrtsabgaben an der Sulina-Mündung publicirt Centr.-Bl. 1876 p. 129. Ueber die Herausnahme der auf der untern Donau abandonnirenden Schiffsutensilien sowie über den Zugang der Flöße auf dem Sulina-Arme s. Centr.-Bl. von 1873 p. 146.

Drohungen beim Betteln, dieselben sind nach St.G.B. § 362, 2 strafbar.
Droschkenwesen s. Gewerbewesen B III 4.
Drucksachenbeförderung s. Presse B.
Druckschriften s. Presse.
Durchfuhrverbote s. Zollwesen A I 2.
Durchgangszoll s. Zollwesen A I 1.
Dynamit s. Enzündliche Stoffe.

Effectengeschäft, inwieweit dasselbe den Banken gestattet ist, s. Ges. vom 14. März 1875 § 13, 6 (Reichsbank), § 7, 2 § 44, 1 (Privatnotenbanken).

Ehe. Ueber die bürgerliche Form der Eheschließung und deren Beurkundung bestimmt das Ges. vom 6. Febr. 1875. Dasselbe enthält:
A. in § 1 — § 16 § 61 — § 66 § 68, 3 § 70 § 71 § 72 § 73 § 74 1 § 75 § 83 § 84 § 85 die für Eheschließung sowohl als für Geburten und Sterbefälle gleichmäßig geltenden allgemeinen Bestimmungen über Standesbeamte, Standesamtsbezirke, Standesregister ꝛc.; hierzu allenthalben s. Personenstand A.
B. Die materiellen Erfordernisse der Eheschließung bez. die Ehehindernisse enthält § 28 — § 40 des Gesetzes. Hierzu siehe, soviel die in § 38 aufrecht erhaltenen Vorschriften über die Eheschließungen
 I. der Militärpersonen betrifft, Militärwesen L, II.
 II. Die polizeilichen Beschränkungen der Eheschließung (zu welchen jedoch die Bestimmungen über die Genehmigung der Eheschließung von Beamten, Geistlichen und Lehrern durch die Vorgesetzten nicht gehören) waren bereits aufgehoben durch Ges. vom 4. Mai 1868. Auch § 38 des Ges. vom 6. Febr. 1875 läßt die Vorschriften, welche die Eheschließung der Landesbeamten und der Ausländer*) von einer

---

*) Jedoch sind die Trauerlaubnißscheine weggefallen im Verhältnisse zu Italien (Centr.-Bl. 1875 p. 155) und zu Belgien (Centr.-Bl. 1875 p. 719).

Erlaubniß abhängig machen, ingleichen die Vorschriften, welche vor der Eheschließung eine Nachweisung, Auseinandersetzung oder Sicherstellung des Vermögens erfordern, fortbestehen. Bezüglich Bayerns ist durch Schlußprotokoll vom 23. Novbr. 1870 (p. 23 des Ges.-Bl. von 1871) unter I anerkannt, daß die Bundeslegislative nicht zuständig sei, das Verehelichungswesen mit verbindlicher Kraft für Bayern zu regeln und daß obiges Gesetz vom 4. Mai 1868 daher auf Bayern nicht ausgedehnt werden könne.

C. Die Vorschriften über Form und Beurkundung der Eheschließung enthält § 41 — § 55*) des Ges. vom 6. Febr. 1875. Hierzu f. wegen der Eheschließung von Reichsangehörigen im Auslande durch Consuln Consulatwesen A IV.

D. Von den Schlußbestimmungen in § 67 — § 85 des Gesetzes beziehen sich auf das Verehelichungswesen speciell § 67 (Strafe für Geistliche, welche vor Nachweis der bürgerlichen Eheschließung Trauungen vollziehen), § 69 (Strafe für Standesbeamte, wegen vorschriftswidriger Eheschließung), § 72 Abs. 1 und 2 (Bestimmungen für landesherrliche Häuser), § 74, 2 (das Aufgebot kann, wo dieß bisher geschehen, auch von andern bürgerlichen Beamten vollzogen werden), § 76 (Abschaffung der geistlichen Ehegerichtsbarkeit), § 77 (an Stelle der Trennung von Tisch und Bett

---

*) Hierzu f. die Ausführungsbestimmungen der Ausf.-Verordnung vom 22. Juni 1875 (Centr.-Bl. 1875 p. 386) § 5, § 6 und § 7 D E F (Formulare für Eheschließungsbescheinigungen, für das Aufgebot und für die Ermächtigung zur Eheschließung vor dem Standesbeamten eines andren Orts), § 10, 3 (Verzeichniß der angeordneten, bez. verkündeten Aufgebote), § 13 (kostenfreie Ertheilung der Aufgebotsbescheinigung), § 14 (Mittheilung des die Scheidung oder Ungültigkeit der Ehe aussprechenden Urtheils bez. der über die Beurkundung der Trennung durch den Standesbeamten aufgenommenen Verhandlung an den Standesbeamten, welcher die Ehe geschlossen hat).

tritt die Auflösung vom Bande), § 78 (besondere Bestimmungen für Bayern), § 82 (die kirchliche Verpflichtung in Bezug auf Trauungen wird durch dieses Gesetz nicht berührt).

Eheconsens s. Ges. vom 6. Febr. 1875 § 29 — § 32.

Ehehindernisse s. Ges. vom 6. Febr. 1875 § 28 — § 40, § 47 — § 49.

Ehemündigkeit s. Ges. vom 6. Febr. 1875 § 28.

Ehrengerichte (militärische) s. Militärwesen H VII.

Ehrenrechte s. bürgerliche Ehrenrechte.

Ehrenstrafen
  I. des bürgerlichen Strafrechts, s. bürgerliche Ehrenrechte;
  II. militärische, s. Milit.-St.-Ges.-Buch vom 20. Juni 1872 § 30 — § 34, § 43; insbes. die als Folge der Aberkennung der bürgerlichen Ehrenrechte eintretenden militärischen Ehrenstrafen s. eod. § 31 Abs. 2, § 37.

Ehrenzeichen s. Orden.

Eichgebührentaxe s. Maaße und Gewichte E II.

Eichordnung s. Maaße und Gewichte E I.

Eichung s. Maaß- und Gewichtsordnung vom 17. Aug. 1868 Art. 14 — Art. 20, Art. 23 und dazu Maaße und Gewichte E.

Eichungsbehörden s. Maaß- und Gewichtsordnung vom 17. Aug. 1868 Art. 15 — Art. 19 und dazu Maaße und Gewichte E.

Eier von Federwild und Singvögeln, deren unbefugte Ausnahme ist nach St.G.B. § 368, 11 strafbar.

Eilbestellung mit Post s. Postgesetz vom 28. Octbr. 1871 § 2, Postordnung vom 18. Decbr. 1874 § 21.*)

Eilgutbeförderung durch die Eisenbahn s. Bahnbetriebs-Reglement vom 11. Mai 1874**) § 56, Satz 2 u. 3

---

*) Centr.-Bl. von 1875 p. 16; wegen der Gebühr für Eilbestellungen s. Centr.-Bl. 1876 p. 27, p. 61.
**) Centr.-Bl. 1874 p. 179.

(Abnahme- und Lieferungszeit, Eilgutfrachtbrief), § 57 (Berechnung der Lieferungszeit), § 59, 10 (Avisirung und Ablieferung), § 70, 1b (Betrag der Vergütung für versäumte Lieferzeit); s. auch Bahnpolizei-Reglement vom 4. Jan. 1875 § 29*) (Eilgutbeförderung mit Schnellzügen).

Eilzüge s. Schnellzüge.
Einfuhrverbote s. Zollwesen A I 2.
Eingangszoll s. Zollwesen A I 1.
Eingeschriebene
  1) Postsendungen s. Einschreibesendungen.
  2) Hülfscassen s. Genossenschaftswesen D I.
Einjährige Freiwillige s. Freiwillige.
Einpfennigtarif s. R.V. Art. 45, 2 und dazu wegen des für Würtemberg gestellten Vorbehalts Protokoll vom 25. Novbr. 1870 unter 2 (Ges.-Bl. von 1870 p. 657).
Einquartierung s. Naturalquartier.
Einquartierungscataster s. Ges. vom 25. Juni 1868 § 6, Instruction vom 31. Decbr. 1868 (Ges.-Bl. von 1869 p. 4) § 7, § 8.
Einschreibesendungen s. Postgesetz vom 28. Octbr. 1871 § 6, 2 § 10, Postordnung § 16.**)
Eintragsrolle s. Urheberrecht II 1 Anm.
Einwanderung s. Naturalisation; über die Wehrpflicht der Einwanderer s. E.O. § 19.
Einzelhaft s. St.G.B. § 22.
Einziehung s. Confiscation.
Einzugsgeld s. Freizügigkeit D.
Eisenacher Vertrag s. Freizügigkeit C II 2.
Eisenbahnbeamte s. Bahnpolizei-Reglem. § 66***) ff. (Bahnpolizeibeamte), Bahnbetriebs-Reglem. § 1 — § 4†) (Rechte und Pflichten der Beamten, Beschwerdeführung), St.G.B. § 319, § 320 (Unfähigkeit zur Weiterbe-

---
  *) Centr.-Bl. 1875 p. 63.
  **) Centr.-Bl. 1875 p 12.;
 ***) S. Centr.-Bl. 1875 p. 69.
  †) S. Centr.-Bl. 1874 p. 179.

schäftigung als Strafe), Eisenbahnwesen B II 7 c
(Militärverhältnisse und Verwendung im Kriege), Eisen=
bahnwesen C (Reichseisenbahnbeamte).

Eisenbahnbetrieb s. Eisenbahnwesen B II.
Eisenbahnexpropriationsrecht des Reichs, s. R.V. Art. 41.
Eisenbahntelegraphen s. Eisenbahnwesen B II 7 d.
Eisenbahnverträge s. Eisenbahnwesen D.
Eisenbahnwesen.

A. Die verfassungsmäßigen Bestimmungen hierüber ent=
hält R.V. Art. 4, 8 (Aufsichts= und Gesetzgebungs=
competenz des Reichs), Art. 41 — Art. 47. Inwieweit
diese Bestimmungen für Bayern gelten, darüber s. R.V.
Art. 46, 2 und 3; über die für Württemberg be=
züglich des Einpfennigtarifs getroffene Modification
s. Vertrag vom 25. Nov. 1870 sub 2; für Elsaß=
Lothringen sind obige Verfassungsbestimmungen ein=
geführt durch Ges. vom 11. Decbr. 1871.

B. In Ausführung der unter A aufgeführten Bestim=
mungen, und zwar

I. in Ausführung von Art. 42 und Art. 43 der R.V.
ist das Bahnpolizei=Reglement vom 4. Januar
1875*), und im Anschlusse hieran die Signal=
ordnung**) vom gleichen Tage ergangen. Hierzu
und zwar

1) zu § 8 des Reglem. (Bedingungen für Inbetrieb=
setzung von Locomotiven) s. **Dampfkessel.**

2) Zu § 30 (Bedingungen für Güterbeförderung)
s. wegen der Desinfection der Viehtransportwagen
unten B II 5.

II. In Ausführung von Art. 45 der R.V. ist nach
Bek. vom 11. Mai 1874 das Bahnbetriebs=Regle=
ment vom 11. Mai 1874***) ergangen. Hierzu,
und zwar

---

*) Centr.=Bl. 1875 p. 57 mit Berichtigung p. 156 zu § 1.
**) Centr.=Bl. 1875 p. 73.
***) Centr.=Bl. 1874 p. 179.

1) zu § 5 (Betreten der Bahnhöfe und der Bahnen), s. Bahnpolizei-Reglement § 54 (Erlaubnißkarten hierzu), § 62 (Strafen).
2). Die Vorschriften § 13 § 14, 2 Satz 2 und 5, § 23 sind nach § 65 des Bahnpolizei-Reglements in jedem Passagierzimmer auszuhängen.
3) Zu § 22, 3 § 48 (Beförderung feuergefährlicher Stoffe) s. Entzündliche Stoffe.
4) Zu § 24 — § 33 (Reisegepäck) s. wegen der Feder= waagen für Eisenbahnpassagiergepäck Maaße und Gewichte E I 5 und D II.
5) Zu § 40, 2 (Voraussetzungen für den Ausschluß des Viehtransports aus veterinärpolizeilichen Gründen), s. die revidirte Instruction vom 9. Juni 1873, insbesondere § 3, § 6, § 7 derselben über die Bedingungen, unter denen während der Rinderpest der Viehtransport auf Eisenbahnen zulässig ist; über die Verpflichtung der Eisenbahnverwaltungen, die zum Viehtransport gebrauchten Wagen nach jedesmaligem Gebrauche einem Desinfectionsver= fahren zu unterwerfen, ist unter Aufhebung von § 6 des Ges. vom 7. April 1869 das Ges. vom 25. Febr. 1876*) ergangen.
6) Zu § 51 (Zoll= und Steuervorschriften) s. Zoll= wesen A XIV (zollamtliche Behandlung des Güter= und Effectentransports auf Eisenbahnen).
7) Ueber die Leistungen der Eisenbahnen
   a. zu Zwecken des Postdienstes s. Postwesen B I 1,
   b. für die bewaffnete Macht im Frieden s. Ges. vom 13. Febr. 1875 § 15, Instruction vom 2. Septbr. 1875 No. 10,
   c. für die mobile Macht s. R.V. Art. 47, Ges. vom 13. Juni 1873 § 28 — § 31 und Ausf.=Ver=

---

*) Die Ausführungsbestimmungen hierzu, durch welche sich zugleich die in der Instruction vom 9. Juni 1873 § 46 noch aufrecht erhaltenen Bestimmungen in § 47 ff. der Instruction vom 26. Mai 1869 erledigen, publicirt Centr.=Bl. 1876 p. 251.

ordnung vom 1. April 1876 No. 14, No. 15; über die Verwendung des dienstpflichtigen Eisenbahnpersonals im Kriege s. C.O. § 22; über Zurückstellung desselben vom Waffendienste s. C.O. § 23 und Zurückstellung III 2 Anm.
  d. Ueber die Benutzung der Eisenbahntelegraphen zu Telegrammen, welche nicht den Eisenbahnbetrieb betreffen, s. § 20 der Verordnung vom 24. Januar 1876.*)
  e. Ueber Annahme von Privattelegrammen durch die in den Eisenbahnzügen fahrenden Postbureaus s. Erlaß vom 16. Febr. 1876.**)
  f. Die Gewerbeordnung leidet auf den Gewerbebetrieb der Eisenbahnunternehmungen keine Anwendung (G.O. § 6).
 III. Behufs Ausübung des nach Art. 4, 8 der R.V. dem Reiche zustehenden Aufsichtsrechtes, sowie zu Ausführung der in Abschnitt VII der R.V. enthaltenen Bestimmungen ist durch Ges. vom 27. Juni 1873***) das Reichseisenbahnamt errichtet worden.
C. Behufs vollständigen Ausbaues der Verwaltung und des Betriebs der Reichseisenbahnen in Els.Lothringen ist durch Erlaß vom 9. Decbr. 1871 die kaiserliche Generaldirection der Eisenbahnen in Els.Lothringen eingesetzt worden. Derselben ist durch Vertrag vom 11. Juni 1872 (publicirt durch Ges. vom 15. Juli 1872) die Verwaltung und der Betrieb der WilhelmLuxemburger Bahn übertragen worden. Ueber die Reichseisenbahnbeamten s. Reichsbeamte, insbes. A VII (Tagegelder, Fuhrkosten ic.), E IV (zuständige Disciplinarkammer) und G I 2 (Cautionen).
D. Die Seiten des Reichs abgeschlossenen Eisenbahnver-

---

*) Centr.Bl. 1876 p. 104 und das hierzu erlassene Reglement vom 8. März 1876 (Centr.Bl. 1876 p. 155).
**) Centr.Bl. 1876 p. 106.
***) Das in § 5, 4 des Ges. vorbehaltene Regulativ über den Geschäftsgang dieser Behörde s. publicirt Centr.Bl. 1876 p. 197.

träge s. oben unter C (Wilhelm-Luxemburger Bahn), Friedensvertrag I (Ostbahn) und Gotthardtbahn. Siehe ferner den mit Rußland abgeschlossenen Vertrag wegen Herstellung einer Eisenbahnverbindung zwischen Marienburg und Warschau vom 22. April 1876 (Ges.-Bl. p. 171) und den Vertrag mit Luxemburg vom 11. Octbr. 1876 wegen Herstellung und Betrieb der Bahn von Esch nach Rüssingen 2c.

E. Ueber die Militäreisenbahn s. Anm.*)

Eiserner Zollcredit s. Zollwesen A XIX.

Elbe. In Ausführung der unter Zollwesen A III, A III 2 angeführten Grundsätze über die Flußzölle ist das Ges. vom 11. Juni 1870 über Aufhebung der Elbzölle ergangen und über denselben Gegenstand der Vertrag vom 22. Juni 1870 mit Oesterreich abgeschlossen worden.

Elsaß-Lothringen.

I. Die Vereinigung der nach dem Friedensvertrag mit Frankreich und den damit in Verbindung stehenden Verträgen (s. Friedensvertrag) abgetretenen französischen Gebietstheile mit Deutschland ist erfolgt durch Ges. vom 9. Juni 1871 § 1.

II. Die Staatsgewalt in Els.-Lothringen übt der Kaiser unter Gegenzeichnung und Verantwortlichkeit des Reichskanzlers aus (Ges. vom 9. Juni 1871 § 3, § 4). Das Recht der Gesetzgebung steht dem Reiche auch in den bezüglich der übrigen Staaten der Reichsgesetzgebung nicht unterliegenden Angelegenheiten zu (eodem § 3, 4). Inwieweit der Kaiser Verordnungen

---

*) Das Organisationsstatut für die Militäreisenbahn publicirt Armee-Verordnungs-Blatt 1875 p. 184. Das Eisenbahnbataillon ist zu einem Eisenbahnregiment erweitert worden (eod. p. 298). — Die Befugniß zur Anerkennung der Unabkömmlichkeit von Officieren und Mannschaften des Beurlaubtenstandes der Kgl. Bayrischen Eisenbahncompagnie für den Mobilmachungsfall sowie die Entscheidung auf Reclamationen gegen die Einberufung zu Uebungszwecken steht dem Kgl. Bayrischen Chef des Ingenieur-Corps und Inspecteur der Festungen zu (Centr.-Bl. 1873 p. 44).

mit Gesetzes-Kraft ohne vorherige Genehmigung des Reichstags zu erlassen berechtigt ist, s. Ges. vom 25. Juni 1873 § 8.
III. Die Einführung der R.V. in Els.-Lothringen verfügt mit den daselbst näher bezeichneten Modificationen das Ges. vom 25. Juni 1873.
IV. Die für Els.-Lothringen ergangenen Specialbestimmungen s. bei den einzelnen Rubriken; die Einführung einer größeren Anzahl von Reichsgesetzen ist erfolgt durch Ges. vom 8. Febr. 1875.

Entbindungsanstalten s. Medicinalwesen A II.

Entlassung aus dem activen Dienste, s. Militärwesen E, aus der Staatsangehörigkeit s. Ges. vom 1. Juni 1870 § 13, § 14 — § 19 und dazu Staatsangehörigkeit A III.

Entwendung zum unmittelbaren Genusse, unter Verwandten und Futterentwendung sind nach St.G.B. § 370 No. 4—6 strafbar.

Entzündliche Stoffe.
I. Schießpulverfabriken, Anlagen zu Feuerwerkskörpern und zur Zubereitung von entzündlichen Stoffen aller Art, Gasbereitungs- und Gasbewahrungs-Anstalten, sowie Anstalten zur Destillation von Erdölen gehören zu den gewerblichen Anlagen (G.O. § 16 und dazu Gewerbewesen B II).
II. Vom Verkaufe im Umherziehen sind entzündliche Stoffe ausgeschlossen (G.O. § 56).
III. Bestimmungen über den Ausschluß entzündlicher Stoffe vom Transporte auf Eisenbahnen, bez. beschränkende Bestimmungen hierfür giebt Bahnbetriebs-Reglement § 22, § 48;*) hierzu siehe Bahnpolizei-Reglement § 62 (Strafen), § 65**) (öffentliches Aushängen der Bestimmungen von § 22 des Betriebsreglements).
IV. Strafe für vorschriftswidrige Zubereitung, Aufbe-

---

*) Centr.-Bl. 1874 p. 184, p. 191; die Vorschriften von § 48 sind abgeändert durch die im Centr.-Bl. von 1876 p. 223 publicirten, p. 293 berichtigten Bestimmungen.
**) Centr.-Bl. 1875 p. 68, p. 69.

wahrung und Feilhaltung derartiger Stoffe enthält
St.G.B. § 367 No. 4—6.

Epidemien f. Medicinalwesen B, Veterinärwesen II.

Erfindungspatente; die Bestimmungen hierüber unterliegen
der Reichscompetenz (R.V. Art. 4, 5). Zur Zeit regelt
sich der Schutz und die Ertheilung derselben zufolge
Art. 21 des Zollvertrages vom 8. Juli 1867 nach
der Uebereinkunft vom 21. Sept. 1842.

Ersatzbedarf f. Militärwesen A I 1.

Ersatzbehörden f. E.O. § 2 und dazu wegen Ausübung
der Controle durch dieselben Controle II.

Ersatzbezirke f. Militärwesen A I 2.

Ersatzgeschäft f. Militärwesen C, insbes. E.O. § 3.

Ersatzreserve.
  I. Die Ersatzreservepflicht ist ein Theil der Pflicht zum
     Dienste im Heere (Militärwesen B I); über die
     Dauer derselben, Bestimmung und Eintheilung der
     Erf.-Reserve f. E.O. § 13, E.O. § 5, 5.
  II. Die Voraussetzungen für Ueberweisung zur Ersatz=
      reserve f. E.O. § 37 und soviel speciell
      1) die I. Classe betrifft, E.O. § 38 § 72, 7;*)
      2) die II. Classe betr. E.O. § 39.**)
  III. Ueber die Verhältnisse der Ersatzreserve siehe
       1) soviel die militärische Controle betrifft Militär=
          wesen F, insbes. E.O. § 15 jct. E.O. § 96, 2
          (I. Classe),***) E.O. § 16, E.O. § 96, 3 und § 8
          (II. Classe); f. auch Controlentziehung.

---

*) Ausführungsbestimmungen hierzu giebt R.O. § 7, 2 § 8, 3
(der Ersatzreserve I. Classe werden die bedingt Tauglichen mit
geringen Körperfehlern und zum Theile die zeitig Untauglichen,
über welche endgültig entschieden werden muß, überwiesen).
**) Ausführungsbestimmungen hierzu giebt R.O. § 7, 3
§ 8 3 (der II. Classe werden überwiesen die bedingt Tauglichen
mit bleibenden Körpergebrechen, sowie theilweise die zeitig Un=
tauglichen, über welche endgültig entschieden werden muß).
***) Ausführungsbestimmungen f. L.O. § 8, 1 d (Führung
in den Controllisten), § 13 (Führung der Erf.-Reservescheine),
§ 19, 11 (Einberufungsmodus).

2) Ueber Unterstützung einberufener Ersatzreservisten s. Militärwesen Q II.

Ersatzvertheilung s. Militärwesen A I 1.

Erziehungsanstalten s. Correctivmaaßregeln II und III.

Esplanade, Begriff, s. Ges. vom 21. Dec. 1871 § 2.

Essig, inwieweit dessen Besteuerung zulässig ist, s. Zollwesen B III und B IV.

Estafettensendungen s. Postges. vom 28. Oct. 1871, § 6, § 10, § 16 — § 19, § 21, Postordnung § 44.*)

Eßwaaren; Verkauf verfälschter oder verdorbener Eßwaaren ist nach § 367, 7, die Entwendung von Eßwaaren zum unmittelbaren Verbrauch nach § 370, 5 des St.G.B. strafbar.

Etiquetten s. Waarenzeichen.

Erceß, Strafe hierfür s. St.G.B. § 360, 11.

Execution gegen Bundesglieder wegen Nichterfüllung der Bundespflichten, s. R.V. Art. 19.

Exemte Grundstücke s. Gutsbezirke.

Exercierplätze, Entschädigung für Benutzung von Grundstücken hierzu im Frieden, s. Truppenübungen.

Explodirende s. entzündliche Stoffe.

Expreßbestellung s. Eilbestellung.

Expropriationsrecht. Ein solches steht dem Reiche zu:
  I. für Anlegung von Eisenbahnen, welche im Interesse der Vertheidigung Deutschlands oder im Interesse des gemeinsamen Verkehrs nothwendig sind (R.V. Art. 41, 1);
  II. für die in Folge des Rayongesetzes vom 21. Dec. 1871 eintretenden Beschränkungen des Grundeigenthums (§ 34 dieses Gesetzes).

Extrapost s. Postges. vom 28. Oct. 1871 § 11, § 19, § 21, Postordnung § 57 ff.**)

Extrazüge s. Bahnbetriebs-Reglement § 7, 2***), Bahnpolizei-Reglement § 35, § 29.†)

---

   *) Centr.-Bl. 1875 p. 29.
  **) Centr.-Bl. 1875 p. 35.
 ***) Centr.-Bl. 1874 p. 180.
   †) Centr.-Bl. 1875 p. 64, p. 63.

Fabrikwesen.
I. Ueber Fabriken als gewerbliche Anlagen s. Gewerbewesen B II.
II. Ueber Fabrikarbeiter s. die gewerblichen Bestimmungen in § 127 — § 139 der G.O. und dazu Gewerbewesen G, insbes. G I 3a (jugendl. Fabrikarbeiter), G IV (Gewerbegerichte), G VI (Werkmeister in Fabriken), O (gesundheitspolizeiliche Vorschriften), Genossenschaftswesen D II 2 (Hülfskassen), Arbeitslohn (Gebot der Baarzahlung, Verbot der Waarencreditirung), Arbeitsbücher, Arbeitszeugnisse.
III. Die Fabrikanten sind in der Annahme von Arbeitern, abgesehen von den Bestimmungen über Beschäftigung jugendlicher Arbeiter nicht beschränkt (Gewerbewesen G I und G I 3); über die Befugniß der Fabrikanten, außerhalb des Orts ihrer Niederlassung Waaren einzukaufen und Waarenbestellungen zu sammeln s. Gewerbewesen C I 3.

Fabrikzeichen s. Waarenzeichen.
Fachlehrer für Privat=Tanz=, Turn= und Schwimmunterricht, s. Gewerbewesen B III 2.
Fahnen s. Wappen.
Fahneneid s. R.V. Art. 64, 1.
Fahnenflucht s. Deserteure.
Fahrbillets s. Bahnbetriebs=Reglement § 9 ff.*)
Fähren; Die Befugniß zum Halten öffentlicher Fähren unterliegt der G.O. nicht (G.O. 6, 1); inwieweit die Erhebung von Abgaben für Benutzung von Fähren zulässig ist s. Zollwesen A III 2.
Fahrgeschwindigkeit der Eisenbahnen s. Bahnpolizei=Reglement § 26.**)
Fahrverkehr auf Wegen ꝛc. s. Fuhrwerke.
Fahrzeuge.
I. Lieferung derselben im Kriege s. Seewesen B I 10.

---
*) Centr.=Bl. 1874 p. 160.
**) Centr.=Bl. 1875 p. 63.

II. Eisenbahnbeförderung derselben s. Güterbeförderung I.

Fälschung von Legitimationspapieren s. St.G.B. § 363, Verkauf verfälschter Getränke und Eßwaaren s. eod. § 357, 7.

Familien von Militärpersonen, deren Unterstützung s. Militärwesen Q.

Familiennamen s. Namen.

Fässer, Stempelung und Eichung derselben s. Maaße und Gewichte unter E I 2 und Maaß- und Gewichtsordnung vom 17. Aug. 1868 Art. 12.

Federwaagen für Eisenbahnpassagiergepäck, s. Maaße und Gewichte D II.

Fehlergrenzen für Maaße und Gewichte, s. Maaße und Gewichte D II und E I 1.

Feiertage.
  I. Ueber Sonntagsarbeit
    1) der erwachsenen Arbeiter s. G.O. § 105, 2 § 126 § 127,
    2) der jugendlichen Arbeiter s. G.O. § 129, 3 § 154.
  II. Strafen für Zuwiderhandlungen gegen die Vorschriften über die Störung der Sonn-, Fest- und Feiertagsruhe s. St.G.B. § 366, 1.

Felddienstuntüchtige s. Zurückstellung III 3.

Feldmesser s. Gewerbewesen B III 3, auch Markscheider.

Feldpolizeivergehen.
  I. Die besonderen Vorschriften des Bundes- und Landesstrafrechts hierüber bleiben gegenüber dem St.G.B. in Kraft (Einf.-Ges. vom 31. Mai 1870 § 2, 2).
  II. Einzelne Feldpolizeivergehen s. St.G.B. § 368 No. 1, 2, 9, § 370 No. 1 und 2.

Festungen.
  I. Die verfassungsmäßigen Bestimmungen hierüber enthält R.V. Art. 64. (Die Festungscommandanten ernennt der Kaiser), Art 65 (das Recht, Festungen innerhalb des Bundesgebietes anzulegen, steht dem

Kaiser zu), Art. 8, 1 (Ausschuß für das Landheer und die Festungen); die besonderen Bestimmungen für Bayern enthält Schlußprotokoll vom 23. Nov. 1870 unter XIV (Ges.-Bl. 1871 p. 25).
II. Ueber die Beschränkungen des Grundeigenthums in der Umgebung von Festungen ist das Ges. vom 21. Dec. 1871 ergangen; dasselbe ist auf Els.-Lothringen erstreckt durch Ges. vom 21. Febr. 1872.
III. Zu zeitgemäßer Umgestaltung und zum Umbau deutscher Festungen*) ist durch Ges. vom 30. Mai 1873 aus den Mitteln der französischen Kriegskostenentschädigung der Reichsfestungsbaufond begründet worden; zu Art. III 1 dieses Gesetzes siehe
1) soviel die dort geordnete Competenz des Reichsinvalidenfonds betrifft, Bek. vom 11. Juni 1874 § 16 (Bezeichnung derjenigen Bestimmungen dieser Bekanntmachung, welche auch auf den Reichsfestungsbaufond Anwendung erleiden).
2) Nähere Bestimmungen über die mit der Controle des Reichsfestungsbaufonds betraute Reichsschuldencommission s. bei Reichsfinanzen D II.
IV. Strafe für unbefugte Aufnahme und Veröffentlichung von Festungsrissen s. St.G.B. § 360, 1.

Festungsstrafe
I. des bürgerlichen Strafrechts s. St.G.B. § 17, § 20, § 21, § 70, § 75,
II. des Militärstrafrechts s. Milit.-Straf-Ges.-Buch vom 20. Juni 1872 § 16, § 17.

Feuerlöschgeräthschaften, unterlassene Anschaffung oder mangelhafte Unterhaltung derselben ist nach St.G.B. § 368, 8 strafbar.

Feuerpolizei
I. Strafen für Zuwiderhandlungen gegen die dieß-

---

*) Die Namen der Festungswerke von Metz und Straßburg publicirt Centr.-Bl. 1873 p. 292.

fallsigen Vorschriften s. St.G.B. § 367 No. 4—6, No. 8, § 368 No. 3—8, § 369 No. 3.

II. S. auch Endzündliche Stoffe, Dampfkessel, Schornsteinfeger.

Feuerstätten, Strafen für Uebertretungen bei Unterhaltung und Errichtung derselben s. St.G.B. § 368, 3 und 4, § 369, 3.

Feuerversicherungswesen s. Versicherungswesen.

Feuerwerk, Strafen für polizeiwidrige Bereitung, Aufbewahrung, Beförderung und Feilbietung von Feuerwerkskörpern, s. St.G.B. § 367, 4 und 5, für unbefugtes Abbrennen derselben s. St.G.B. § 368, 7.

Finanzen s. Reichsfinanzen.

Finanzperiode des Reichs, s. R.V. Art. 71, 1, Art. 69.

Fischerei.

I. Die Fischerei unterliegt der G.O. nicht, für den An- und Verkauf selbstgewonnener Erzeugnisse des Fischfangs im Umherziehen bedarf es jedoch des Legitimationsscheins, welcher in diesem Falle von der untern Verwaltungsbehörde ertheilt wird (G.O. § 58). Das Verbot der Ausübung des Gewerbebetriebs im Umherziehen durch Stellvertreter leidet auf diesem Gewerbebetrieb unter gewissen Voraussetzungen nicht Anwendung (G.O. § 62, 1); Fabrikate, welche mit der Fischerei in unmittelbarer Verbindung stehen, gehören zu den Gegenständen des Wochenmarktverkehrs (G.O. § 66 No. 2).

II. Die besonderen Vorschriften des Bundes- und Landes-Strafrechts über Fischereipolizei-Vergehen bleiben gegenüber dem St.G.B. in Kraft (Einf.-Ges. vom 31. Mai 1870 § 2, 2). Strafen für unbefugtes Fischen giebt St.G.B. § 330, 4; über die Behördencompetenz bei Fischereipolizei-Vergehen von Militärpersonen s. Militärwesen K.

Fixation

I. der Branntweinsteuer s. Ges. vom 8. Juli 1868 (p. 483) § 41.

Flagge — Flüsse.

II. Der **Brausteuer** s. Ges. vom 31. Mai 1872 § 4 und dazu **Brausteuer** II.

Flagge der Kriegs- und Handelsmarine s. R.V. Art. 55 und hierzu, soviel die Handelsmarine betrifft, **Seewesen** A IV.

Fleisch.
I. Inwieweit eine Besteuerung desselben zulässig ist, s. **Zollwesen** B III, B IV.
II. Strafe für den Verkauf trichinenhaltigen Fleisches, s. St.G.B. § 367, 7.

Fleischer. Den städtischen Fleischern steht ein Zwangsrecht nicht zu (G.O. § 7, 4 b) und dazu die weiteren Bestimmungen in § 7 — § 10 über gewerbliche Verbietungsrechte überhaupt.

Flößerei. Der Reichscompetenz unterliegt nach R.V. Art. 4, 9 der Flößereibetrieb auf den mehreren Staaten gemeinschaftlichen Wasserstraßen. Inwieweit Abgaben von der Flößerei erhoben werden dürfen, hierüber s. im Allgemeinen **Zollwesen** A III 3, insbes. R.V. Art. 54 Abs. 4 Schlußsatz, und in Ausführung dieser Bestimmungen das Ges. über die Abgaben von der Flößerei vom 1. Juni 1870; Bestimmungen über die Höhe der nach § 2 dieses Gesetzes zu leistenden Entschädigung und die Präclusivfrist für den Entschädigungsantrag enthält für Bayern das Ges. vom 22. April 1871 § 8; die Bestimmung der Termine, an welchen die Erhebung der nach dem Gesetze unzulässigen Abgaben aufhören sollte, ist in Gemäßheit von § 1 Abs. 2 des Gesetzes erfolgt durch die Verordnungen vom 19. Febr. 1871 (Neckar), 1. Juni 1870 (Saale und Werra) und 13. Febr. 1874 (Enz und Nazold).

Flotte s. **Seewesen**.

Flurschäden, über deren Vergütung s. **Truppenübungen**.

Flüsse.
A. Der Reichscompetenz unterliegen nach R.V. Art. 4, 9 der Flößerei- und der Schiffahrtsbetrieb auf den

mehreren Staaten gemeinschaftlichen Wasserstraßen und der Zustand der letzteren, sowie Fluß- und sonstige Wasser-Zölle. Hierzu siehe,
  I. soviel den Schiffahrtsbetrieb betrifft, G.O. § 31 (bei den besonderen Anordnungen der Staatsverträge in Betreff der Schiffer und Lootsen auf Strömen hat es sein Bewenden) und G.O. § 34 (die Landesgesetze können vorschreiben, daß zum Lootsengewerbe besondere Genehmigung erforderlich ist); zu letzterer Bestimmung s. Gewerbewesen M, insbef. G.O. § 53 und § 54 (Rücknahme bez. Versagung der Genehmigung), Gewerbewesen N, insbef. G.O. § 47 (Stellvertretung im Gewerbebetriebe);
  II. soviel die Flußabgaben betrifft, s. Wasserzölle, Flößerei, Fähren.
B. Bei Stauanlagen für Wasserbetriebswerke sind außer den Bestimmungen der G.O. über Anlagen (Gewerbewesen B II) noch die hierüber bestehenden landesgesetzlichen Vorschriften anzuwenden (G.O. § 23).
C. Wegen der Strompolizeivergehen s. Wasserstraßen.

Flüssigkeitsmaaße s. Maaß- und Gewichtsordnung vom 17. Aug. 1868 Art. 3 C, Art. 11, Art. 12, Eichordnung vom 16. Juli 1869 § 5 — § 13 und dazu Maaße und Gewichte, insbef. E I 2 und D II.

Forstarbeit, wo dieselbe in den Landesgesetzen an Statt Gefängniß oder Geldstrafe angedroht ist, bewendet es hierbei (Einf.-Ges. vom 31. Mai 1870 § 6, 2).

Forstpolizei. Die besonderen Vorschriften des Bundes- und Landes-Strafrechts über Verletzung der Forstpolizeigesetze bleiben in Kraft (Einf.-Ges. vom 31. Mai 1870 § 2, 2); siehe auch St.G.B. § 368, 6 (Anzünden von Feuer in Wäldern und Heiden).

Fortbildungsschule s. G.O. § 106, 2 und dazu Gewerbewesen G II.

Fortkommen, Entschädigung dafür, s. Reichsbeamte A VII, Militärwesen S.

Fortlaufende Conten s. Zollwesen A XX.
Fourage, Lieferung derselben als Militärleistung,
 I. im Kriege s. Ges. vom 13. Juni 1873 § 3, 2 § 11, Ausf.-Verordnung vom 1. April 1876 No. 4;
 II. im Frieden s. Ges. vom 13. Febr. 1875 § 2, 3 § 5 § 9, 3 und Instruction vom 2. Sept. 1875 No. 3 und 6.
Frachtbriefe für den Eisenbahnverkehr s. Bahnbetriebs-Reglement § 50 ff.*)
Frankirung der Postsendungen, s. Postordnung § 26, § 43**); insbes. über Frankirung der Behördencorrespondenz s. Postwesen B III 1 b.
Frankreich s. Friedensvertrag.
Frauen, Berechtigung derselben zum selbstständigen Gewerbebetriebe, zur eignen gerichtlichen Vertretung ꝛc. s. G.O. § 11, 2.
Freicouverts s. Postwesen B I 2 Anm. 11.
Freiexemplare von Preßerzeugnissen s. Ges. vom 7. Mai 1874 § 30, 3 (Freiexemplare an Bibliotheken und Sammlungen), § 9 (Pflichtexemplare).
Freihäfen s. R.V. Art. 34 und dazu Zollwesen A VI 1.
Freimarken s. Postwesen B I 2 Anm. 11.
Freiwillige.
 I. Ueber den Freiwilligendienst überhaupt s. E.O. § 22 (freiwilliger Eintritt im Frieden), § 99 (im Kriege), § 51, 3 (Anrechnung der Freiwilligen bei Berechnung des Ersatzbedarfs), § 65, 7 (Ausschluß von der Loosung).
 II. Insbesondere über den einjährigen freiwilligen Dienst s. E.O. § 88 — § 94***), § 8; diejenigen Lehranstalten,

---
*) Centr.-Bl. 1874 p. 195.
**) Centr.-Bl. 1875 p. 19, p. 28.
***) Ausführungsbestimmungen hierzu giebt R.O. § 18 bis § 21; nach der im Armee-Verordnungsblatte von 1875 p. 268 publicirten Anmerkung zu R.O. § 18 haben die Truppentheile die Verpflichtung, vom Diensteintritte einjähriger Freiwilliger dem Civilvorsitzenden der Ersatzcommission Kenntniß zu geben.

welche Zeugnisse über die wissenschaftliche Befähigung für den einjährigen Freiwilligendienst ausstellen dürfen (E.O. § 90) veröffentlicht nach Bek. vom 22. Jan. 1873 das Central-Blatt.*)

III. Ueber den drei- bez. vierjährigen Freiwilligendienst s. E.O. § 83 — § 87; insbes. über den vierjährigen Freiwilligendienst bei der Cavallerie s. E.O. § 12 No. 1 Abs. 2.

IV. Ueber den freiwilligen Eintritt in den Landsturm s. Ges. vom 12. Febr. 1875 § 3, § 4.

Freizügigkeit. Die auf Grund Art. 4, 1 der R.V. hierüber erlassenen Bestimmungen enthält das Ges. vom 1. Nov. 1867.

A. Das in § 1 und § 2 ausgesprochene Recht aller Reichsangehörigen, ohne Rücksicht auf das religiöse Bekenntniß innerhalb des Bundesgebietes an jedem Orte sich aufzuhalten, Grundeigenthum zu erwerben und Gewerbe zu betreiben, ist anderweit zum Ausdrucke gelangt, durch R.V. Art. 3, 1 und Ges. vom 3. Juli 1869. Aufenthaltsbeschränkungen von Nichtreichsangehörigen sind nicht in den Bereich des Freizügigkeitsgesetzes gezogen; derartige Bestimmungen enthält

I. St.G.B. § 39, 2 (Ausweisung infolge Polizeiaufsicht),

II. St.G.B. § 362, 3 (Ausweisung als Folge der Ueberweisung an die Landespolizeibehörde),

III. St.G.B. § 284, 2 (Ausweisung wegen gewerbsmäßigen Glücksspieles),

IV. Ges. vom 4. Juli 1872 § 2 (Ausweisung ausländischer Mitglieder des Jesuitenordens) und hierzu Jesuitenorden (Bezeichnung der verwandten Orden),

---

*) S. Centr.-Bl. 1876 p. 41 (Hauptverzeichniß), p. 128, p. 191, p. 204, p. 248, p. 305, p. 346, p. 516, p. 528, p. 622 (Nachträge).

V. Ges. vom 4. Mai 1874 § 1 (Ausweisung wegen unbefugter Ausübung von Kirchenämtern).
B. Zu den in § 3 — § 5 des Freizügigkeitsgesetzes aufgeführten Aufenthaltsbeschränkungen Reichsangehöriger kommen folgende:
   I. St.G.B. § 39, 1 (Untersagung des Aufenthalts an bestimmten Orten als Folge der Polizeiaufsicht),
  II. Ges. vom 4. Juli 1872 § 2 (gleiche Beschränkung der inländischen Mitglieder des Jesuitenordens),
 III. Ges. vom 4. Mai 1874 § 1 (gleiche Beschränkung wegen unbefugter Ausübung von Kirchenämtern),
 IV. die Aufenthaltsbeschränkungen, welche sich aus der Militär=, bez. Wehrpflicht ergeben. Ueber diese bestimmt
   1) C.O. § 3, 1 (Wehrpflichtige, welche noch nicht im militärpflichtigen Alter stehen, bedürfen zum Aufenthalte im Auslande eines Unbedenklichkeitszeugnisses des Civilvorsitzenden der Ersatzcommission),
   2) C.O. § 4, 3 (Militärpflichtige erhalten Reisepapiere nur für die Dauer der ihnen bewilligten Zurückstellung),
   3) C.O. § 7, 7 § 7, 9 (Personen des Beurlaubtenstandes sind in der Wahl ihres Aufenthalts nicht beschränkt); jedoch bedürfen
     a. die zur Disposition der Truppentheile beurlaubten Mannschaften zum Aufenthaltswechsel militärischer Genehmigung (C.O § 7, 8);*)
     b. für den Mobilmachungsfall besteht allgemeine Verpflichtung zur Rückkehr (C.O. § 7, 2);
     c. Mannschaften der Reserve, Land= und Seewehr sind zwar auch ohne Urlaub in der Wahl ihres Aufenthaltsorts nicht beschränkt, der Urlaub ist jedoch Voraussetzung für die Dispensation von

---

*) Ausführungsbestimmungen hierzu giebt L.O. § 15, 2.

Dienstobliegenheiten bez. von der Rückkehr im Mobilmachungsfalle (C.O. § 7, 3—4).

4) Für die Mannschaften der Ersatzreserve bestehen keine Aufenthaltsbeschränkungen, nur bedarf es behufs Befreiung von der Verpflichtung zur Rückkehr aus außereuropäischen Ländern der Dispensation (C.O. § 15, 6 C.O. § 16, 2).

C. Zu § 6 und § 7 (Uebernahmepflicht, Ausweisungsverfahren):

I. Die Uebernahmepflicht regelt sich
1) innerhalb des Geltungsbereichs des Gesetzes über den Unterstützungswohnsitz vom 6. Juni 1870 nach § 31 dieses Gesetzes.
2) Für Bayern gilt nach § 1 des letzteren Gesetzes die rücksichtlich der übrigen deutschen Staaten aufgehobene Bestimmung von § 7 des Freizügigkeitsgesetzes, somit der Gothaer Vertrag vom 15. Juli 1851, wie das Schlußprotokoll vom 23. Nov. 1870 (p. 23 des Ges.-Blattes von 1871) sub III ausdrücklich ausspricht, noch fort.
3) Gegenüber außerdeutschen Staaten regelt sich die Uebernahmepflicht nach den bestehenden Staatsverträgen*); verpflichtet zur Uebernahme der aus dem Auslande ausgewiesenen Deutschen ist derjenige Bundesstaat, innerhalb dessen der Hülfsbedürftige seinen letzten Unterstützungswohnsitz gehabt hat (Ges. vom 6. Juni 1870 § 33); zur Uebernahme hülfsbedürftiger Ausländer ist derjenige Bundesstaat verpflichtet, welchem der Ortsarmenverband der vorläufigen Unterstützung angehört (Ges. vom 6. Juni 1870 § 60).

II. Das Ausweisungsverfahren regelt sich
1) innerhalb des Geltungsbereichs des Unterstützungs-

---

*) Die betreffenden Verträge publicirt Centr.-Bl. 1873 p. 281 (Italien betr.), Centr.-Bl. 1874 p. 31 (Dänemark betr.), Centr.-Bl. 1875 p. 475 (Oesterreich betr.).

wohnsitzgesetzes vom 6. Juni 1870 nach den Bestimmungen dieses Gesetzes, insbesondere § 28 (Verpflichtung zur vorläufigen Unterstützung), § 29 (Unterstützung von Gesinde, Gewerbsgehülfen ꝛc.), § 55 (Sistirung der Ausweisung durch Uebereinkommen), § 56 (Sistirung durch Entscheidung der Behörde), § 57 (Sistirung, so lange in den Fällen von § 55 und § 56 das Verfahren noch schwebt), § 34, 3 § 35 (Nothwendigkeit der Benachrichtigung des übernahmepflichtigen Armenverbandes von der beabsichtigten Ausweisung, Frist für die hierauf zu ertheilende Antwort), § 32, § 58 (Kosten der Ueberführung und des Transports trägt der übernahmepflichtige Armenverband, der Ersatzanspruch wird verwirkt durch verzögerte Ueberführung); hiernächst gelten für die Verwaltungsstreitigkeiten wegen der Uebernahmepflicht die für Verwaltungsstreitigkeiten in Unterstützungswohnsitzsachen geltenden Vorschriften überhaupt (Ges. vom 6. Juni 1870 § 36 — § 54).

2) Im Verhältnisse zu Bayern regelt sich das Ausweisungsverfahren nach obigem Vertrage vom 15. Juli 1851 und dem sog. Eisenacher Vertrage vom 11. Juni 1853 über gegenseitige Verpflegung erkrankter und Beerdigung verstorbener Angehöriger andrer Staaten.

3) Vorschriften über das Verfahren bei Uebernahme von Deutschen oder Ausländern aus dem Auslande enthält Ges. vom 6. Juni 1870 § 33, § 60.*)

D. Zu § 8, § 9 des Freizügigkeitsgesetzes (Erhebung von Anzugsgeld ist unzulässig, Zuziehung zu den Gemeinde- und Armenlasten ist nur bei länger als dreimonatigem Aufenthalte zulässig), s. G.O. § 13, 2 (Bürgerrechtsgeld darf nicht gefordert werden, die

---

*) Siehe auch die in der vorhergehenden Note erwähnten Staatsverträge.

Verpflichtung zu Erwerbung des Bürgerrechts tritt erst bei längerem als dreijährigem Aufenthalte ein).
E. Zu § 10, § 12 (Anmeldung neu Anziehender, Folgen unterlassener Meldung, fortdauernde Gültigkeit der Vorschriften über die Fremdenpolizei) s. Fremdenwesen A.
F. Zu § 11 und zwar
 I. zu Abs. 1 (der bloße Aufenthalt begründet weder Gemeindeangehörigkeit noch Bürgerrecht, noch Theilnahme an der Armenpflege ꝛc.) s. R.V. Art. 3, 3 und Armenwesen A I (fortbestehen bleiben die landesgesetzlichen Bestimmungen über die Bedingung der Aufnahme in den localen Gemeinde=Verband, Armenverband ꝛc.), sowie oben D, das Bürgerrecht betr.
 II. Die Bestimmung in Abs. 2 dieses §, daß es bei den landesgesetzlichen Bestimmungen über den Erwerb des Heimathsrechts durch Aufenthalt von bestimmter Dauer bewende, erledigt sich durch das Ges. vom 6. Juni 1870 über den Unterstützungswohnsitz.
G. Ueber die sog. militärische, sowie die ärztliche Freizügigkeit s. Staatsangehörigkeit B IV, Medicinalwesen A I 4.
H. Strafen s. St.G.B. § 361, 2 (verbotswidrige Rückkehr nach erfolgter Ausweisung aus dem Bundesgebiete oder einem Bundesstaate), § 361, 8 (unterlassene Beschaffung anderweiten Unterkommens).

Fremdenwesen. Die Regelung desselben unterliegt der Reichscompetenz nach R.V. Art. 4, 1. Es gelten jedoch
A. soviel das polizeiliche Meldewesen betrifft, die landesgesetzlichen Bestimmungen über die Controle neu anziehender Personen sowie der Fremden am Aufenthaltsorte, desgleichen über die Anmeldung neu anziehender Personen noch fort (Ges. vom 12. Octbr. 1867 § 12, Ges. vom 1. Novbr. 1867 § 10, § 12). Reichsgesetzlich sind nur folgende Bestimmungen:

I. Aufenthaltskarten zum Zweck der Controle am Aufenthaltsorte sind unzulässig (Ges. vom 12. Octbr. 1867 § 10, 4).
II. Unterlassene Anmeldung darf nicht mit dem Verluste des Aufenthalts, sondern lediglich mit einer Polizeistrafe geahndet werden (Ges. vom 1. Novbr. 1867 § 10, 4).
III. Polizeiliche Ausweisung Bundesangehöriger aus anderen als den in dem Freizügigkeitsgesetze genannten Gründen ist unzulässig (Ges. vom 1. Novbr. 1867 § 12). Ueber diese Ausweisungsgründe, desgleichen über die Ausweisungsgründe für Bundesausländer, Ausweisungsverfahren und Uebernahmepflicht s. Freizügigkeit A—C.

B. Ueber die militärische Meldepflicht s. Controle.
C. Ueber das Paßwesen ist auf Grund von Art. 4, 1 der R.V. des Ges. vom 12. Octbr. 1867*) ergangen. Hierzu, und zwar
I. zu § 6, 1 § 8, 2 (Ertheilung von Pässen durch Consuln), s. Ges. vom 8. Novbr. 1867 § 25.
II. Ueber die Voraussetzung der Ertheilung von Auslandspässen an Wehr- bez. Militärpflichtige s. C.O. § 3, 1 (vor Eintritt in das militärpflichtige Alter), C.O. § 4, 3 (nach Eintritt in dasselbe). C.O. § 7, 10 (an Mannschaften des Beurlaubtenstandes).
III. Ueber militärische Legitimationspapiere, und zwar
  1) Papiere zur Controle über die Erfüllung der Militärpflicht s. C.O. § 4, 1;
  2) über die Ausweise für Personen des activen Heeres, Officiere, Militärärzte und Militärbeamte, s. C.O. § 6, 3—5 (Soldbücher, Patente,

---

*) Zu § 2 des Gesetzes, wonach auch von Ausländern Reisepapiere nicht gefordert werden sollen, s. Centr.-Bl. 1873 p. 281 (Vertrag mit Italien wegen Beseitigung des Paßzwangs), eod. p. 404 (Vorschriften über die zum Aufenthalte in Rußland erforderlichen Legitimationspapiere).

Bestallungen, Requisitionsscheine, Urlaubskarten, Urlaubsscheine);
3) über die Militärpapiere für die Personen des Beurlaubtenstandes f. C.O. § 8 (Militärpässe, Führungsatteste ꝛc.)*).
IV. Ueber sonstige Legitimationspapiere f. **Arbeitsbücher, Arbeitszeugnisse, Gesinde 3, Anm.**
V. Die Strafe für Fälschung von Legitimationspapieren, Gebrauch falscher oder widerrechtlichen Gebrauch echter Papiere giebt St.G.B. § 363.

Freundschaftsverträge f. Handel D (Handelsverträge).
Friedensleistungen für das Militär f. Militärwesen R II.
Friedenspräsenzstärke f. Militärwesen A I 1.
Friedensvertrag mit Frankreich, derselbe ist auf Grund des Präliminarvertrages vom 26. Febr. 1871 abgeschlossen unter dem 10. Mai 1871 und publicirt im Ges.-Blatte von 1871 p. 223. Hierzu f.
I. die Zusatzartikel vom 10. Mai 1871 (Ges.-Bl. p. 234), die Ostbahn und weitere Gebietsabtretungen betr.;
II. das Protokoll zum Friedensvertrage und zu vorstehenden Zusatzartikeln vom 10. Mai 1871 (Ges.-Bl. p. 238);
III. das Protokoll vom 15. Mai 1871, den Beitritt der Südstaaten betr.;
IV. das Protokoll vom 20. Mai 1871, den Austausch der Ratificationsurkunden betr.;
V. die Verträge vom 21. Mai 1871, 12. Octbr. 1871 (Ges.-Bl. p. 369) und 29. Juni 1872, sämmtlich die Kriegsentschädigung betr.;
VI. den Additional-Vertrag vom 12. Octbr. 1871 (p. 363), die Zulassung els.-lothringischer Producte in Frankreich, weitere Gebietsabtretungen und das

---

*) Ausführungsbestimmungen bezüglich der Militärpässe f. R.O. § 16 Abs. 1, Abs. 2, Abs. 3, § 17, 3 L.O. § 12, § 13, 2; bezüglich der Führungsatteste f. R.O. § 16, 4.

Fuhrkosten — Garnisonen.

Wiederinkrafttreten des Vertrags über Fabrik- und Handelszeichen betr.;
VII. den Additionalvertrag vom 11. Decbr. 1871 (Ges.-Bl. 1872 p. 7), die Verhältnisse der abgetretenen Gebietstheile, desgleichen das Wiederinkrafttreten früherer Verträge zwischen Frankreich und den deutschen Staaten betr.;
VIII. das Protokoll vom 7. Octbr. 1874, die Festsetzung der Diöcesangrenzen zwischen Deutschland und Frankreich betr.

Fuhrkosten s. Reichsbeamte A VII, Militärwesen S.

Fuhrleute s. Fuhrwerk.

Führungszeugnisse
1) für den einjährigen Freiwilligendienst s. E.D. § 89, 3c;
2) für den dreijährigen Freiwilligendienst s. E.D. § 83, 2b;
3) für Mannschaften des Beurlaubtenstandes s. E.D. § 8, 3;
4) für Schiffsmannschaften s. Seemannsordnung vom 27. Decbr. 1872 § 17 — § 19.

Fuhrwerke.
I. Gewerbliche Bestimmungen über Unterhaltung des öffentlichen Verkehrs durch Wagen ꝛc. s. Gewerbewesen B III 4.
II. Abgaben für Benutzung von Chausseen, Brücken ꝛc. s. Straßenwesen II.
III. Strafen für polizeiliche Uebertretungen durch Fuhrleute s. St.G.B. § 366 No. 2—4, No. 10, § 368, 9.
IV. Ueber Gestellung von Fuhrwerken für die bewaffnete Macht s. Vorspannleistungen.

Fußangeln, Strafe für Legung derselben, s. St.G.B. § 367, 8.

Futterentwendung, Strafe hierfür, s. St.G.B. § 370, 6.

Garnisonen, dieselben bestimmt der Kaiser nach Communication des Generalcommandos mit der obern Verwaltungsbehörde (R.V. Art. 63, 4 und Instr. vom 31. Decbr. 1868 § 5 (Ges.-Bl. von 1869 p. 3).

Gärten, Strafe für deren unbefugtes Betreten s. St.G.B. § 368, 9.

Gasanstalten. Dieselben sind Anlagen im Sinne der G.O. (G.O. § 16 und dazu Gewerbewesen B II); sonstige Vorschriften über Aufbewahrung ꝛc. von Gas s. entzündliche Stoffe.

Gasmesser, dieselben müssen gestempelt sein (Maaß= und Gewichtsordnung vom 17. Aug. 1868 Art. 13 und Eichordnung vom 16. Juli 1869 § 43 — § 48).

Gastwirthe.

A. Gewerbliche Vorschriften für dieselben.
- I. Zur Gast= und Schankwirthschaft, sowie zum Klein= handel mit Branntwein und Spirituosen bedarf es der Erlaubniß (G.O. § 33); die Voraussetzungen, unter welchen diese Erlaubniß versagt werden kann, s. eodem; soweit es in Bayern einer polizeilichen Erlaubniß hierzu bisher nicht bedurfte, bedarf es derselben auch ferner nicht (Ges. vom 12. Juni 1872 § 1, 2).
- II. Zum Verkaufe von geistigen Getränken auf Jahr= märkten zum Genusse auf der Stelle bedarf es der Genehmigung der Ortspolizeibehörde (G.O. § 67).
- III. Vom An= und Verkaufe im Umherziehen sind geistige Getränke ausgeschlossen (G.O. § 56, 1).
- IV. Inwieweit Realconcessionen künftig fortbestehen bez. neu begründet werden können, s. Gewerbewesen A II. Das Recht, den Inhaber einer Schankstätte zu zwingen, daß er für seinen Wirthschaftsbedarf die Getränke aus einer bestimmten Fabrikationsstätte entnehme, ist ablösbar (G.O. § 8, 2). Das mit einer Brauerei, Braugerechtigkeit, oder Schankstätte verbundene Recht, die Consumenten zu zwingen, ihren Bedarf ausschließlich vom Berechtigten zu beziehen, ist aufgehoben (G.O. § 7, 4 a).
- V. Die Polizeibehörde kann die Gastwirthe anweisen, ihre Preise einzureichen und anzuschlagen, auch auf

Beschwerden von Reisenden wegen Ueberschreitung dieser Preise vorläufige Entscheidung ertheilen (G.O. § 75). Die Ermäßigung der festgestellten Preise steht den Gastwirthen frei (G.O. § 79); die Strafen für Ueberschreitung der Preise giebt G.O. § 148, 8 und Ges. vom 12. Juni 1872 § 2, 4.

VI. Im Uebrigen s. Gewerbewesen M (Entziehung, Aufhören ꝛc. der Gewerbebefugniß), N (Ausübung des Gewerbebetriebs durch Stellvertreter), A I (Abgaben vom Schankbetriebe), K (Strafe für unerlaubten Gewerbebetrieb).

B. Strafe für Uebertretung der Polizeistunde, s. St.G.B. § 365.

Gebühren s. Taxen.

Geburten, über deren Beurkundung s.
I. die speciellen Bestimmungen in § 17 — § 27 des Gesetzes vom 6. Febr. 1875; s. auch Geburtsregister, Geburtsscheine;
II. die bei Personenstand unter A aufgeführten gemeinschaftlichen Bestimmungen über Standesämter, Standesbeamte, Standesregister ꝛc.

Geburtsanzeigen s. Ges. vom 6. Febr. 1875 § 17—§ 21 (allgemeine Bestimmungen), § 68 (Strafe für unterlassene Anzeige), § 74, 2 (besondere Anzeigepflicht der Hebammen ꝛc.).

Geburtshülfe.
I. Ueber Geburtshelfer gelten die bei Medicinalwesen A aufgeführten Bestimmungen für Aerzte.
II. Ueber Privatentbindungsanstalten s. Medicinalwesen A II.

Geburtslisten s. Geburtsregister.

Geburtsregister; über diese gelten zunächst die allgemeinen Bestimmungen über Standesregister (Personenstand A). Specialbestimmungen*) enthält das Ges. vom 6. Febr.

---

*) Ausführungsbestimmungen bezüglich der Geburtsregister

1875 in § 22 — § 24, § 26 (Gegenstand der Eintragung), § 27 (Eintragung bei verzögerter Anzeige); über die zu Rekrutirungszwecken einzureichenden Auszüge aus dem Geburtsregister f. E.O. § 47 No. 7 a, No. 10; für die Uebergangszeit sind Seitens der Pfarrämter auch ferner noch Geburtslisten einzureichen (E.O. § 45 No. 7 Anmerkung).

Geburtsscheine. Ueber diese gelten zunächst die Vorschriften über Registerauszüge (f. Registerauszüge).*) Bei der Anmeldung zur Stammrolle sind kostenfrei auszustellende Geburtsscheine zu ertheilen (E.O. § 23, 4).

Geburtsverzeichnisse f. Geburtsregister.

Geburtszeugnisse f. Geburtsscheine.

Gefängniß
  I. als bürgerliche Strafe f. Gerichtsgefängniß,
  II. als Militärstrafe f. Milit.St.G.B. vom 20. Juni 1872 § 16, § 17.

Gehalt von Reichsbeamten f. Ges. vom 31. März 1875 § 4 — § 8 und Reichsbeamte A II, A III und G II.

Geisteskranke f. Irrenanstalten.

Geistliche f. Kirche B, C und D.

Geistliche Ehegerichtsbarkeit, deren Wegfall verfügt Ges. vom 6. Febr. 1875 § 76.

Geld f. Münzwesen.

Geldstrafe
  I. als Strafe des bürgerlichen Strafrechts, f. St.G.B. § 27 — § 30 (überhaupt), § 78 (bei Concurrenz).
  II. Inwieweit Geldstrafe gegen Militärpersonen erkannt werden kann, f. Milit.St.G.B. vom 20. Juni 1872 § 29. Inwieweit bei Zuwiderhandlungen, welche mit Geldstrafe bedroht sind, für Militärpersonen die

---

enthält Ausf.-Verordnung vom 22. Juni 1875 (Centr.-Bl. 1875 p. 386), § 1, 1 (Formular), § 7 A, § 8 (Probeeinträge).

*) Das Formular für Geburtsurkunden giebt Centr.-Bl. 1875 p. 419; hierzu siehe die Bestimmungen in § 4, § 8 der Ausf.-Verordnung vom 22. Juni 1875 (Central.-Bl. 1875 p. 386).

Zuständigkeit der Civilbehörden begründet ist, s. Militärwesen K.

III. Geldstrafen, welche in die Armenkasse fließen, s. Armenwesen A III.

Gemeindeabgaben, s. Gemeindewesen D.
Gemeindeangehörigkeit s. Gemeindewesen A.
Gemeindearbeit, wo solche in den Landesgesetzen als Strafe nachgelassen, bewendet es hierbei (Einf.=Ges. vom 31. Mai 1870 § 6, 2).
Gemeindeleistungen s. Gemeindewesen D.
Gemeindewesen.

A. Die Grundsätze über Aufnahme in den localen Gemeindeverband bestimmen die Landesgesetze (R.V. Art. 3, 3). Die Verpflichtung zu Erwerbung des Bürgerrechts tritt jedoch erst nach 3 Jahren ein (G.O. § 13).

B. Das Bundesindigenat schließt das Recht in sich, in jedem anderen Bundesstaate unter gleichen Voraussetzungen, wie Einheimische, zu öffentlichen Aemtern und zum Genusse bürgerlicher Rechte zugelassen zu werden (R.V. Art. 3, 1). Auf die Voraussetzungen, unter welchen Jemand zur Ausübung politischer Rechte in den Einzelstaaten (somit auch in der Gemeinde) befugt sei, erstreckt sich die Bundeslegislative über die Staatsangehörigkeit jedoch nicht (Schlußprotokoll vom 28. Nov. 1870 sub II, Ges.=Bl. von 1871 p. 23). Active Militärpersonen bedürfen zur Annahme von Aemtern in der Verwaltung und Vertretung der politischen Gemeinde der Genehmigung der Dienstvorgesetzten (Militärges. vom 2. Mai 1874 § 47). Die Bedingungen für Anrechnung des früheren Gemeindedienstes bei Berechnung der Pensionen von Reichsbeamten s. Ges. vom 31. März 1873 § 52, 1.

C. Jeder Reichsangehörige ist berechtigt, sich innerhalb des Reichsgebietes an jedem Orte niederzulassen (s. Freizügigkeit A). Ausnahmen von dieser Regel s. bei Freizügigkeit B. Aufenthaltsbeschränkungen

für Nichtdeutsche s. eod. A I — A IV. Ueber Aus=
weisungsverfahren und Uebernahmepflicht s. eod. C.
D. Soviel insbesondere die Gemeindeleistungen betrifft,
so tritt
  I. die Berechtigung zur Heranziehung Neuangezogener
     erst bei mehr als dreimonatigem Aufenthalte ein
     (Ges. vom 1. Nov. 1867 § 8).
  II. Befreiung von Gemeindeleistungen genießen
     1) Militärpersonen nach Maaßgabe der durch Verord=
        nung vom 22. Dec. 1868 publicirten kgl. preußi=
        schen Bestimmungen.
     2) Ueber Befreiung von Militärleistungen s. Ges. vom
        13. Juni 1873 § 6 (dingliche Befreiung von
        Kriegsleistungen), Ges. vom 13. Febr. 1875 § 3
        Abs. 3, § 5, 3 (Befreiung von Militärleistungen
        im Frieden), Ges. vom 25. Juni 1865 § 4, 2
        (Befreiung von Quartierleistungen im Frieden).
     3) Die Erhebung von Anzugsgeld und Bürgerrechts=
        gebühren ist unzulässig (s. Freizügigkeit D).
  III. Die Erhebung indirecter Abgaben zu Gemeinde=
       zwecken ist nur in beschränkter Weise zulässig
       (s. Zollwesen B IV und A III 2, auch G.O.
       § 7, 6).
  E. Ueber Ortsstatute s. Gewerbewesen J (Ortsstatute
     über gewerbliche Verhältnisse), Instruction vom
     31. Dec. 1868 (p. 5 von 1869), § 9 (Ortsstatute
     über die Einquartierungslast).

Gendarmerie; die Vorschriften über Bestrafung der von
den Landgendarmen begangenen strafbaren Handlungen
bleiben in Kraft (Einf.=Ges. vom 20. Juni 1872
§ 2, 2).

Generalauditoriat der Marine s. Seewesen B II 3.

Generaldirection der Eisenbahnen in Elsaß=Lothringen
s. Eisenbahnwesen C.

Generalpostamt und

Generaltelegraphenamt s. Postwesen B IV 2.

Genossenschaftswesen. Hierüber sind, abgesehen von den

Bestimmungen rein privatrechtlicher Natur, folgende Bestimmungen ergangen:
A. für die bei Erlaß der G.O. bereits bestandenen und nach § 81 der G.O. fortbestehenden Corporationen von Gewerbetreibenden (Innungen, Zünfte) gelten die Bestimmungen § 81 — § 96 der G.O.
B. die Bestimmungen über neue Innungen im Sinne der G.O. enthält § 97 — § 103 der G.O.
C. Corporationen von Kaufleuten, welchen ausschließliche Gewerbsbefugnisse nicht zugestanden haben, unterliegen den Vorschriften unter B nicht (G.O. § 104).
D. Die Hülfscassen betreffend, so erhalten
I. die Cassen, welche die gegenseitige Unterstützung ihrer Mitglieder für Krankheitsfälle bezwecken, die Rechte einer eingeschriebenen Hülfscasse nach Maaßgabe des Gesetzes vom 7. April 1876; wegen Anwendung dieses Gesetzes auf gewerbliche Hülfscassen unselbstständiger Gewerbetreibender s. unter D II 2 a.
II. Soviel insbesondere gewerbliche Hülfscassen anlangt, so sind die Bestimmungen über
1) die dießfallsigen Cassen selbstständiger Gewerbetreibender unter Aufhebung des Beitrittszwanges aufrecht erhalten durch G.O. § 140; neuere dergleichen Cassen erhalten die Rechte der juristischen Persönlichkeit, so weit es zu deren Erlangung einer besonderen staatlichen Genehmigung bedarf, durch Genehmigung der obersten Staatsbehörde (G.O. § 140, 2); s. jedoch wegen Einsendung der Uebersichten unten D III.
2) Für Gesellen, Gehilfen und Fabrikarbeiter kann, wie das Ges. vom 8. April 1876 unter Aufhebung von § 141 der G.O. vorschreibt,
   a. durch Ortsstatut die Bildung von Hülfscassen nach Maaßgabe des Ges. vom 7. April 1876 angeordnet, und die Betheiligung an der Casse für dieselben zur obligatorischen gemacht werden.
   b. Die zur Zeit bestehenden Hülfscassen für Ge=

sellen, Gehülfen ꝛc. haben bei Verlust gewisser Rechte die Zulassung als eingeschriebene Hülfscasse bis Ablauf des Jahres 1884 nachzusuchen.

III. Die Verfassung und Rechte der auf Grund landesgesetzlicher Vorschriften errichteten Hülfscassen werden durch das zu D I aufgeführte Gesetz nicht berührt; diese Cassen können jedoch durch die Landesregierungen zur Einsendung der in § 27 des Gesetzes gedachten Uebersichten verpflichtet werden (Ges. vom 7. April 1876 § 36, 1). Hierzu siehe

1) wegen der mit dem Bergwesen in Verbindung stehenden Cassen
   a. Ges. vom 7. April 1876 § 36, 2 (es bleibt bei den landesgesetzlichen Bestimmungen über Knappschaftscassen),
   b) den oben unter D II 2 aufgeführten Bestimmungen über Hülfscassen unselbstständiger Gewerbetreibender unterliegen auch die Arbeiter und Arbeitgeber bei Bergwerken, Aufbereitungsanstalten ꝛc. (Ges. vom 8. April 1876 § 141 f).
   c) Dagegen unterliegen den Vorschriften unter D II 2 nicht die Arbeiter und Arbeitgeber, welche bei den auf Grund berggesetzlicher Vorschriften gebildeten Hülfscassen betheiligt sind (Ges. vom 8. April 1876 § 141 f 2).
2) Wegen des Fortbestehens anderer landesrechtlicher Hülfscassen s. oben D II 1 und D II 2 b.

E. Sonstige Bestimmungen über juristische Personen enthält St.G.B. § 360,9 (Strafe für unbefugte Errichtung von Aussteuer-, Sterbe- oder Wittwencassen), G.O. § 12 (den Gewerbebetrieb juristischer Personen des Auslandes betr.). S. auch Versicherungswesen.

Geometer s. Gewerbewesen B III 3, auch Markscheider.

Gepäckbeförderung s. Güterbeförderung.

Gerichtsgefängniß s. St.G.B. § 16, § 22 — § 26, § 28, § 29, § 75.

Gesandtschaftswesen.
I. Verfassungsmäßige Bestimmungen: Der Kaiser hat das Reich völkerrechtlich zu vertreten und die Gesandten zu beglaubigen und zu empfangen (R.V. Art. 11, 1). Die bayrischen Gesandten erhalten Vollmacht, die Bundesgesandten zu vertreten und sind angewiesen, den Bundesgesandten Beihülfe zu leisten; wo Bayern eigene Gesandtschaften unterhält, liegt die Vertretung der bayrischen Angelegenheiten dem Bundesgesanden nicht ob; hierfür allenthalben wird Bayern Seitens des Reichs eine angemessene Vergütung in Anrechnung gebracht (Schlußprotokoll vom 23. Nov. 1870 unter VII und VIII, Ges.-Bl. 1871 p. 24).

II. Die Rechtsverhältnisse der Reichsgesandten regeln sich nach den Bestimmungen des Beamtengesetzes vom 31. März 1873, siehe daher **Reichsbeamte**, insbes. die Specialbestimmungen § 25, § 51 dieses Gesetzes. Die bei **Consulatwesen** B IV aufgeführten Bestimmungen über Eheschließung und Beurkundung des Personenstandes von Reichsangehörigen im Auslande durch Consuln gelten auch für Vornahme dieser Handlungen durch Gesandte.

Geschlecht, dasselbe begründet keinen Unterschied in Bezug auf die Befugniß zum selbstständigen Gewerbebetriebe (G.O. § 11, 1).

Gesellen. Hierüber s.
1) soviel die gewerblichen Vorschriften betrifft, G.O. § 109 — § 114 und dazu Gewerbewesen G, auch Wandern.
2) Ueber die Verpflichtung des Arbeitsortes, erkrankte Gesellen ohne Ersatzanspruch an den Ortsarmenverband des Unterstützungswohnsitzes zu verpflegen, s. Ges. vom 6. Juni 1870 § 29.

Gesetzgebung.
A. Reichsgesetzgebung. Hierüber s. R.V. Art. 2 — Art. 5. Insbesondere

I. über Verkündigung und Erlaß der Reichsgesetze f. R.V. Art. 2, Art. 17; zu erstgenanntem Artikel ist zu bemerken:
1) das in R.V. Art. 2 erwähnte Bundes- (Reichs-) Gesetzblatt ist begründet durch Verordnung vom 26. Juli 1867;
2) zu R.V. Art. 2 Schlußsatz (Reichsgesetze treten mit dem 14. Tage nach erfolgter Ausgabe in Kraft) f. Gef. vom 8. Nov. 1867 § 24 (in den Consulardistricten beträgt diese Frist 6 Monate).
II. Die Gegenstände, welche der Reichsgesetzgebung unterliegen, bestimmt Art. 4 der R.V.; hierzu gilt Folgendes:
1) den Umfang dieser Competenz anlangend, so ist dieselbe
 a) erweitert durch Gef. vom 3. März 1873 (Seeschiffahrtszeichen) und Gef. vom 20. Dec. 1873 (bürgerliches Recht); letzteres Gesetz ist auf Elf.-Lothringen erstreckt durch Gef. vom 8. Febr. 1875.
 b) Einschränkende Bestimmungen obiger Competenz enthält:
  α) bezüglich aller Einzelstaaten das Schlußprotokoll vom 23. Nov. 1870 (Gef.-Bl. von 1871 p. 23) unter II und VI (auf die Voraussetzungen zur Ausübung politischer Rechte in den Einzelstaaten erstreckt sich die Bundes-Competenz nicht; auch in den der Bundeslegislative zugewiesenen Materien bleibt das Gesetzgebungsrecht der Einzelstaaten so lange in Kraft, bis eine bindende Norm vom Reiche ausgegangen ist).
  β) Einschränkungen bezügl. der süddeutschen Staaten enthält außer den in R.V. Art. 4 unter No. 1, 8 und 10, Art. 35, 2 und in den Schlußbestimmungen zu Abschnitt XI der R.V. aufgeführten Bestimmungen speciell bezüglich Bayerns noch das Schlußprotokoll vom 23. November 1870 (Gef.-Bl. von 1871 p. 23) unter I. (Gesetzgebung über die polizeilichen Ehebeschrän-

Gesinde — Gestellungslisten.

kungen), unter III (Uebernahme Auszuweisender, Verpflegung Erkrankter) und unter IV (Immobiliarverficherungswesen). Eine Abänderung dieser Bestimmungen ist nur mit Zustimmung des berechtigten Staates zulässig (R.V. Art. 78).

2) Diejenigen auf Grund der Competenzbestimmung in Art. 4 der R.V. ergangenen Gesetze, welche zu Reichsgesetzen erklärt worden sind, nennt Ges. vom 16. April 1871 § 2; die in Nr. III § 8 des Vertrags vom 23. Nov. 1870 (Ges.=Bl. 1871 p. 21) vorbehaltene Einführung von Bundesgesetzen in Bayern ist erfolgt durch Ges. vom 22. April 1871.*)

III. Die Factoren der Reichsgesetzgebung nennt Art. 5 der R.V.

B. Landesgesetzgebung. Hierüber s.
  I. R.V. Art. 2 (die Reichsgesetze gehen den Landesgesetzen vor).
  II. Inwieweit das Gesetzgebungsrecht der Einzelstaaten in Bezug auf die der Reichscompetenz zugewiesenen Materien noch fortdauert, siehe oben A II 1 b α.

Gesinde.
1) Ueber die Verpflichtung des Dienstortes, erkranktes Gesinde ohne Erstattungsanspruch an den Unterstützungswohnsitz, zu verpflegen, s. Ges. vom 6. Juni 1870 § 29.
2) Ueber Gesindemäkler s. Gewerbewesen B III 2.
3) Im Uebrigen bestehen die landesgesetzlichen Bestimmungen über das Gesinde fort**).

Gestellungslisten s. Gestellungsordres.

---

*) Insoweit die Einführung einzelner Gesetze als Reichsgesetze später erfolgt ist, oder einzelne Gesetze nicht für das ganze Reichsgebiet gelten, ist dies bei den betreffenden Materien in diesem Repertorium besonders bemerkt.

**) Die in den Einzelstaaten rechtsgültig ausgestellten Gesindezeugnißbücher dürfen jedoch im ganzen Reichsgebiete zum Eintrage von Dienstzeugnissen benutzt werden (Centr.-Bl. 1873 p. 73); s. auch Legitimationspapiere.

Gestellungsordres für Mannschaften des Beurlaubten=
standes s. C.O. § 13, 8 § 7, 1*); für Seeleute s.
C.O. § 75.

Gestellungspflicht.
  I. Behufs Entscheidung über die Dienstpflicht s. C.O.
     § 24 (im Allgemeinen), § 61 (insbes. zum Musterungs=
     termine), § 71 (zum Aushebungstermine), § 36 (Be=
     freiung von der Gestellung infolge Ausmusterung),
     § 41 (Gestellung im Auslande).
 II. Ueber Gestellung der Rekruten s. C.O. § 80.
III. Ueber die Gestellungspflicht für den Mobilmachungs=
     fall s. C.O. § 7, 1 § 13, 8 (den Beurlaubtenstand
     betr.)**), § 15, 4—6 (Ersatzreserve I. Cl. betr.),
     § 16, 2 (Ersatzreserve II. Cl. betr.), Milit.=Straf=
     Ges.=Buch vom 20. Juni 1872 § 68 (Strafe für
     Personen des Beurlaubtenstandes wegen unterlassener
     Gestellung betr.).

Gesundheitspolizei s. Medicinalwesen B.
Getränke, Verkauf verfälschter oder verdorbener, wird
nach St.G.B. § 367, 7 bestraft.
Gewerbeanlagen s. Gewerbewesen B II.
Gewerbebetrieb im Umherziehen s. Gewerbewesen C.
Gewerbegehülfen s. Gesellen.
Gewerbegerichte s. Gewerbewesen G IV.
Gewerbesteuer s. Gewerbewesen A I.
Gewerbewesen. Jeder Reichsangehörige hat das Recht,
ohne Rücksicht auf Glaubensbekenntniß, Landes= oder
Gemeindeangehörigkeit am Orte seines Aufenthalts unter
den für Einheimische geltenden Vorschriften Gewerbe aller
Art zu betreiben (R.V. Art. 3, 1 und Gesetz vom 1. Nov.
1867 § 1, 3). Die Bestimmungen über den Gewerbe=
betrieb sind auf Grund Art. 4, 1 der R.V. für das
ganze Bundesgebiet geregelt durch die Gewerbeordnung.

---

*) Ausführungsbestimmungen über die Einberufung durch
Gestellungsordres und Gestellungslisten enthält L.O. § 19 unter
No. 5, 7, 8, 11, 15, 16, 17.

**) Ausführungsbestimmungen giebt L.O. § 19.

vom 21. Juni 1869; dieselbe ist auf Baden und Würtemberg erstreckt durch Gesetz vom 10. Nov. 1871, auf Bayern durch Ges. vom 12. Juni 1872. Im Einzelnen ist Folgendes zu bemerken:

A. Zu § 1 — § 14 (allgemeine Bestimmungen), und zwar
I. zu § 7, 6 (unzulässig sind vorbehältlich der an den Staat und die Gemeinde zu entrichtenden Gewerbesteuer alle Abgaben, welche für den Gewerbebetrieb entrichtet worden) siehe
1) wegen der nur beschränkten Zulässigkeit
  a. indirecter Abgaben Seitens des Staates Zollwesen B I — B III,
  b. indirecter Abgaben Seitens der Gemeinde Zollwesen B IV,
  c. der Abgaben von Benutzung von Verkehrsmitteln Zollwesen A III 2,
  d. der Abgaben vom Meß= und Marktverkehre Zollwesen A III 2 a, A XXI 2.
2) Wegen der im Interesse des Gewerbebetriebes bestimmten
  a. Zollerleichterungen und Zollerlasse für Meß= und Marktbesucher, Veredelungsverkehr, Retourwaaren ꝛc., sowie durch Niederlagen, Privatlager, fortlaufende Conten ꝛc., siehe Zollerlaß, Zollerleichterung.
  b. Wegen Freilassung der Kaufleute, Fabrikanten und Gewerbetreibenden von Abgaben für den Waareneinkauf und für Aufsuchung von Waarenbestellungen außerhalb des Ortes der stehenden Niederlassung s. Zollvertrag vom 8. Juli 1867 Art. 26 und Schlußprotokoll vom gleichen Datum Punkt 17.
  c. Wegen der Unzulässigkeit der Besteuerung des Preßgewerbes durch Zeitungsstempel und Inseratensteuer s. Preßgesetz vom 7. Mai 1874 § 30, 4.
  d. Ueber die Steuerfreiheit der Reichsbank s. Ges. vom 14. März 1875 § 21; (dagegen siehe wegen

der Notensteuer der Privatbanken § 9 dieses Gesetzes).

c. Wegen des Verbots der Erhebung von Bürgerrechtsgeld siehe unten A IV.

3) Begünstigungen der Gewerbe betreibenden hinsichtlich der Zollentrichtung, welche nicht in der Zollgesetzgebung selbst begründet sind, fallen der Casse desjenigen Staates zur Last, welcher sie bewilligt hat (Zollvertrag vom 8. Juli 1867 Art. 13). Besondere Zollbegünstigungen einzelner Meßplätze sollen thunlichst beschränkt, bez. aufgehoben werden (Zollvertrag Art. 14 und Schlußprotokoll vom gleichen Datum Punkt 11).

4) Von den Angehörigen eines andern Bundesstaates sollen keine Abgaben entrichtet werden, welche nicht gleichmäßig die in demselben Verhältnisse stehenden eignen Angehörigen dieses Staates selbst entrichten. (Im Art. 26, 2 des Zollvertrages vom 8. Juli 1867 im Allgemeinen, in Abs. 2 dieses Artikels insbesondere von Besuchern von Messen und Märkten ausgesprochen, übrigens schon Consequenz von Art. 3, 1 der R.V. und § 1 des Gesetzes vom 1. Nov. 1867.)

5) Der Betrieb eines Gewerbes und das aus demselben herrührende Einkommen darf nur in demjenigen Bundesstaate besteuert werden, in welchem das Gewerbe betrieben wird (Ges. vom 13. Mai 1870 § 3); s. auch oben 2 b.

6) Ueber die von Ausländern zu erhebenden Gewerbeabgaben s. unten A III 1.

7) Andererseits wird durch die G.O. in den auf Steuergesetzen beruhenden Beschränkungen des Gewerbebetriebs Nichts geändert (G.O. § 5); hierzu siehe wegen der Beschränkungen im Grenzbezirke Zollwesen A XXII. Auch die Gründe für Concessionsentziehung, welche auf Steuergesetzen beruhen, bleiben in Kraft (G.O. § 143, 2).

8) Bei ideeller Concurrenz von gewerbepolizeilichen und Steuervergehen soll nur einmalige Bestrafung stattfinden, und zwar tritt in den Fällen von § 147 der G.O. die Strafe der G.O., in Fällen von § 148 der G.O. die Steuerstrafe ein (G.O. § 147, 3 § 148, 2).

II. Zu G.O. § 10, 2 (Realgewerbeberechtigungen dürfen nicht mehr begründet werden) s. G.O. § 48 (Uebertragung von dergleichen Berechtigungen ist unzulässig); insoweit Realrechte mit Verbietungsrechten verbunden sind, s. über deren Aufhebung bez. Ablösbarkeit G.O. § 7 — § 10, 1, insbes. § 7, 4 a (Mahl=, Brau= und Branntweinzwang).

III. Zu G.O. § 12, und zwar

1) zu Abs. 1 (Gewerbebetrieb von Ausländern) s. G.O. § 57, 3 (die Grundsätze für Gestattung des Gewerbebetriebs im Umherziehen an Ausländer bestimmt der Bundesrath)*), G.O. § 64, 3 (Beschränkungen des Meß= und Marktverkehrs der Ausländer bleiben dem Bundesrathe vorbehalten). Hiernächst stehe die einzelnen Handelsverträge, z. B. Art. 18 des Vertrages vom 9. März 1868 mit Oestreich, wonach die beiderseitigen Staatsangehörigen in Bezug auf Antritt, Betrieb und Abgaben vom Gewerbebetriebe den Inländern gleich gestellt sind, diese Gleichstellung jedoch, abgesehen vom Besuche von Messen und Märkten sowie vom Waareneinkaufe und der Aufsuchung von Waarenbestellungen außerhalb des Ortes der gewerblichen Niederlassung sich nicht auf den Gewerbebetrieb im Umherziehen bezieht.

---

*) Die Behörden, welche zur Ausstellung von Legitimationsscheinen zum Gewerbebetriebe an Ausländer zuständig sind, veröffentlicht unter Aufhebung der im Ges.=Blatte publicirten Bekanntmachungen vom 7. Jan. 1871 und 31. Dec. 1871 die im Centr.=Bl. von 1873 p. 2 enthaltene Bekanntmachung vom 4. Januar 1873.

2) Zu Absatz 2 (die für Personen des Soldaten=
standes und Beamte geltenden beschränkenden Vor=
schriften betreffs des Gewerbebetriebes werden durch
die G.O. nicht berührt) siehe
  a. über den Gewerbebetrieb der Militärpersonen
Militärgesetz vom 2. Mai 1874 § 43 (Militär=
personen des Friedensstandes bedürfen der Ge=
nehmigung), E.O. § 7, 9 (Personen des Beur=
laubtenstandes sind in der Ausübung ihres Ge=
werbes nicht beschränkt), E.O. § 30, 2 b und f,
E.O. § 82 (Zurückstellungsgründe mit Rücksicht
auf den Gewerbebetrieb).
  b. Reichsbeamte bedürfen zum Gewerbebetriebe der
Genehmigung der obersten Reichsbehörde (Beamten=
ges. vom 31. März 1873 § 16).
 IV. Zu G.O. § 13 (Bürgerrecht, Bürgerrechtsgeld),
siehe Gemeinbewesen A, Freizügigkeit D.
B. Zu G.O. § 14 — § 54 (stehender Gewerbebetrieb),
und zwar
 I. zu § 14, § 15 (Anzeigepflicht) siehe
1) G.O. § 148, 1—4 jet. Ges. vom 12. Juni 1872
§ 2, 4 (Strafen wegen Unterlassung der hier und
in § 35 der G.O. vorgeschriebenen Anzeigen, Ab=
und Anmeldungen).
2) Zu § 15, 2 (Untersagung des begonnenen Betriebs)
s. unten M.
 II. Zu G.O. § 16 — § 28 (gewerbliche Anlagen) und
zwar
1) zu dem in § 16 aufgestellten Verzeichnisse der der
Genehmigung bedürfenden Anlagen siehe Ges. vom
2. März 1874 (Erweiterung dieses Verzeichnisses)
G.O. § 27 (Anlagen, welche mit ungewöhnlichem
Geräusche verbunden sind, unterliegen, auch wenn
sie nicht unter § 16 fallen, der Cognition der
Behörde).
2) Die Strafen für Uebertretung der für Anlagen
gegebenen Vorschriften giebt G.O. § 147 Abs. 1

Gewerbewesen. 75

unter 2, Abf. 3 und Gef. vom 12. Juni 1872
§ 2, 3.
3) Hiernächst f. unten M (Aufhören des Gewerbe=
betriebs), N (Ausübung durch Stellvertreter) und
O (gesundheitspolizeiliche Vorschriften).
III. Zu § 29 — § 40 (Gewerbetreibende, welche einer
besonderen Genehmigung bedürfen), und zwar
1) zu § 29—34 siehe die einzelnen Rubriken, als:
Medicinalwesen A, Apothekerwesen A Gifte,
Seewesen A II, Theater, Gastwirthe, Mark=
scheider, Flüsse A I.
2) Zu § 35 (Bestimmungen für Tanz=, Turn= und
Schwimmlehrer, Tröbler, Pfandleiher, Gesindever=
miether) siehe
a. G.O. § 38 (die Controlbehörden sind befugt, Vor=
schriften darüber zu erlassen, wie die Vorgenannten,
ausgenommen die Lehrer, ihre Bücher zu führen
und welcher polizeilichen Controle sie sich zu unter=
werfen haben),
b. G.O. § 148, 4 (Strafe für Zuwiderhandlungen
gegen Untersagung des Gewerbebetriebs oder
Unterlassung der Anzeige) und dazu Gef. vom
12. Juni 1872 § 2, 4; specielle Strafbestimmungen
für Pfandleiher giebt noch St.G.B. § 360, 12.
c. Im Uebrigen siehe noch G.O. § 40, 2 § 47
und dazu unten M und N (Aufhören des Ge=
werbebetriebs und Gewerbebetrieb durch Stell=
vertreter).
3) Zu G.O. § 36 (Bestimmungen für Feldmesser,
Auctionatoren, Güterbestätiger, Schaffner, Wäger,
Messer, Bracker, Schauer, Stauer ꝛc.), siehe
G.O. § 47 (in wie fern eine Stellvertretung zu=
lässig ist, bestimmt die Anstellungsbehörde), G.O.
§ 78, § 79 (Einführung von Taxen und Er=
mäßigung derselben durch die Gewerbetreibenden
selbst ist zulässig), G.O. § 148 jct. Gef. vom
1872 § 2, 4 (Strafe für Ueberschreitung der

Taxen), G.O. § 53, 2 § 54 (Zurücknahme der Bestallung).

4) Zu § 37 (der ortspolizeilichen Regelung unterliegen die Unterhaltung des öffentlichen Verkehrs innerhalb der Orte durch Wagen und Transportmittel aller Art, sowie der Gewerbebetrieb Derjenigen, welche auf öffentlichen Straßen und Plätzen ihre Dienste anbieten) s. G.O. § 76, § 79 (Aufstellung von Taxen durch die Behörden und Ermäßigung derselben durch die Gewerbetreibenden ist zulässig), G.O. § 148, 8 und Ges. vom 12. Juni 1872 § 2, 4 (Strafe für Ueberschreitung der Taxen), G.O. § 40, 2 und dazu unten unter M (Versagung des Gewerbebetriebs)

5) Zu § 39 s. Schornsteinfeger.

6) Zu § 40 (Widerruf und Versagung der Genehmigung) siehe unten M.

IV. Zu § 41 — § 54 (Befugniß zum Halten von Gesellen und Gehülfen, Ausübung des Gewerbebetriebs außerhalb des Niederlassungsortes, Placate, Colporteure, Ausübung durch Stellvertreter, Erlöschen des Gewerbebetriebes) siehe unten G. C. N. M.

C. Zu § 55 — § 63 der G.O. (Gewerbebetrieb im Umherziehen), und zwar:

1. Zu § 55 (Erforderniß des Legitimationsscheines) siehe

   1) G.O. § 42 (Wer zum selbstständigen Betrieb eines Gewerbes befugt ist, darf dasselbe auch außerhalb des Ortes ausüben, soweit nicht § 55 ff. ebenfalls einen Legitimationsschein erfordert).

   2) Auch wer im Umherziehen ein Gewerbe betreibt, unterliegt der Anzeigepflicht (G.O. § 14, 2).

   3) Kaufleute, Fabrikanten und andere Personen, welche ein stehendes Gewerbe betreiben, sind mit gewissen Beschränkungen befugt, persönlich oder durch Reisende außerhalb des Ortes ihrer gewerblichen Niederlassung Waaren einzukaufen und Bestellungen auf

Waaren zu suchen; den Legitimationsschein ersetzt die nach den Zollvereinsverträgen (siehe Schluß=
protokoll vom 8. Juli 1867 Nr. 17) erforderliche Legitimationskarte (G.O. § 44); die Strafe für Uebertretung dieser Vorschrift giebt G.O. § 148, 6 § 148 Schlußsatz, § 149, 1 in Verbindung mit Ges. vom 12. Juni 1872 § 2, 4 und 5. Wegen der dießfallsigen Befreiung von gewerblichen Ab=
gaben in anderen Staaten als in dem des Nieder=
lassungsortes siehe oben A I 2 b, A I 5 und A III 1.

4) Auch wer Druck= und andere Schriften an öffent=
lichen Orten colportiren, anschlagen oder sonst ver=
breiten will, bedarf des Legitimationsscheines (G.O. § 43). Da das Anschlagen und Auslegen nach § 3 des Preßgesetzes vom 7. Mai 1874 als Ver=
breitung einer Druckschrift, somit nach § 2 dieses Gesetzes als Preßgewerbe zu betrachten ist, so gilt über Entziehung dieser Befugniß die Bestimmung § 4 des Preßgesetzes (siehe unten M III 1). Für nicht gewerbsmäßige öffentliche Verbreitung von Druckschriften ist Genehmigung und Legitimations=
schein nicht vorgeschrieben, doch darf die Verbreitung nach § 5 des Preßgesetzes Denjenigen verboten werden, welchen nach § 57 der G.O. der Legiti=
mationsschein versagt werden kann; für Zuwider=
handlungen gilt dießfalls G.O. § 148 (Preßgesetz § 5 Abs. 2). Im Uebrigen wird das Recht der Landesgesetzgebung, Vorschriften über das öffent=
liche Anschlagen, Anheften, Ausstellen, sowie die öffentliche unentgeltliche Vertheilung von Bekannt=
machungen, Placaten und Aufrufen zu erlassen, durch das Preßgesetz nicht berührt (Preßgesetz § 30, 2).

5) Für den Besuch von Messen und Märkten bedarf es an sich des Legitimationsscheines nicht (G.O. § 64).

II. Zu § 57 siehe

1) soviel die Gründe für Versagung des Gewerbe=

betriebs und das dießfallsige Verfahren betrifft, unten M, insbes. M I 2 c,
2) soviel den Gewerbebetrieb der Ausländer und die für Ausstellung des Legitimationsscheines dießfalls zuständigen Behörden betrifft, oben A III.
III. Welche Waaren zu den Waaren des Wochenmarktes (G.O. § 58) gehören, s. G.O. § 66.
IV. Zu § 59 (Musikaufführungen, Vorstellungen ꝛc. auf öffentlichen Straßen) s. Schaustellungen.
V. Strafen für Uebertretungen in Bezug auf den Gewerbebetrieb im Umherziehen s. G.O. § 148, 7 § 148 Schlußsatz, § 149, 2—5 und Ges. vom 12. Juni 1872 § 2, 4 und 5.
D. Zu § 64 — § 71 (Messen und Märkte) und zwar
I. Zu § 64 s. G.O. § 55 (eines Legitimationsscheines bedarf es nicht) und oben A III 1 (Meß= und Marktverkehr der Ausländer).
II. Zu § 65 siehe wegen zeitweiliger Verminderung der Viehmärkte unten IV.
III. Zu § 68 § 71, 1 (Abgaben vom Meß= und Marktverkehr) s. oben A I, insbesondere I 1a, I 2a, I 2b, I 4; ferner A III 1, und wegen der Besteuerung der Marktvictualien zu Gemeindezwecken Zollwesen B IV.
IV. Zu § 70 (Specialmärkte) siehe, soviel Viehmärkte betrifft, Instruction vom 9. Juni 1873 § 17, § 46 (bei ausgebrochener Rinderpest ist die Abhaltung von Viehmärkten beschränkt) und G.O. § 66, 1 (größeres Vieh ist nicht Gegenstand des Wochenmarktsverkehrs).
V. Die Strafe für Uebertretung der polizeilichen Anordnungen wegen des Marktverkehrs giebt G.O. § 149, 6 und Ges. vom 12. Juni 1872 § 2, 5.
E. Zu § 72 — § 80 der G.O. (Taxen) s. G.O. § 148, 8 jct. Ges. vom 12. Juni 1872 § 2, 4 (Strafen für Ueberschreitung der Taxen).
F. Zu § 81 — § 104 (Innungen, Zünfte), s. G.O. § 4

(den Zünften steht kein Ausschließungsrecht zu), G.O. § 140 und Genossenschaftswesen D II 1 (die mit Innungen verbundenen gewerblichen Hülfscassen selbstständiger Gewerbetreibender bestehen fort).

G. Zu § 105 — § 139 (Verhältnisse der Gesellen, Gehülfen, Lehrlinge und Fabrikarbeiter):
  I. Das Recht, in beliebiger Anzahl Gesellen, Gehülfen, Arbeiter jeder Art und Lehrlinge zu halten, ist
   1) beim stehenden Gewerbebetriebe bereits in der Befugniß zum Gewerbebetriebe enthalten (G.O. § 41).
   2) Beim Gewerbebetriebe im Umherziehen bedarf es zur Mitführung von Begleitern der im Legitimationsscheine auszudrückenden Genehmigung der Behörde, welche den Schein ertheilt hat (G.O. § 62, 2); die Strafe für Zuwiderhandlung hiergegen giebt G.O. § 149, 5 und Ges. vom 12. Juni 1872 § 2, 5.
   3) Das Recht ist, soviel das Alter der Arbeiter betrifft, beschränkt dadurch, daß
    a) nach G.O. § 128 — § 133, § 154 in Fabriken und Bergwerken Kinder unter 12 Jahren gar nicht, Kinder und jugendliche Arbeiter bis zum 16. Lebensjahre nur unter gewissen Beschränkungen beschäftigt werden dürfen; die Strafen für Zuwiderhandlungen hiergegen giebt G.O. § 149, 7 § 150 mit Berichtigung p. 212 des Ges.-Blatts von 1870 und Ges. vom 12. Juni 1872 § 2, 5 — 7.
    b) Die Genehmigung, beim Gewerbebetriebe im Umherziehen als Begleiter zu dienen, wird Kindern unter 14 Jahren nicht ertheilt (G.O. § 62, 2); die Strafe für Zuwiderhandlungen hiergegen giebt G.O. § 149, 5 und Ges. vom 12. Juni 1872 § 2, 5.
  II. Von den Bestimmungen dieses Titels gelten
   1) die Bestimmungen über Gesellen und Gehülfen nach G.O. § 127 auch für Fabrikarbeiter,

2) die Specialbestimmungen für Fabrikarbeiter nach G.O. § 154 auch für Bergarbeiter. Dagegen gelten
3) für Werkmeister in Fabriken, für Gehülfen und Lehrlinge der Apotheker*) und Kaufleute nach G.O. § 126 die Bestimmungen über Gesellen, Gehülfen und Lehrlinge nicht, desgleichen leiden
4) auf Lehrlinge über 18 Jahre nach G.O. § 115 die Bestimmungen in § 106, § 116, § 117, § 119 keine Anwendung.

III. Zu § 107 (gesundheitspolizeiliche Vorschriften) s. unten O.
IV. Zu § 108 (Gewerbegerichte) siehe G.O. § 11, 2 (jus standi der Frauen, welche ein selbstständiges Gewerbe treiben), G.O. § 126, § 127 (für Werkmeister in Fabriken, Gehülfen und Lehrlinge der Kaufleute und Apotheker gelten die Vorschriften über Gewerbegerichte nicht, wohl aber für Fabrikarbeiter).
V. Zu § 113 s. Arbeitszeugnisse, Arbeitsbücher.
VI. Zu § 126, § 127 s. oben G II.
VII. Zu § 128 — § 133 s. oben G I 3.
VIII. Zu § 134 — § 139 (Gebot der Baarzahlung, Verbot der Waarencreditirung) s. Arbeitslohn.
IX. Ueber Hülfscassen unselbstständiger Gewerbetreibender s. Genossenschaftswesen D II 2.
X. Ueber Coalitionen zu Erlangung günstigerer Löhne und Arbeitsverhältnisse s. unten K IV.

H. Zu § 140, § 141 (gewerbliche Hülfscassen) s. Genossenschaftswesen D II.
J. Der Regelung durch Ortsstatut (§ 142 der G.O.) unterliegen die gewerblichen Schiedsgerichte (G.O. § 108, 4), der Besuch der Fortbildungsschule (G.O. § 106, 2), die Bildung der Hülfscassen unselbst=

---

*) S. auch Apothekerwesen A VI, und wegen der Lehrlingsprüfung Medicinalwesen A I 3 c Anm.

ständiger Gewerbetreibender und die Einführung obligatorischer Beitrittspflicht für dieselben (Ges. vom 8. April 1876 § 141, § 141a), endlich die Bestimmungen darüber, ob einzelne Ortstheile vorzugsweise zu gewerblichen Anlagen zu bestimmen sind (G.O. § 23, 3).
- K. Zu § 143 — § 153 (Strafbestimmungen) und zwar
  - I. zu § 143 (Gewerbeentziehung) siehe unten M III.
  - II. Zu § 145 — § 150 siehe die durch das Ges. vom 12. Juni 1872 publicirten, mit Rücksicht auf das inzwischen erschienene St.G.B. nothwendig gewordenen Abänderungen.
  - III. Insbes. zu § 151 s. die Abänderung p. 542 des Ges.-Bl. von 1870.
  - IV. Zu § 152, § 153 (Verabredungen und Vereinigungen zu Erlangung günstigerer Lohn- und Arbeitsverhältnisse sind straflos, dafern nicht Zwang, Drohungen ꝛc. angewendet werden) siehe Ges. vom 12. Juni 1872 § 2, 1 (für Verjährung sind die Bestimmungen des St.G.B. maaßgebend) und G.O. § 6 (Ausdehnung obiger Bestimmungen auf Bergarbeiter).
- L. Zu § 154 s. Bergwesen.
- M. Ueber Aufhören des Gewerbebetriebs, Versagung und Entziehung der Concession gilt Folgendes:
  - I. Bedurfte es zum Gewerbebetriebe einer Genehmigung, ist dieselbe aber
    1) nicht nachgesucht worden, so kann die Fortsetzung des Betriebs bei stehenden Gewerben verhindert werden (G.O. § 15, 2).
    2) Ist die Genehmigung nachgesucht worden, so kann dieselbe verweigert werden
       a. bei Anlagen aus den in § 18, § 27 der G.O. aufgeführten Gründen,
       b. bei den in § 30, § 32, § 33, § 34 aufgeführten Gewerben aus den in eben diesen §§ aufgeführten Gründen,

c) bei dem Gewerbebetriebe im Umherziehen und den in § 43 der G.O. aufgeführten Gewerben (Colporteuren ꝛc.), aus den in § 57 der G.O. aufgeführten Gründen; aus gleichen Gründen kann die Erneuerung des Legitimationsscheins versagt werden (G.O. § 60, 1). Besondere Gründe für Versagung des Legitimationsscheines an Schausteller sowie für Ausdehnung des Legitimationsscheines auf andere Verwaltungsbezirke giebt G.O. § 59 § 60, 2.

3) Die ertheilte Genehmigung kann erlöschen
   a. durch Fristablauf in den in § 16, § 24, § 30, § 32, § 33 aufgeführten Fällen (f. G.O. § 49 und § 50),
   b. zur Strafe (f. unten M III),
   c. durch Widerruf oder Entziehung Seiten der Behörde (G.O. § 40, 1). Die Voraussetzungen hierfür giebt, soviel gewerbliche Anlagen betrifft, G.O. § 51, § 52, soviel die Fälle von § 29, § 30, § 32, § 33, § 34, § 36 der G.O. betrifft, G.O. § 53.

II. Wo keine Genehmigung erforderlich war, und zwar
  1) in den Fällen von § 35, § 37 der G.O. kann die Untersagung aus den in diesen §§ aufgeführten Gründen erfolgen.
  2) Ueber die Gründe, aus welchen in Bayern, soweit es daselbst zum Schankbetriebe einer polizeilichen Erlaubniß nicht bedurfte, die Einstellung dieses Betriebs verfügt werden kann, f. Gef. vom 12. Juni 1872 § 1, 3.
  3) Ueber die Gründe, aus welchen die nicht gewerbsmäßige öffentliche Verbreitung von Druckschriften verboten werden kann, siehe oben C I 4.

III. Abgesehen von den (vorstehends aufgeführten) Fällen der Concessionsentziehung und den auf Steuergesetzen beruhenden Gründen kann die Berechtigung

zum Gewerbebetriebe nicht weiter entzogen werden (G.O. § 143). Hierzu bestimmt
1) Preßgesetz vom 7. Mai 1874 § 4 in Abänderung von § 143, 3 der G.O., daß die Befugniß zum selbstständigen Betriebe eines Preßgewerbes auch im richterlichen Wege nicht mehr entzogen werden kann.
2) Ist an eine Uebertretung polizeilicher Vorschriften der Verlust der Concession, Approbation ꝛc. geknüpft, so tritt derselbe auch als Folge der von Stellvertretern begangenen Uebertretungen ein (G.O. § 151, 2).

IV. Ueber Rechtsmittel, Verfahren und Behörden für Versagung, Untersagung, Fristung ꝛc. gelten die in § 20 und § 21 der G.O. aufgeführten Vorschriften (G.O. § 40, 2 § 54 § 57, 2 § 49, 5).

N. Ueber die Ausübung des Gewerbebetriebs durch Stellvertreter s. soviel den stehenden Gewerbebetrieb betrifft G.O. § 44 — § 48, soviel den Gewerbebetrieb im Umherziehen betrifft G.O. § 62. Ueber den Uebergang der aus der Innung herfließenden Rechte und Pflichten während der Stellvertretung s. G.O. § 87. Strafbestimmungen für Stellvertreter siehe G.O. § 151.

O. Gesundheitspolizeiliche Vorschriften:
I. Die Prüfung von gewerblichen Anlagen ist auch auf den gesundheitspolizeilichen Gesichtspunkt und auf Anordnungen zum Schutze der Arbeiter gegen Gefahr für Gesundheit und Leben zu erstrecken (G.O. § 18).
II. Jeder Gewerbeunternehmer (nach § 126, § 127 der G.O. auch Fabrikbesitzer, nicht aber Kaufleute und Apotheker) ist verbunden, auf seine Kosten alle diejenigen Vorrichtungen zu beschaffen, welche mit Rücksicht auf die besondere Beschaffenheit des Gewerbes und der Betriebsstätte zur Sicherung der Arbeiter gegen Gefahren für Gesundheit und Leben nothwendig sind (G.O. § 107). Die Strafe für

dießfallsige Uebertretungen giebt G.O. § 148, 10 und Ges. vom 12. Juni 1872 § 2, 4.

III. Bei Beschäftigung der Lehrlinge ist gebührende Rücksicht auf deren Gesundheit zu nehmen (G.O. § 106, 1 § 126 § 127).

IV. Die Beschäftigung jugendlicher Arbeiter unterliegt aus gesundheitspolizeilichen Rücksichten beschränkenden Bestimmungen (s. oben G I 3 a).

V. Eine aus der Fortsetzung der Arbeit sich ergebende Gefahr für Gesundheit und Leben berechtigt zu sofortiger Auflösung des Arbeitsvertrages (G.O. § 112, 5 § 127 § 126).

VI. Vom Gewerbebetriebe im Umherziehen ist der An- und Verkauf von Arzeneimitteln und Giften ausgeschlossen (G.O. § 56 Abs. 1 No. 5); aus gesundheitspolizeilichen Gründen können auch andere als die in § 56 aufgeführten Gegenstände ausgeschlossen werden (§ 56 Abs. 3); die gesundheitspolizeilichen Gründe für Versagung des Legitimationsscheines giebt G.O. § 57 Abs. 1 No. 1 und 2.

Gewerbliche Hülfskassen s. Genossenschaftswesen D II.

Gewerbliche Verbietungsrechte (Zwangs-, Bann- und Verbietungsrechte) s. G.O. § 7 — § 10 (Aufhebung, bez. Ablösbarkeit und Verbot der Neubegründung derselben).

Gewichte s. Maaße und Gewichte, insbes. Maaß- und Gewichtsordnung vom 17. Aug. 1868 Art. 6 ff., Eichordnung vom 16. Juli 1869 § 22 — § 30; über das Meistgewicht der Postsendungen s. Postordnung § 1;[*] über das Mindestgewicht bei der Zollerhebung s. Zollwesen A I 1 Anm.

Gifte. Ueber den Handel mit Giften s. zunächst die bei Apothekerwesen unter A aufgeführten Bestimmungen über den Handel mit Arzeneiwaaren. Nach G.O. § 34

---

[*] Centr.-Bl. 1875 p. 6.

können die Landesgesetze für den Handel mit Giften besondere Genehmigung vorschreiben. Vom Verkaufe im Umherziehen sind Gifte und giftige Stoffe nach § 56, 5 der G.O. ausgeschlossen. Ueber Versagung und Entziehung der Concession siehe Gewerbewesen M, über Stellvertretung bei Ausübung des Gewerbes G.O. § 47. Die Strafen für Zubereitung, Feilhalten und Verkauf von Giften ohne Befugniß hierzu giebt St.G.B. § 367, 3 in Verbindung mit G.O. § 147, 1 und Ges. vom 12. Juni 1872 § 2, 3.

Giroverkehr, die Voraussetzungen für dessen Betrieb durch die Reichsbank giebt Bankges. vom 14. März 1875 § 13 No. 7, durch Privatnotenbanken § 44, 1 dieses Gesetzes.

Glücksspiel s. Spiel.

Gnadenquartal für Hinterlassene der Reichsbeamten s. Ges. vom 31. März 1873 § 7, § 8, § 31.

Goldmünzen s. Münzwesen A.

Goldmünzgewichte s. Maaße und Gewichte C und D II.

Gothaer Vertrag s. Freizügigkeit C I 2 und C II 2.

Gotthard-Bahn. Dem wegen Herstellung und Subventionirung zwischen Italien und der Schweiz unter dem 15. Oct. 1869 (Ges.-Bl. von 1871 p. 378) abgeschlossenen Vertrage ist Deutschland im Vertrage vom 28. Oct. 1871 (Ges.-Bl. von 1871 p. 376) beigetreten. Das die Ermächtigung zum Beitritte und zur Subventionirung aussprechende Gesetz ist vom 2. Nov. 1871.

Grenzbezirk, über die Controlen in demselben s. Zollwesen A XXII.

Grenzen, Abgraben und Abpflügen derselben wird nach St.G.B. § 371, 1 bestraft.

Grenzverkehr s. Zollerlaß.

Grenzwachen s. Zollwesen C VI.

Grenzzölle s. Zollwesen A und C.

Grober Unfug, derselbe ist nach St.G.O. § 360, 11 strafbar.

Großjährigkeit, dieselbe beginnt mit dem 21. Lebensjahre (Ges. vom 17. Febr. 1875).
Gruben.
1) Offenstehenlassen derselben ist nach St.G.B. § 367, 12 strafbar.
2) Ueber Bergwerksgruben s. Bergwesen.

Grundlisten. Dieselben bestehen aus den Recrutirungs=stammrollen, den alphabetischen Listen und den Restantenlisten (E.O. § 3 No. 2 Abs. 3). Ueber die Bestimmung dieser Listen s. E.O. § 43, 3, über Streichung in denselben s. E.O. § 43 No. 6 und 7, § 72, 6, über Berichtigung derselben s. E.O. § 48, über Aufstellung derselben E.O. § 56. Im Uebrigen s. Alphabetische Listen, Stammrollen, Restantenlisten.

Güterbeförderung
I. auf Eisenbahnen, hierüber s. Bahnbetriebs=Reglement*) § 24 — § 33 (Reisegepäck), § 34 (Leichentransport), § 35 — § 39 (Beförderung von Fahrzeugen), § 40 — § 45 (Beförderung von Thieren), § 46 — § 70 (Beförderung von Gütern) und hierzu allenthalben Eisenbahnwesen B II 3 — 6.
II. Ueber Güterbeförderung mit Post siehe Postordnung**) § 4 ff. (Einrichtung), § 1 (Meistgewicht); über das Packetporto s. Postwesen B III 2.

Güterbestätiger s. Gewerbewesen B III 3.

Gutsbezirke (selbstständige). Ueber die Stellung derselben zu den Gemeinden bestimmen die Specialgesetze, z. B. Gesetz vom 6. Febr. 1875 § 10 (Stellung in Bezug auf das Standesamtswesen), Ges. vom 13. Febr. 1875 § 8 und Instruction vom 2. Sept. 1875 No. 10 (Naturalleistungen im Frieden), Ges. vom 25. Juni 1868 § 7, 6 und Instruction vom 31. Dec. 1868 (p. 1 von 1869) § 3 (Quartierleistungen im Frieden), Gesetz vom 13. Juni 1873 § 8 (Kriegsleistungen) rc.

---
*) Centr.=Bl. 1874 p. 179.
**) Centr.=Bl. 1875 p. 6; s. auch Centr.=Bl. 1876 p. 27 und p. 61 (Zahl der auf eine Begleitadresse zulässigen Packete).

Gymnasien. Ueber diejenigen Gymnasien, welche zu Ausstellung gültiger Zeugnisse über die wissenschaftliche Befähigung für den einjährigen Freiwilligendienst berechtigt sind, s. Freiwillige II Anm.

Häfen s. R.V. Art. 53, 2 (Reichskriegshäfen) R.=V. Art. 34 (Freihäfen).

Hafenabgaben s. Zollwesen A III 2 und Seewesen A I Anm. 5.

Hafenregulative s. Zollwesen A XV.

Haftpflicht bei Tödtungen und Körperverletzungen durch Eisenbahnen, in Bergwerken, Fabriken 2c., hierüber siehe Ges. vom 7. Juni 1871.

Haftstrafe, hierüber s. St.G.B. § 18, § 77 (Dauer und Vollstreckung, bez. bei Concurrenz), § 28, § 29 (Umwandlung in Haft), § 70, 6 (Verjährung), § 1, 3 (eine mit Haft bedrohte Handlung ist eine Uebertretung).

Halbinvaliden, über diesen Begriff s. Ges. vom 27. Juni 1871 § 61.

Handel. Das Reich bildet ein Zoll= und Handelsgebiet (R.V. Art. 33, 1). Der Reichscompetenz unterliegt die Handelsgesetzgebung (R.V. Art. 4, 2), die Organisation des Schutzes des deutschen Handels im Auslande (R.V. Art. 4, 7) und der Abschluß von Handelsverträgen (R.V. Art. 11 Abs. 1 u. 3). Auf Grund dieser Bestimmungen sind, abgesehen von den privatrechtlichen Bestimmungen, ergangen bez. vereinbart:

A. die unter Zollwesen aufgeführten Vorschriften über Zölle und indirecte Steuern,

B. die unter Seewesen A und C aufgeführten Vorschriften über die Handelsmarine,

C. die unter Consulatwesen aufgeführten Bestimmungen über Reichsconsulate,

D. nachfolgende Handelsverträge (zum Theile zugleich Zoll=, Schiffahrts=, Freundschafts= 2c. Verträge): Mit Liberia vom 31. Octbr. 1867 (Ges.=Bl. 1868 p. 197), mit Spanien vom 30. März 1868 und 16. Juli

1868, mit der Schweiz vom 13. Mai 1869, mit Mexiko vom 28. Aug. 1869, 26. Nov. 1869 und 26. Aug. 1870 (sämmtlich im Ges.-Bl. 1870 publicirt), mit Oestreich vom 9. März 1868 nebst Zollcartell und Schlußprotokoll vom gleichen Tage, mit Japan vom 20. Febr. 1869, 20. Dec. 1869 und 19. Jan. 1870 (Ges.-Bl. von 1870 p. 1, p. 25, p. 31), mit Portugal vom 2. März 1872, mit Salvador vom 13. Juni 1870 (Ges.-Bl. 1872 p. 377), mit Persien vom 11. Juni 1873; der mit Italien unter dem 31. Decbr. 1865 abgeschlossene Handelsvertrag und der Schiffahrtsvertrag vom 14. Octbr. 1867 ist[*]) von der italienischen Regierung gekündigt worden. Der Handels- und Schiffahrtsvertrag mit Frankreich vom Jahre 1865 ist nach § 11 des Friedensvertrages vom 10. Mai 1871 nur so viel die Schifffahrt und die Uebereinkunft über die Zollabfertigung des internationalen Verkehrs auf den Eisenbahnen betrifft, wieder in Kraft getreten, jedoch soll, wie Art. 11 des Friedensvertrages weiter bestimmt, den gegenseitigen Handelsbeziehungen der Grundsatz der Behandlung auf dem Fuße der meistbegünstigten Nationen zu Grunde gelegt werden, auch gewährt die Convention vom 11. Dec. 1871 (Ges.-Bl. 1872 p. 7) Verkehrsfreiheit für gewisse Artikel innerhalb einer bestimmten Zone, desgleichen ist durch Art. 17 dieser Convention der Art. 23 des Handelsvertrages (Freiheit von Durchgangsabgaben) wieder in Kraft getreten.

E. Die gewerblichen Vorschriften anlangend, so verlangt die G.O. eine besondere Genehmigung zum Handelsbetriebe im Allgemeinen nicht, jedoch ist

   I. Untersagung des Gewerbebetriebs zulässig bei den in § 35, 2 der G.O. aufgeführten Arten des

---

[*]) Nach der im Centr.-Bl. von 1876 p. 340 veröffentlichten Bekanntmachung.

Handelsbetriebs (Handel mit gebrauchten Kleidern, Metallgeräth ꝛc.); hierzu s. Gewerbewesen B III 2.
II. Der Handel im Umherziehen unterliegt den bei Gewerbewesen C aufgeführten Beschränkungen des Gewerbebetriebs im Umherziehen. Insbesondere bedürfen Kaufleute, welche außerhalb des Ortes ihrer gewerblichen Niederlassung Waaren einkaufen oder Waarenbestellungen suchen, eines Legitimationsscheines oder einer Legitimationskarte; Näheres hierüber s. bei Gewerbewesen C I 3.
III. Der Handelsbetrieb auf Messen und Märkten unterliegt den bei Gewerbewesen D aufgeführten Bestimmungen.
IV. Den kaufmännischen Corporationen steht ein Recht, andere vom Gewerbebetriebe auszuschließen, nicht zu (G.O. § 4); Corporationen von Kaufleuten, welchen ausschließliche Gewerbebefugnisse zugestanden haben, unterliegen den Vorschriften der G.O. über Innungen (G.O. § 104 und Gewerbewesen F).
V. Die Bestimmungen der G.O. über Lehrlinge und Gehülfen finden auf Lehrlinge und Gehülfen der Kaufleute, abgesehen von der Bestimmung über den Besuch der Fortbildungsschule, keine Anwendung (G.O. § 126).

Handelsflotte s. Seewesen A und C.

Handelsreisende s. Gewerbewesen C I 3.

Handelsverträge s. Handel D.

Handgepäck s. Güterbeförderung I.

Handwerker; eine Beschränkung derselben auf den Verkauf selbstverfertigter Waaren findet nicht Statt (G.O. § 3); vom Verkaufe gewisser Handwerkerwaaren im Wochenmarktsverkehre können auswärtige Verkäufer ausgeschlossen werden (G.O. § 64, 2).

Handwerksgesellen s. Gesellen.

Hauptregister s. Personenstand A, insbes. Ges. vom 6. Febr. 1875 § 12 — § 16.*)

Hauptsteuer- und
Hauptzollämter s. Zollwesen C VI.

Hausgesetze, die Bestimmungen derselben über die Erfordernisse der Eheschließung und die Gerichtsbarkeit in Ehesachen werden durch das Ges. vom 6. Febr. 1875, vorbehältlich der Bestimmung in § 72 Abs. 1 desselben, nicht berührt (§ 73, 3 dieses Gesetzes).

Hausirer s. Gewerbewesen C.

Haustrunk, steuerfreier, s. Brausteuergesetz vom 31. Mai 1875 § 5.

Hazardspiel s. Spiel.

Hebammen s. Medicinalwesen A II.

Heerordnung s. Wehrordnung.

Heilkunde s. Medicinalwesen A.

Heimath s. Unterstützungswohnsitz.

Heimathsbezirke, über deren Zusammensetzung und Einrichtung bestimmen die Landesgesetze (Armenwesen A I).

Heirathsregister, hierüber siehe zunächst die unter Personenstand A aufgeführten Bestimmungen über Standesregister überhaupt, insbes. Ges. vom 6. Febr. 1875 § 12, § 54, § 55**).

Hilfs- s. Hülfs-.

Hinterbliebene. Ueber Versorgung der Hinterbliebenen I. von Militärpersonen s. Militärwesen P, insbesondere

---

*) Und dazu die Ausführungsbestimmungen der Verordnung vom 22. Juni 1875 (Centr.-Bl. 1875 p. 386) § 1, § 7 A—C, § 8 (Formulare, Schema zur Ausfüllung), § 3 (Theilung des Registers), § 11 (kostenfreie Einsicht der Geistlichen), § 12 (Führung in deutscher Sprache).

**) Und hierzu die Ausführungsbestimmungen der Verordnung vom 22. Juni 1875 (Centr.-Bl. 1875 p. 386) § 1, § 7 B (Formulare, Eintragsschema).

1) Ges. vom 27. Juni 1871 § 39 — § 47 jct. Ges. vom 4. April 1874 § 5, § 6 (Hinterbliebene von Officieren und Aerzten betr.).
2) Ges. vom 27. Juni 1871 § 48 jct. Ges. vom 4. April 1874 § 7 ff. (Hinterbliebene der Officiere. und Aerzte der Marine betr.),
3) Ges. vom 27. Juni 1871 § 94 — § 98 jct. Ges. vom 4. April 1874 § 14 (Hinterbliebene von Militärpersonen der unteren Classen betr.).
II. Die Reichsbeamten anlangend, siehe Gnadenquartal und soviel die Hinterbliebenen von Pensionären betrifft, Beamtengesetz vom 31. März 1873 § 69, auch Reichsbeamte D VI.

Hökerwaagen s. Eichordnung vom 16. Juli 1859 § 31 ff. und Maaße und Gewichte D II.

Hohlmaaße s. Maaße und Gewichte E I 3 und D II.

Hufbeschlag, die G.O. schreibt eine Prüfung oder Genehmigung für dieses Gewerbe nicht vor.

Hülfscassen s. Genossenschaftswesen D.

Hülfsleistung, über die allgemeine Verpflichtung hierzu gegenüber der Polizei bei Unglücksfällen oder gemeiner Gefahr s. St.G.B. § 360, 10; gegenüber der Post bei Unglücksfällen s. Postgesetz vom 28. Oct. 1871 § 21.

Hülfslisten für das Militärersatzgeschäft, hierüber s. E.O. § 43, 5 § 56, 7; über die Hülfslisten der Landwehrbehörden s. Anm.*)

Hunde.
I. Ueber deren Beförderung auf Eisenbahnen s. Bahnbetriebs-Reglement § 41.**)
II. Hetzen von Hunden auf Menschen ist nach § 366, 6 des St.G.B. strafbar.

Hüttenarbeiter s. Bergwesen.

---

*) Dieselben sind Auszüge aus den Ranglisten, Landwehrstammrollen und Controllisten; Näheres giebt L.O. § O § 3 § 17, 4.
**) Centr.-Bl. 1874 p. 189.

Hutungsvergehen s. St.G.B. § 368, 9, auch Feldpolizeivergehen.

Jagd.
I. Gewerbliche Bestimmungen: Zum An- und Verkaufe selbstgewonnener Erzeugnisse der Jagd im Umherziehen bedarf es eines von der Unterbehörde auszustellenden Legitimationsscheines (G.O. § 58); das Verbot der Ausübung des Gewerbebetriebs im Umherziehen durch Stellvertreter leidet auf dieses Gewerbe bei Beschränkung desselben auf einen bestimmten Umkreis keine Anwendung (G.O. § 62, 1); im Uebrigen siehe die allgemeinen Bestimmungen unter Gewerbewesen C.
II. Die Jagdpolizeigesetze bestehen auch gegenüber dem St.G.B. fort (Einführungsgesetz vom 31. Mai 1870 § 2, 2). Bestimmungen über die Zuständigkeit bei Jagdpolizeivergehen der Militärpersonen s. bei Militärwesen K; Strafen für einzelne Jagdpolizeivergehen giebt St.G.B. § 368, 10 und 11 (Betroffenwerden in jagdmäßiger Ausrüstung, unbefugtes Ausnehmen von Eiern oder Jungen von Vögeln), § 367, 8 (unbefugtes Schießen, Legen von Selbstgeschossen ɩc.)

Jahrmärkte s. Gewerbewesen D.

Jesuitenorden, dieser und die ihm verwandten Orden und Congregationen sind durch Ges. vom 4. Juli 1872 vom Reichsgebiete ausgeschlossen; die Ausführungsbestimmungen hierzu enthält Bekanntmachung vom 5. Juli 1872; die im Sinne des Gesetzes verwandten Orden sind aufgezählt in der Bek. vom 20. Mai 1873.

Immobiliarbrandversicherungswesen s. Versicherungswesen.

Impfwesen, hierüber ist das Ges. vom 8. April 1874 ergangen. *)

---

*) Die vor dem Erlasse der G.O. auf Grund der Landesgesetzgebung für beschränkte Ausübung der Heilkunde in einem

Incassogeschäfte, inwieweit dieselben den Banken gestattet sind, siehe Bankgesetz vom 14. März 1875 § 13, 5 (Reichsbank), § 44, 1 (Privatnotenbanken).

Indirecte Steuern, und zwar Staatssteuern s. Zollwesen B u. C Gemeindesteuern s. Gemeindewesen D III.

Inhaberpapiere auf Prämien, inwieweit dieselben im Reichsgebiete zuzulassen, bestimmt Ges. vom 8. Juni 1871; die Präclusivtermine und die Modalität der nach § 3 des Gesetzes erforderlichen Abstempelung ausländischer Papiere bestimmt Bek. vom 8. Juni 1871; Ergänzungen dieser Bestimmungen enthalten die Bekanntmachungen vom 1. Juli und 10. Juli 1871; Abänderungen zu beiden letzteren enthält Bek. vom 4. Dec. 1871.

Innungen s. Gewerbewesen F.

Inseratensteuer, dieselbe ist unzulässig (Preßgesetz vom 7. Mai 1874 § 30, 4).

Invalideninstitute, hierüber s. Ges. vom 27. Juni 1871 § 64, § 78.

Invalidenpensionen, hierüber s. Militärwesen P, insbesondere

  1) soviel Officiere und Aerzte betrifft, Ges. vom 27. Juni 1871 § 12 ff jct. Ges. vom 4. April 1874 § 2, § 3;

  2) soviel Unterofficiere und Soldaten betrifft, Ges. vom 27. Juni 1871 § 65 ff. jct. Ges. vom 4. April 1874 § 13.

Invalidenversorgung s. Militärwesen P, insbes. Ges. vom 27. Juni 1871 § 58, 1 § 59 ff. und Ges. vom 4. Apr. 1874 § 10 ff.

Irrenanstalten, die Voraussetzungen für Errichtung von Privatirrenanstalten siehe bei Medicinalwesen A II.

Jugendliche Arbeiter, über deren Beschäftigung in Fabriken s. Gewerbewesen G I 3, G II; über die

---

Bundesstaate approbirten und durch diese Approbation zur Ausführung von Impfungen berechtigt gewesenen Wundärzte sind weder von der Berufung zu Impfärzten noch von der Berechtigung zur Vornahme von Impfungen ausgeschlossen (Centr.-Bl. 1876 p. 267).

von denselben zu führenden Arbeitsbücher s. **Arbeits=
bücher**.

Juristische Personen s. **Genossenschaftswesen**.

Justizverweigerung, über die dießfallsige Competenz des Bundesraths s. R.V. Art. 77.

Ka= s. **Ca=**.

Kaiser, dessen Präsidialbefugnisse s. R.V. Art. 11 ff.

Kaiserlich, über dieses Prädicat für Reichsbehörden s. Erl. vom 3. Aug. 1871; über das kaiserliche Wappen und die kaiserliche Standarte s. **Wappen**.

Kaiser=Wilhelms=Stiftung s. **Postwesen B IV 3**.

Kalenderstempel, derselbe ist unzulässig (Preßges. vom 7. Mai 1874 § 30, 4).

Kalkmaaße s. **Maaße und Gewichte E I 3 und D II**.

Kanzelmißbrauch s. **Kirche B I**.

Kaufleute s. **Handel**, insbes. unter E.

Kehrbezirke s. **Schornsteinfeger**.

Kinder, über deren
  I. Bestrafung s. Correctivmaaßregeln II und III,
  II. Verwendung beim Gewerbebetriebe s. Gewerbe= wesen G I 3, G II und Arbeitsbücher.
  III. Die Strafe für Diejenigen, welche Kinder von Be= gehung gewisser strafbarer Handlungen abzuhalten unterlassen, giebt St.G.B. § 361, 9.
  IV. Ueber die Fahrpreisermäßigung der Kinder auf Eisen= bahnen siehe Bahnbetriebs=Reglement § 10. *)

Kirche.
  A. In Consequenz der in Art. 3 der R.V. ausgesprochenen Gleichstellung aller Reichsangehörigen in Bezug auf Ausübung bürgerlicher und staatsbürgerlicher Rechte sind durch Ges. vom 3. Juli 1869 alle noch bestehen= den, aus der Verschiedenartigkeit des religiösen Glau= bensbekenntnisses hergeleiteten Beschränkungen der bürgerlichen und staatsbürgerlichen Rechte aufgehoben

---

*) Centr.=Bl. 1874 p. 181.

worden. Insbesondere soll der Genuß der durch das Freizügigkeitsgesetz garantirten Rechte keinem Bundesangehörigen um des Glaubens willen verweigert werden (Ges. vom 1. Nov. 1867 § 1 Schlußsatz).
B. Verhältniß von Staat und Kirche:
  I. Behufs Verhinderung der unbefugten Ausübung von Kirchenämtern ist das Ges. vom 4. Mai 1875 ergangen. An Stelle der durch Ges. vom 10. Dec. 1871 bestimmten Strafe für Geistliche, welche in Ausübung ihres Amtes durch Verkündigungen oder Erörterungen auf der Kanzel ꝛc. den öffentlichen Frieden gefährden, tritt die Strafbestimmung von § 130 a des neuredigirten St.G.B. — Die wegen Ausschlusses des Jesuitenordens und dem verwandter Orden ergangenen Gesetze siehe unter Jesuitenorden.
  II. Nach Ges. vom 6. Febr. 1875 § 3 kann Geistlichen und anderen Religionsdienern das Amt eines Standesbeamten nicht übertragen werden.*) Die geistliche Ehegerichtsbarkeit ist abgeschafft (eod. § 76). Geistliche und Kirchendiener, welche ohne Nachweis vorheriger bürgerlicher Eheschließung kirchliche Trauungen vollziehen, verfallen in die in § 67 des Gesetzes bestimmte Strafe. Dagegen wird die kirchliche Verpflichtung in Bezug auf Trauung und Taufe durch obiges Gesetz nicht alterirt (§ 82 des Gesetzes).
C. Sonstige Bestimmungen für Geistliche und Kirchendiener:
  I. Unberührt von dem Gesetze über Beurkundung des Personenstandes ꝛc. vom 6. Febr. 1875 bleiben die landesgesetzlichen Vorschriften, welche Geistlichen und Kirchendienern aus Anlaß der Einführung der Standes-

---

*) Dagegen ist Geistlichen und anderen Religionsdienern die Einsicht in die Standesregister kostenfrei zu gestatten (§ 11 der Ausf.-Verordnung vom 22. Juni 1875, Centr.-Bl. 1875 p. 389).

register und der Civilehe einen Anspruch auf Entschädigung gewähren (§ 74, 1 dieses Gesetzes).
II. Ueber die Voraussetzungen, unter welchen Reichs-
beamten bei Berechnung der Pension ein früherer
Kirchendienst angerechnet wird, s. Ges. vom 31. März
1873 § 52, 1 und soviel die aus Frankreich über-
nommenen Kirchendiener betrifft, Art. 2 der Zusatz-
convention vom 11. Dec. 1871 (p. 7 von 1872).
III. Ueber die Militärverhältnisse der Geistlichen s. nach-
stehend unten D III.
D. Bestimmungen in Bezug auf das Militärwesen:
I. Die Militärkirchenordnung von Preußen ist im
Reiche nicht eingeführt (R.V. Art. 61).
II. Active Militärpersonen bedürfen zur Annahme von
Aemtern in der Verwaltung und Vertretung der
Kirche der Genehmigung der Dienstvorgesetzten
(Militärges. vom 2. Mai 1874 § 47).
III. Vorschriften über die Militärpflicht:
1) Die Befreiung oder Zurückstellung der Theologen
vom Militärdienste kann im einzelnen Falle von
der Ministerialinstanz verfügt werden (Militärges.
vom 2. Mai 1874 § 22).*)
2) Geistliche des Beurlaubtenstandes werden zum
Dienste mit der Waffe nicht herangezogen (E.D.
§ 13, 5 Abs. 1).**) Ueber Zurückstellungs- und
Unabkömmlichkeitsverfahren s. E.D. § 13, 5
Abs. 2, E.D. § 20 No. 1 und No. 2 a.
IV. Ueber die Militärgeistlichen gelten die Vorschriften
für Militärbeamte (s. d.).

Kirchenämter, über deren unbefugte Ausübung s. Kirche
B I.

---

*) Die Befreiung ist nur solchen Theologen zu gewähren,
welche bei dem Inkrafttreten des Reichsmilitärgesetzes bereits
das 23. Lebensjahr überschritten haben (Centr.-Bl 1874 p. 294).
 **) Die Geistlichen werden diesfalls auf Ansuchen zum
Sanitätspersonal übergeführt (L.O. § 14, 9); die Einberufung
erfolgt durch die Dienstbehörde (L.O. § 19, 3).

Kirchenbücher.
I. Den mit Führung derselben betraut gewesenen Organen verbleibt die Berechtigung und Verpflichtung, über die bis zur Wirksamkeit des Gesetzes vom 6. Febr. 1875 eingetragenen Geburten, Heirathen und Sterbefälle Zeugnisse auszustellen (§ 73 dieses Gesetzes).*) Die Einreichung von Geburtslisten zu Recrutirungszwecken dauert daher fort (E.O. § 45, 7 Anmerkung).

II. Die landesgesetzlichen Bestimmungen, welche Geistlichen und Kirchendienern aus Anlaß der Einführung der Standesregister einen Anspruch auf Entschädigung gewähren, berührt das Gesetz vom 6. Febr. 1875 nicht (§ 74, 1 dieses Gesetzes).

Kirchendiener s. Kirche B, C und D.
Kirchenordnung s. Kirche D I.
Kleinhandel mit Branntwein s. Gastwirthe A I.
Knappschaftscassen s. Genossenschaftswesen D III 1 a.
Ko- s. Co-.
Krahne, inwieweit die Erhebung von Abgaben für deren Benutzung zulässig ist, s. Zollwesen A III 2.
Krankenanstalten, über die Voraussetzungen für Errichtung von Privatanstalten s. Medicinalwesen A II.
Krankencassen s. Genossenschaftswesen D.
Krankenwärter,**) über deren abgekürzte Dienstzeit s. Militärwesen E Anm.
Krankenwesen s. Medicinalwesen.
Krebse, Strafe für unbefugtes Fangen derselben giebt St.G.B. § 370, 4.
Kreisphysici s. Medicinalwesen A V.

---

*) Siehe auch wegen des Rechts der Geistlichen zu kostenfreier Einsicht der Standesregister Kirche B II Anmerkung.
**) Auszuwählen sind dazu solche Militärpflichtige, welche Lust und Befähigung zur Krankenpflege haben (R.O. § 6, 2 a); eine bestimmte Minimalgröße ist für dieselben nicht vorgeschrieben (R.O. § 6, 1).

Kriegsakademie s. Militärwesen T Anmerk.
Kriegsartikel s. Militärwesen G VII.
Kriegsdenkmünze s. Orden I.
Kriegsdienstpflicht s. Militärwesen B.
Kriegseinquartierung s. Naturalquartier 1.
Kriegserklärung, dieselbe steht dem Kaiser zu, bei Angriffen auf das Bundesgebiet bedarf es der Zustimmung des Bundesraths (R.V. Art. 11).
Kriegsflagge, dieselbe ist schwarz=weiß=roth (R.V. Art. 55).
Kriegsflotte s. Seewesen B und C.
Kriegsgesetze s. Militärwesen G VI.
Kriegshäfen des Reichs sind der Kieler Hafen und der Jahdehafen (R.V. Art. 52, 2).
Kriegsjahre*), Berechnung derselben bei der Pensionirung s. Ges. vom 27. Juni 1871 § 23, § 60 (Militärpersonen betr.), Ges. vom 31. März 1873 § 49 (Reichsbeamte betr.).
Kriegsleistungen s. Militärwesen R I.
Kriegsmarine s. Seewesen B und C.
Kriegsschatz s. Reichsfinanzen E II.
Kriegsschulen s. Militärwesen T Anmerk.
Kriegszustand. Der Kaiser kann, wenn die öffentliche Sicherheit in dem Bundesgebiete bedroht ist, einen jeden Theil desselben in den Kriegszustand versetzen; über die Voraussetzungen, Form und Wirkung der Verkündigung des Kriegszustandes gilt das preußische Ges. vom 4. Juni 1851 (R.V. Art. 68).
  I. Erläuterungen zu diesem Gesetze sowie die Instruction für den Waffengebrauch des Militärs und dessen Mitwirkung zur Unterdrückung innerer Unruhen enthält die preußische Instruction vom 4. Juli 1863.**)
  II. Zu den in § 6 des Gesetzes vom 4. Juni 1851

---

  *) Die Voraussetzungen, unter denen den am Feldzuge 1870/71 Betheiligten dieser Feldzug als Kriegszeit angerechnet wird, giebt Armee-Verordnungs-Blatt 1871 p. 113.
  **) Gesetz und Instruction sind von Reichswegen nicht publicirt.

erwähnten Gesetzen, welche für den Kriegszustand ergangen sind, gehören nach § 9, 2 des Militär=strafgesetzbuchs vom 20. Juni 1872 die Kriegsge=setze, das heißt die im Militärstrafgesetzbuche für Zuwiderhandlungen im Felde gegebenen Vorschriften.

III. An Stelle von § 8 des Gesetzes vom 4. Juni 1851 (Bezeichnung der Verbrechen, die, wenn wäh=rend des Kriegszustandes begangen, mit dem Tode bestraft werden), tritt § 4 des Einführungsgesetzes vom 31. Mai 1870.

Krone f. Münzwesen A I.

Kunst.

I. Diese und die dabei verwendeten Arbeiter unterliegen der G.O. nicht, jedoch bedürfen Schauspielunter=nehmer der Concession (f. Theater); die gewerb=lichen Vorschriften über Schaustellungen, Musikauf=führungen ꝛc. auf Straßen ꝛc., wenn ein höheres Kunst=interesse nicht vorliegt, siehe unter Schaustellungen. Erzeugnisse der Buchdruckerkunst, welche in das Be=reich der Kunst fallen, unterliegen den preßgesetzlichen Bestimmungen (f. Presse).

II. Ueber den Schutz des Urheberrechts an Werken der Kunst f. Urheberrecht.

Kunsthändler f. Presse A I 1.

Lagergeld der Eisenbahnen f. Bahnbetriebs=Reglement § 60.*)

Lagerhäuser, hierüber f. Zollwesen A III 2 (Zulässig=keit von Lagergeld) und A XVIII (Niederlagsregulative).

Landarmenverband, über diesen gelten die unter Armen=verbände aufgeführten Bestimmungen; welcher Land=armenverband im einzelnen Falle zuständig sei, bestimmt Ges. vom 6. Juni 1870 § 30 unter b.

Landesgesetzgebung f. Gesetzgebung unter B.

---

*) Central-Bl. 1874 p. 202.

Landeskokarde, über die Unfähigkeit zum Tragen derselben
s. St.G.B. § 34, 1.

Landespolizeibehörde, über die Ueberweisung von Bettlern,
Vaganten 2c. an dieselbe s. St.G.B. § 362 Abs. 2
und 3; sonstige Fälle, in welchen die Landespolizeibehörde zur Verfügung von Aufenthaltsbeschränkungen
berechtigt ist, sind enthalten in § 284, 2 des St.G.B.
(gewerbsmäßiges Glücksspiel), Ges. vom 1. Nov. 1867
§ 3 (landesgesetzliche Aufenthaltsbeschränkungen bestrafter
Personen), Ges. vom 4. Mai 1874 § 1, § 5 (unbefugte Ausübung von Kirchenämtern), Bek. vom 5. Juli
1872 (Mitglieder des Jesuitenordens).

Landesverweisung s. Freizügigkeit A und B (Gründe),
C (Verfahren).

Landeswappen s. Wappen.

Landgendarmerie s. Gendarmerie.

Landlieferungen im Krieg, darüber s. Ges. vom 13. Juli
1873 § 17 und Ausführungsverordnung vom 1. April
1876 No. 10 und 11 b.

Landstraßen s. Straßenwesen.

Landstreicher s. Armenwesen B.

Landsturm s. Militärwesen A III (Organisation), E.O.
§ 5 § 18, 3 § 81, 1 (Landsturmpflicht).*)

Landtage. Hierüber siehe
  I. St.G.B. § 11 (Redefreiheit), § 12 (Straflosigkeit
     wahrheitsgetreuer Berichte), St.G.B. § 105, § 106,
     § 197 (strafbare Handlungen in Bezug auf die
     Landtage).
 II. Inwieweit Militärpersonen ein Wahlrecht bei den
     Landtagswahlen zusteht, hierüber s. Militärwesen O.

Landwehr s. Militärwesen A II (Organisation),
Militärwesen B, insbes. E.O. § 5, § 12 (Landwehr=

---

*) S. auch R.O. § 13, 8 (Uebertritt zum Landsturme nach
12jähriger activer Dienstzeit), L.O. § 20 (Ueberführung zum
Landsturme).

pflicht),*) **Militärwesen** F, insbes. C.O. § 11 — § 13 (militärische Verhältnisse der Landwehr).

Landwehrbehörden, hierüber s. C.O. § 1, 4 (die Landwehrbezirkscommandos als Controlbehörden, Unterstellung der Bezirksfeldwebel unter dieselben**), C.O. § 2, 5 (die Landwehrbezirkscommandeure als Mitglieder der Ersatzcommission).

Landwehrbezirke s. Militärwesen A I 2.
Landwehrdienstauszeichnung s. Anmerk.***)
Landwehrofficiere s. Officiere II.†)
Landwehrordnung s. Wehrordnung.
Landwehrpflicht s. Landwehr.
Landwehrstammrollen s. Stammrollen 2, Anm.
Längenmaaße s. Maaße und Gewichte, insbes. A u. G, und Maaß- und Gewichtsordnung vom 17. Aug. 1868 Art. 3 A, Eichordnung vom 16. Juli 1869 § 1 — § 4.

Legislaturperiode des Reichs, dieselbe ist dreijährig (R.V. Art. 24).

Legitimation begründet den Erwerb und Verlust der Staatsangehörigkeit (Ges. vom 1. Juni 1870 § 2, 2 § 13, 4), ingleichen den Erwerb des Unterstützungswohnsitzes (Ges. vom 6. Juni 1870 § 18). Eintrag der Legitimation im Standesregister ist vorgeschrieben durch § 26 des Ges. vom 6. Febr. 1875.

Legitimationskarten für Handelsreisende ꝛc., hierüber s. Gewerbewesen C I 3.

---

*) S. auch R.O. § 13, 8 (Uebertritt zur Landwehr nach 7jähriger activer Dienstzeit), L.O. § 20 (Ueberführung zur Landwehr).
**) Ausführungsbestimmungen über das Personal und die Organisation der Landwehrbezirkscommandos giebt L.O. § 1 und § 2.
***) Die Bestimmungen hierüber sind in Anlage 2 zur L.O. zusammengestellt (L.O. § 14, 10).
†) Speciell die Landwehrofficiere betreffende Ausführungsbestimmungen enthält L.O. § 29 (Dienstverhältnisse), § 20, 3 (Versetzung von der Reserve zur Landwehr).

Legitimationspapiere, welche von der zuständigen Verwaltungsbehörde eines Bundesstaates ausgestellt sind, gelten in der Regel für das ganze Bundesgebiet (Ges. vom 12. Oct. 1867 § 4). Das Weitere über Legitimationspapiere (auch militärische), s. bei **Fremdenwesen C.**

Legitimationspflicht, dieselbe besteht auch gegenüber dem Paßgesetze vom 12. Oct. 1867 noch fort (§ 3 dieses Gesetzes); Weiteres siehe bei **Fremdenwesen.**

Legitimationsscheine
I. zum Gewerbebetriebe im Umherziehen, hierüber siehe **Gewerbewesen C;***)
II. als Ausweise bei der Zollcontrole im Grenzbezirke s. **Zollwesen A XXII.**

Lehranstalten und
Lehrer s. **Unterrichtswesen.**

Lehrlinge,
I. die gewerblichen Vorschriften über dieselben giebt G.O. § 115 — § 126; hierzu s. **Gewerbewesen G.**
II. Ueber die Verpflichtung des Ortes des Lehrverhältnisses, im Erkrankungsfalle die Verpflegungskosten ohne Erstattungsanspruch an den Unterstützungswohnsitz zu tragen, s. Ges. vom 7. Juni 1870 § 29.

Leichenwesen.
I. Ueber den Leichentransport auf Eisenbahnen s. **Bahnbetriebs-Reglement § 34.****)
II. Vorschriften über den Zeitpunkt der Beerdigung, Strafe für Zuwiderhandlungen gegen die polizeilichen Bestimmungen über Beerdigung ꝛc. s. unter **Beerdigung.**
III. Ueber Beurkundung der Sterbefälle s. **Sterbefälle.**

Leihbibliotheken und
Lesecabinette s. **Presse A I 1.**

---

*) Soviel insbesondere die Behörden für Ausstellung von Legitimationsscheinen an Ausländer betrifft, s. **Gewerbewesen A III 1 Anm.**

**) Centr.-Bl. 1874 p. 187.

Lieferungsverbände für Landlieferungen im Kriege, hierüber s. Ges. vom 13. Juni 1873 § 17, Ausf.-Verordnung vom 1. April 1876 No. 10; betreffs der Naturallieferungen im Frieden s. Militärwesen R II 1 Anm.

Lieferungszeit bei Eisenbahnen, s. Bahnbetriebs-Reglem.*) § 56 ff. (Güterbeförderung), § 28, 4 (Reisegepäck), § 39 (Fahrzeuge), § 45 (Thiere).

Literar-Conventionen s. Urheberrecht III.

Literarisches Eigenthum s. Urheberrecht I.

Literatur s. Presse, Kunst, Urheberrecht I.

Locomobilen und

Locomotiven s. Dampfkessel.

Lohnbediente und

Lohnkutscher s. Gewerbewesen B III 4.

Lombardgeschäft, inwieweit dasselbe den Banken gestattet ist, bestimmt Ges. vom 14. März 1875 § 13, 3 § 44, 1; hiernächst s. noch § 15 (Publication des Procentsatzes) und § 20 (Distractionsrecht der Bank).

Loosung der Militärpflichtigen, hierüber s. E.O. § 65 No. 5—14.

Loosungsscheine, hierüber s. E.O. § 66, § 23, 6 Abs. 2, § 33, 2 (Ausstellung nach der Loosung, Vorzeigung bei der Anmeldung zur Stammrolle und Gestellung, Vervollständigung durch die Ersatzcommission, Eintragung der Zurückstellung), E.O. § 76, 4 (Ausstellung für die zum Nachersatze ausgehobenen Recruten, welche bis 1. Februar keine Gestellungsordres erhalten haben).

Lootsen s. Seewesen A II, Flüsse A I 1.

Lootsensignalordnung s. Seewesen C I 3.

Lotterie und

Lotto s. Spiel und hierzu G.O. § 6 (der Vertrieb von Lotterieloosen fällt nicht unter die G.O.), G.O. § 56, 3 (vom Verkaufe im Umherziehen sind Lotterieloose ausgeschlossen).

---

*) Centr.-Bl. 1874 p. 179.

Lübeck, die Zuständigkeit des dortigen Ober-Appellations=
gerichts bei Hochverrath und Landesverrath gegen das
Reich beruht auf R.V. Art. 75.

Maaße und Gewichte. Hierüber ist auf Grund der in
Art. 4, 3 der R.V. geordneten Reichscompetenz die
Maaß= und Gewichtsordnung vom 17. Aug. 1868 er=
gangen; dieselbe ist auf Bayern erstreckt durch Ges.
vom 26. Nov. 1871 und in Els.=Lothringen einge=
führt durch Ges. vom 19. Dec. 1874 (p. 1 des Ges.=
Blattes von 1875). Im Einzelnen ist zu bemerken:
A. Art. 4, welcher als Entfernungsmaaß die Meile
einführt, ist wieder aufgehoben durch Ges. vom
7. December 1873.
B. Zu Art. 7, wonach ein besonderes Medicinalgewicht
nicht stattfindet, siehe Anweisung vom 6. Mai 1871,
wonach die Medicinalgewichte als Präcisionsgewichte
gelten, und Bek. vom 1. Mai 1872 in Verbindung
mit Bek. vom 17. Juni 1875[*]) über die Voraus=
setzungen, unter welchen Apothekerwaagen als Prä=
cisionswaagen geeicht sein müssen.
C. Zu Art. 8 (Münzgewichte) s. Ges. vom 4. Dec.
1871 § 12 (Zulassung von Gewichtsstücken zur
Eichung und Stempelung, welche das Normal= und
Passirgewicht der nach letztgenanntem Gesetze aus=
zumünzenden Goldmünzen, sowie eines Vielfachen
derselben haben); Ausführungsbestimmungen hierzu
enthält Bek. vom 31. Jan. 1872 und, soviel die
Fehlergrenze betrifft, die Bek. vom 14. Dec. 1872[**]).
D. Zu Art. 10 siehe
 I) über die eichamtliche Behandlung vorschriftswidriger
 Maaße und Gewichte die Bek. vom 22. März
 1876[***]); Verletzungen der Vorschriften über die

---

[*]) Centr.-Bl. 1875 p. 874.
[**]) Centr.-Bl. 1873 p. 3.
[***]) Centr.-Bl. 1876 p. 185.

Maaß- und Gewichtspolizei werden nach St.G.B. § 369, 2 bestraft.

II) Die näheren Bestimmungen über die äußerste Grenze der im öffentlichen Verkehre noch zu duldenden Abweichungen von der absoluten Richtigkeit sind erfolgt durch Bek. vom 6. Dec. 1869, abgeändert bezüglich der Maaße und Meßwerkzeuge für Brennmaterialien, Kalk und andere Mineralproducte, sowie der Hökerwaagen durch Bek. vom 16. Aug. 1871, bezüglich der cylinderischen Hohlmaaße durch Bek. vom 11. Juli 1875*); Bestimmungen über die Fehlergrenze bei Meßapparaten für Flüssigkeiten; bei Federwaagen für Eisenbahnpassagiergepäck und bei Goldmünzgewichten publicirt die Bek. vom 14. Dec. 1872**); hiernächst siehe über die Fehlergrenze die nachstehend unter E I 1 aufgeführten Bestimmungen der Eichordnung.

E. Zu Art. 18: Die Errichtung der Normaleichungscommission ist erfolgt durch Bek. vom 16. Febr. 1869. Die auf Grund dieses Artikels von derselben erlassenen Bestimmungen sind

I) Die Eichordnung vom 16. Juli 1869. Zu dieser siehe zunächst die durch die Bekanntmachungen vom 30. Juni 1870, 6. Mai 1871 und 31. Jan. 1872 publicirten Nachträge***). Hiernächst sind folgende Specialbestimmungen ergangen:

1) Zu § 3 B, § 11, § 28, § 38, § 41, § 47 (Bestimmungen über die Fehlergrenze) s. oben D, II.
2) Zu § 5 siehe die Bek. vom 19. März 1872 über Eichung und Stempelung der Flüssigkeitsmaaße†).

---

*) Centr.-Bl. 1875 p. 436.
**) Centr.-Bl. 1873 p. 3.
***) Hierzu siehe die ferneren Nachträge Centr.-Bl. 1873 p. 21 (IV. Nachtrag), p. 215 (V. Nachtrag), Centr.-Bl. 1874 p. 167 (VI. Nachtrag), Centr.-Bl. 1875 p. 711. (VII. Nachtrag), Centr.-Bl. 1876 p. 454 (VIII. Nachtrag).
†) Speciell zu § 12, § 13 der Eichordnung (Eichung und

3) Zu § 14 ff. (Stempelung und Eichung der Hohl=
maaße für trockene Gegenstände) siehe die durch Bek.
vom 15. Febr. 1871 publicirten Bestimmungen
über Eichung und Stempelung von Maaßen und
Meßwerkzeugen für Brennmaterialien, Kalk und
andere Mineralproducte und den Nachtrag dazu
in der Bekanntmachung vom 31. Jan. 1872*).

4) Zu § 22 ff. (Gewichte) siehe die oben unter B
und C aufgeführten Bestimmungen über Münz=
und Medicinalgewichte.

5) Zu § 31 fg. (Vorschriften für Waagen) siehe die
in der Bek. vom 25. Juni 1872**) veröffentlichten
Grundsätze über Zulassung von Federwaagen zur
Eichung und Stempelung und zur Anwendung
beim Wiegen von Eisenbahnpassagiergepäck.

6) Die in § 90 vorbehaltene Bekanntmachung der
im Verkehre unzulässigen älteren Gewichte ist er=
folgt durch Bek. vom 23. Febr. 1870.

II) Die von der Normaleichungscommission unter dem
12. Dec. 1869 publicirte Eichgebührentaxe ist unter
Einfügung aller bis dahin ergangenen Abänderungen
und Zusätze neu aufgestellt worden unter dem 24.
Dec. 1874.***)

F. Zu Art. 21: Die Umrechnung der Uebergangsab=
gaben bez. Steuervergütungen für Bier, Branntwein
und Malz ist publicirt durch Bek. vom 18. Juli 1872.

G. Die internationale Metercovention vom 20. Mai
1875 nebst Beilagen (Reglement und Uebergangs=
bestimmungen) ist publicirt im Gesetz=Bl. von 1876
p. 191.

Stempelung der Fässer betr.) siehe Centr.=Bl. 1874 p. 168
(Bestimmungen über Eichung von Fässern behufs Feststellung des
Nettogewichts beim Exporte von Branntwein in Fässern).

*) Weitere Nachträge publicirt Centr.=Bl. 1873 p. 18 und
p. 22, Centr.=Bl. 1875 p. 714.

**) Centr.=Bl. 1873 p. 9.

***) Centr.=Bl. 1875 p. 94, anderweit abgeändert durch die
daselbst p. 813 veröffentlichten Bestimmungen.

Mahlsteuer, inwieweit eine solche zulässig ist, s. Zollwesen B III, B IV.
Mahlzwang s. Gewerbewesen A II.
Malz und
Malzsurrogate, über deren Besteuerung, s. Zollwesen B III — B V, auch Brausteuer.
Marine s. Seewesen.
Markenschutz s. Waarenzeichen.
Markrechnung s. Münzwesen B.
Markscheider, hierüber siehe G.O. § 34, § 47 und dazu Gewerbewesen M (Erlöschen des Gewerbebetriebs).
Märkte s. Gewerbewesen D.
Marschrouten, und zwar
1) polizeiliche Marschrouten; die dießfallsigen Bestimmungen bestehen fort (Paßgesetz vom 12. Oct. 1867 § 10).
2) Ueber die Marschrouten als Ausweis für active Militärpersonen, siehe C.O. § 6, 4.
3) Ueber Marschrouten als Voraussetzung für Eintritt der Verpflichtung zu Naturalleistungen im Frieden siehe Ges. vom 13. Febr. 1875 § 6, Instruction vom 2. Sept. 1875 No. 4.
4) Ueber Marschrouten als Voraussetzung für Eintritt der Verpflichtung zu Gewährung von Naturalquartier im Frieden siehe Ges. vom 25. Juni 1868 § 8 und Instruction vom 31. Dec. 1868 § 6, § 10 (p. 1 ff. von 1869).

Marschverpflegung
1) im Frieden, s. Ges. vom 13. Febr. 1875 § 4, § 5.
2) im Kriege, s. Ges. vom 13. Juni 1873 § 3, 2.

Matrikel der Bundesconsuln, s. Consulatwesen B III.
Matrikularbeiträge, s. R.V. Art. 70.
Medicaster s. Medinalwesen A VI.
Medicinalgewichte s. Maaße und Gewichte B.
Medicinalpolizei s. Medicinalwesen B.
Medicinalwesen.
  A. Die G.O. leidet nach § 6, 1 derselben auf die Aus=

übung der Heilkunde keine Anwendung, jedoch enthält sie über das Medicinalwesen folgende Bestimmungen:
I. § 29 der G.O. trifft für Aerzte (Wund=, Augen=, Zahn=, Thier=Aerzte und Geburtshelfer) ingleichen für Apotheker Bestimmungen über die Nothwendigkeit der Prüfung und Approbation*), Gültigkeit der letzteren für das ganze Bundesgebiet und ärztliche Freizügigkeit). Diese Bestimmungen sind

1) auf Elsaß=Lothringen erstreckt durch Ges. vom 15. Juli 1872.
2) Zu § 29 Abs. 1 und Abs. 2 (von der Doctorpromotion ist die Approbation nicht abhängig zu machen) siehe unten A VI (unbefugte Beilegung des Doctortitels).
3) die im Abs. 2 in Aussicht gestellten Bestimmungen über die zu Ertheilung der Approbation berechtigten Behörden und über den Befähigungsnachweis sind für Aerzte, Zahn= und Thierärzte und Apotheker erlassen durch Bekanntmachung vom 25. Sept. 1869, und
 a) bezüglich der Approbation der Thierärzte und Apotheker ergänzt durch Bek. vom 9. Dec. 1869 (p. 688),
 b) für Württemberg und Baden ergänzt durch die Bekanntmachungen vom 21. Dec. 1871 und 17. Mai 1872, für Bayern durch Bek. vom 28. Juni 1872, für Els.=Lothringen durch Bek. vom 19. Juli 1872.
 c) An Stelle der früheren Vorschriften für Prüfung der Apotheker treten zufolge Bekanntmachung vom 5. März 1875 die im Central=Blatte **) veröffentlichten Prüfungsordnungen.

---

*) Ueber die Zulassung zur Impfpraxis auf Grund früherer Approbation zu beschränkter Ausübung der Heilkunde siehe Impfwesen Anm.
**) Centr.=Bl. 1875 p. 167 (Apothekerprüfung) und p. 761 (Gehülfenprüfung).

Medicinalwesen.

4) Die durch § 29, 3 eingeführte ärztliche Freizügigkeit ist durch Vertrag vom 11. Dec. 1873 (Ges.-Bl. 1874 p. 99) auf die in den Grenzgemeinden wohnhaften Aerzte, Wundärzte und Hebammen im Verhältnisse zu Belgien erstreckt worden.

5) Die in § 29, 4 vorbehaltenen Bestimmungen über die Voraussetzungen für Entbindung von der Prüfung sind erlassen durch Bekanntmachung vom 9. Dec. 1869 (p. 687).

II. Nach G.O. § 30 bedürfen Unternehmer von Privatkranken-, Privatentbindungs- und Privatirrenanstalten der Concession der höheren Verwaltungsbehörde, Hebammen eines Prüfungszeugnisses der nach den Landesgesetzen zuständigen Behörde. Hierzu siehe

1) über das Erlöschen der Befugniß Gewerbewesen M,

2) wegen der Hebammen vorstehend unter I 4; im Uebrigen gelten für Hebammen die Bestimmungen der Landesgesetze.

III. Die Voraussetzungen für Zurücknahme der Approbation und die Bestimmungen über das dießfallsige Verfahren giebt G.O. § 53 1, § 54.

IV. Die Bezahlung der approbirten Aerzte bleibt nach G.O. § 80 zwar der Vereinbarung überlassen, als Norm für streitige Fälle können jedoch von der Centralbehörde Taxen festgesetzt werden.

V. Der Zwang ärztlichen Beistandes ist nach G.O. § 144, 2 aufgehoben; wegen subsidiärer Verwendung der Bezirksärzte (Kreisphysici) beim Musterungsgeschäfte ingleichen beim Kriegsersatzgeschäfte s. E.O. § 60, 1 § 96, 2.

VI. Die Strafe für unbefugte Beilegung des Titels als Arzt ꝛc. giebt G.O. § 147, 3 in Verbindung mit Ges. vom 12. Juni 1872 § 2, 3; hierzu siehe St.G.B. § 360, 8 (unberechtigte Beilegung des Doctortitels) und G.O. § 29, 1 (von der

Doctorpromotion ist die Ertheilung der Approbation nicht abhängig zu machen).

B. Die Maaßregeln der Medicinalpolizei unterliegen der Reichscompetenz (R.V. Art 4, 15). Einzelne medicinalpolizeiliche Bestimmungen siehe
1) bei Gewerbewesen O (Vorschriften zur Sicherung der Arbeiter gegen Gefahren für die Gesundheit ꝛc.),
2) Zollgesetz vom 1. Juli 1869 § 2 (Ausnahmen von der die Regel bildenden Freiheit der Ein=, Aus= und Durchfuhr können zeitweilig aus gesundheitspolizeilichen Gründen angeordnet werden),
3) St.G.B. § 327 (Strafe für Verletzung der Absperrungsmaaßregeln), § 367, 7 (Strafe für Verlauf verfälschter oder verdorbener Getränke, oder trichinenhaltigen Fleisches).
4) S. auch Impfwesen, Gifte.

C. Militärärzte, Militärpflicht der Mediciner.
I. Die Militärärzte gehören zu den Militärpersonen des Friedensstandes (Militär=Ges. vom 2. Mai 1874 § 38), über deren Verhältnisse siehe daher Militärwesen D; für Militärärzte des Beurlaubtenstandes gelten die Bestimmungen des Beurlaubtenstandes (siehe daher Militärwesen F); die Bestimmungen für Militärärzte beider Gattungen sind zusammengestellt in der Verordnung über die Organisation des Sanitätscorps vom 6. Febr. 1873.*)
II. Ueber den einjährigen Freiwilligendienst der Mediciner, Aufnahme in das Sanitätscorps als Unterarzt und Beurlaubung zur Reserve als Lazarethgehülfe siehe die Bestimmungen der Recrutirungsordnung **); über den Dienst als Krankenwärter s. Krankenwärter, über den freiwilligen Eintritt der Mediciner im Kriege s. C.O. § 99, 4.

---

*) Der Heerordnung als Anhang beigegeben.
**) S. R.O. § 21 § 14, 3 § 16, 5 § 18, 1.

III. Ueber die Thätigkeit der Militärärzte beim Ersatz=
geschäfte s. E.O. § 60 § 69, 1 § 74, 6 § 96, 2.*)
D. Ueber die Anzeigepflicht der Aerzte bei Geburten
s. Ges. vom 6. Febr. 1875 § 18.
E. Im Uebrigen siehe noch Veterinärwesen, Apo=
thekerwesen, Maaße und Gewichte B.

Mediciner, Militärpflicht derselben, s. Medicinal=
wesen C.

Mehl, inwieweit dessen Besteuerung zulässig ist, darüber
s. Zollwesen B III, B IV.

Meile s. Maaße und Gewichte A.

Meistgewicht der Postsendungen s. Postordnung § 1**).

Melasse, über zollfreie Zulassung derselben zur Brannt=
weinbereitung s. Zuckersteuer II.

Meldewesen und zwar
I. polizeiliche Anmeldung, s. Fremdenwesen A.
II. Die militärische Meldepflicht ist ein Theil der Con=
trole, s. daher Controle.

Meßbriefe s. Seewesen A I.

Messen s. Gewerbewesen D.

Messer s. Gewerbewesen B III 3.

Meßgebühren s. Zollwesen A III 2 a.

Militärabsenten s. Staatsangehörigkeit A III 1.

Militärakademie s. Militärwesen T Anm.

Militäranwärter s Civildienst I.

Militärärzte s. Medicinalwesen C.

Militärbeamte.
I. Die Bestimmungen über Zulassung zu den Aemtern
und Stellen des Heeres, sowie über das Aufrücken
in höhere Stellen erläßt der Kaiser (Militärgesetz
vom 2. Mai 1874 § 7).
II. Die Militärbeamten sind Reichsbeamte und unter=
liegen den Bestimmungen des Ges. vom 31. März
1873; siehe daher Reichsbeamte insbes. A II 2 a,

---

*) Ausführungsbestimmungen giebt R.O. § 3, § 10.
**) Centr.-Bl. 1875 § 6.

A V, G I 5 (Wohnungsgeldzuschüsse, Stellvertretung und Urlaub, Cautionen). Jedoch gelten
1) nach § 89—§ 93 des Ges. vom 27. Juni 1871 und § 42, 4 des Beamtengesetzes vom 31. März 1873 bezüglich der Pensionirung der Militärbeamten zum Theile besondere Bestimmungen.
2) Auch bezüglich des Disciplinarverfahrens gelten für Militärbeamte nach § 120 — § 123 des Ges. vom 31. März 1873 besondere Bestimmungen, die nach § 123 bezüglich der Disciplinarstrafen, welche nicht in der Entfernung vom Amte bestehen, fortgeltenden Bestimmungen enthält § 32 — § 37 der Verordnung vom 31. Oct. 1872*) über die Disciplinarbestrafung in der Armee (s. auch Militärwesen J).
3) Hiernächst ist speciell für Militärjustizbeamte die Geltung gewisser Bestimmungen des Beamtengesetzes vom 31. März 1873 ausgeschlossen (siehe § 158 dieses Gesetzes).
III. Die Militärbeamten gehören andererseits zu den Militärpersonen des Friedensstandes (Militärgesetz vom 2. Mai 1874 § 38 A I); über deren weitere Verhältnisse s. daher Militärwesen D.

Militärbildungsanstalten s. Militärwesen T.
Militärconventionen siehe die Schlußbestimmungen zum XI. und XII. Abschnitte der R.V. und Militärges. vom 2. Mai 1874 § 72.
Militärdisciplinarcommissionen für Militärbeamte s. Ges. vom 31. März 1873 § 121, § 122.
Militärersatzwesen s. Militärwesen C.
Militärfamilien, Unterstützung derselben, s. Militärwesen Q.
Militärgeistliche s. Kirche D IV.
Militärgerichtsbarkeit s. Militärwesen G, H, I, K, L.
Militärische Abzeichen s. Uniform, Orden.

---

*) Armee-Verordnungsblatt 1872 p. 331.

Militärische Controle s. Controle.
Militärische Ehrenstrafen s. Ehrenstrafen.
Militärische Uebungen s. Truppenübungen.
Militärjustizbeamte.
- I. Zur Stelle eines richterlichen Militärjustizbeamten kann nur berufen werden, wer die Befähigung zu Bekleidung eines Richteramtes in einem Bundesstaate erworben hat (Militärgesetz vom 2. Mai 1874 § 7).
- II. Diejenigen Bestimmungen des Beamtengesetzes vom 31. März 1873, welche auf richterliche Militärjustizbeamte nicht Anwendung erleiden, giebt § 158 dieses Gesetzes.
- III. Die processualen Functionen und processuale Stellung der Militärjustizbeamten regeln sich nach den Bestimmungen der Militärstrafgerichtsordnung (siehe Militärwesen H).
- IV. Im Uebrigen s. Militärbeamte.

Militärkirchenordnung, dieselbe ist im Reiche nicht eingeführt (R.V. Art. 61).
Militärleistungen s. Militärwesen R.
Militärmaaße s. E.O. § 29, 2*).
Militärpapiere s. Fremdenwesen C III.
Militärpässe s. Fremdenwesen C III 3.
Militärpensionen s. Militärwesen P.
Militärpersonen im Sinne des Milit.-Strafges.-Buchs vom 20. Juni 1872, hierüber siehe § 4, § 5 und die Anlage dieses Gesetzes; wer zu den Militärpersonen des Friedensstandes gehört, hierüber s. Militärgesetz vom 2. Mai 1874 § 38 und E.O. § 5, 2; über die Verhältnisse derselben s. Militärwesen D.
Militärpflicht s. Militärwesen B.
Militärstrafrecht s. Militärwesen G, J und K.
Militärstrafproceß s. Militärwesen H, J und K.

---

*) Die speciellen Bestimmungen giebt R.O. § 5, 2 § 6, 1 § 9, 3.

Militärwesen. Nachdem auf Grund von Art. 4, 14 und Art. 61, 2 der R.V. das Militärgesetz vom 2. Mai 1874 ergangen und auf Grund von Art. 61, 1 der R.V. durch die Verordnungen vom 7. Nov. 1867, 29. Dec. 1867 und 22. Dec. 1868 die Preußische Militärgesetzgebung im Reiche eingeführt worden ist, gelten — jedoch so viel Bayern und Würtemberg betrifft, mit den sich aus den Schlußbestimmungen zum XI. und XII. Abschnitte der R.V. jct. § 72 des Militärgesetzes ergebenden Beschränkungen — über das Militärwesen zur Zeit folgende Bestimmungen:

A. Die Organisation

  I. des stehenden Heeres beruht auf Art. 63 der R.V. und § 1—8 des Militärgesetzes vom 2. Mai 1874. Zu letzterem ist zu bemerken:

    1) durch § 1, wodurch die Friedenspräsenzstärke des Heeres bis zum 31. Dec. 1881 fest normirt ist, sowie durch die in § 4, 5 gegebene Bestimmungen über Feststellung der Militärausgaben durch den Haushaltsetat des Reichs modificiren sich die hierauf bezüglichen Bestimmungen in Art. 60, Art. 62, 2 und Art. 71 der R.V. Der Kaiser bestimmt den Präsenzstand der Contingente des Heeres (R.V. Art. 63, 4), die Kriegsformation und die Zahl der jährlich einzustellenden Recruten (Ges. vom 9. Nov. 1867 § 9, Milit.-Ges. § 6, 1). Die Bestimmungen über Ermittelung des Ersatzbedarfs und über Ersatzvertheilung enthält E.O. § 50 — § 54.

    2) Zu § 5 Abs. 1 und 3 des Militärges. vom 2. Mai 1874 (Eintheilung des Reichs in Armeecorpsbezirke) s.

      a. E.O. § 1 (die Armeecorpsbezirke sind zugleich Ersatzbezirke und zerfallen in Infanteriebrigadebezirke, Landwehrbataillonsbezirke, Aushebungsbezirke und bez. Musterungsbezirke). Die sich

hieraus ergebende Eintheilung des Reichs er=
giebt Anlage 1 zur E.O.*); ferner siehe
b. E.O. § 1, 5 (die Landwehrbataillonsbezirke sind
zugleich Controlbezirke und zerfallen in Land=
wehrcompagniebezirke).
3) Zu § 6 des Militärgesetzes (Landsturm) s. unten
A III.
4) Zu § 7 (Besetzung der Stellen) s. Militär=
beamte; diejenigen Officiersstellen, welche der
Kaiser selbst besetzt, giebt R.V. Art. 64.
5) Zu § 8 (Disciplinarbestimmungen) s. unten J.
II. Die Organisation der Landwehr bestimmt der
Kaiser (R.V. Art. 63, 4); die Landwehr ist zur
Unterstützung des Heeres bestimmt und wird in
besonders formirten Truppenkörpern verwendet
(Ges. vom 9. Nov. 1867 § 5, 2). Ueber die zur
Grundlage der Landwehrorganisation dienende Ein=
theilung des Reichs s. oben A I 2.
III. Die Organisation des Landsturms bestimmt der
Kaiser (Militärgesetz vom 2. Mai 1874 § 6).
Das hier in Aussicht gestellte Ges. über den Land=
sturm ist ergangen unter dem 12. Febr. 1875.
B. Wehrpflicht.
I. Dieselbe gliedert sich nach E.O. § 5 in die Land=
sturmpflicht und Dienstpflicht, die letztere in die
Pflicht zum Dienste in der Marine und im Heere,
die letztere in die active Dienstpflicht, Reservepflicht,
Landwehrpflicht und Ersatzreservepflicht. Dagegen
sehe über den Begriff Militärpflicht E.O. § 20.
II. Ueber die Dauer der Wehrpflicht s. Ges. vom 9. Nov.
1867, auf Bayern erstreckt durch Ges. vom 24. Sept.
1871. Hierzu siehe
1) die specielleren Bestimmungen über die einzelnen
Theile der Wehrpflicht in E.O. § 4 — § 19;

---

*) Abänderungen dieser Eintheilung giebt Centr.-Bl. 1876
p. 380; die Recrutirungsbezirke dagegen enthält R.O. § 2.

2) die nachstehend unter E aufzuführenden Fälle abgekürzter und verlängerter Dienstzeit;
3) so viel die Landsturmpflicht betrifft, Ges. vom 12. Febr. 1875 (s. auch Landsturm, Anm.).

C. Ueber die Ergänzung des Heeres siehe Militärgesetz vom 2. Mai 1874 § 9 — § 37 und zu deren Ausführung den ersten Theil der Wehrordnung vom 28. Sept. 1875 (Ersatzordnung).*)

D. Die Bestimmungen für das active Heer enthält § 38 — § 49 des Militärgesetzes vom 2. Mai 1874; die hierzu ergangenen, sowie die sonstigen Bestimmungen für das active Heer siehe nachstehend unter E, G bis U (Entlassung aus dem activen Dienste, Gerichtsbarkeit, Strafrecht, Civilrecht, Eheconsens, Gewerbebetrieb, Steuern, politische Rechte, Pensionirung, Familienunterstützung, Kriegsleistungen ic.).

E. Die Bestimmungen über die Entlassung aus dem activen Dienste giebt Militärges. vom 2. Mai 1874 § 50 — § 55. Hierzu siehe
 I. im Allgemeinen die Ausführungsbestimmungen in E.O. § 81 § 82 § 13, 8 (Uebertritt zum Beurlaubtenstande bez. zum Landsturme).**)
 II. Insbesondere über die Fälle abgekürzter Dienstzeit***)

---

*) Centr.-Bl. 1875 p. 635, in militärischer Beziehung ausgeführt durch die Recrutirungsordnung vom 28. Sept. 1875 (letztere im Centr.-Bl. nicht publicirt). Im Uebrigen siehe zur Ersatzordnung oben Anmerkung zu A I 2 a (Abänderung der Landwehrbezirkseintheilung), Freiwillige II. Anmerkung (Verzeichniß der zur Ausstellung gültiger Zeugnisse berechtigten Prüfungsanstalten) und Kirche D III 1 Anm. (Militärbefreiung der Theologen).

**) Ausführungsbestimmungen hierzu giebt R.O. § 13.

***) Ausführungsbestimmungen über abgekürzte Dienstzeit giebt R.O. § 13 No. 2—4 (Volksschullehrer, Schulamtscandidaten, Trainsoldaten, Krankenwärter betr.), R.O. § 14 (Entlassung vor beendigter Dienstpflicht durch Beurlaubung zur Disposition oder zur Reserve, durch Entlassung auf Reclamation oder zur Disposition), R.O. § 15 (Entlassung wegen Dienstunbrauchbarkeit).

f. C.O. § 12, 1 (kürzere Dienstzeit der 4jährigen Freiwilligen der Cavallerie in der Landwehr), C.O. § 9 (kürzere active Dienstzeit der Volksschullehrer und Candidaten des Volksschulamtes), ferner unter Disposition (zur Disposition der Ersatzbehörden bez. der Truppentheile Entlassene, bez. Beurlaubte).
III. Ueber die Fälle verlängerter Dienstzeit*) f. C.O. § 8, 2 (in die II. Classe des Soldatenstandes versetzte Freiwillige).
F. Die Bestimmungen über den Beurlaubtenstand und die Ersatzreserve I. Classe enthält Milit.-Ges. vom 2. Mai 1874 § 56 — § 70. Hierzu siehe Ges. vom 15. Febr. 1875, die Ausübung der militärischen Controle über die Personen des Beurlaubtenstandes, die Uebungen derselben, sowie die gegen sie zulässigen Disciplinarstrafmittel betr., und in Ausführung dieser Bestimmungen Wehrordnung vom 28. Sept. 1875, zweiter Theil (Control-Ordnung).**) Sonstige Bestimmungen über die Personen des Beurlaubtenstandes siehe nachstehend unter G bis M (Gerichtsbarkeit, Straf- und Civilrecht, Eheconsens, Gewerbebetrieb), insbesondere G II, H II, J II und III, L II 2, ferner O II (Vereins- und Versammlungsrecht), P, insbes. Ges. vom 27. Juni 1871 § 8 § 18, 2 § 20, 2 (Pensionen), endlich Q II (Familienunterstützung).
G. Das Militärstrafrecht enthält das mittelst Gesetzes vom 20. Juni 1872 eingeführte Militär-Strafgesetzbuch für das deutsche Reich nebst Anlage, letztere das Verzeichniß der zum deutschen Heere und der kaiser-

---

*) Ausführungsbestimmungen über die verlängerte Dienstzeit giebt R.O. § 13 No. 5—8 (Studirende des medicinisch-chirurgischen Friedrich Wilhelm-Instituts, Eleven der Militärroßarztschule, Schüler von Unterofficiersschulen).
**) In militärischer Beziehung ergänzt durch die Landwehrordnung vom 28. Sept. 1875 (im Centr.-Bl. nicht publicirt). Zu § 1, 5 der C.O. (Controlbezirke) siehe oben A I a Anmerkung.

lichen Marine gehörigen Militärpersonen enthaltend. Inwieweit

I. neben den Bestimmungen des Militär-Strafgesetzbuchs die Bestimmungen des St.G.B. in Anwendung kommen, hierüber siehe Milit.-Strafges.-Buch § 2, § 3 und St.G.B. § 10.
II. Inwieweit das Milit.-Strafges.-Buch auf Personen des Beurlaubtenstandes Anwendung erleidet, darüber s. Milit.-Strafges.-Buch § 6 § 10, 2; über die Anwendung des Milit.-Strafges.-Buchs auf beurlaubte Recruten siehe E.O. § 79, 3 Abs. 1 und 3, auf den Landsturm Ges. vom 12. Febr. 1875 § 4.
III. Inwieweit gewisse Vergehen des Milit.-Strafges.-Buchs sowohl als auch sonstige Zuwiderhandlungen im Disciplinarwege zu bestrafen sind, siehe nachstehend unter J.
IV. Strafbestimmungen für Personen, welche den Militärgesetzen nur im Kriege unterworfen sind, enthält Milit.-Strafges.-Buch § 155 — § 161.
V. Diejenigen Verbrechen des St.G.B., die, wenn in einem in Kriegszustand erklärten Theile des Bundesgebietes oder während des Krieges auf dem Kriegsschauplatze begangen, mit dem Tode bestraft werden, giebt § 4 des Einführungsgesetzes vom 31. Mai 1870 (s. auch Kriegszustand).
VI. Diejenigen Fälle, in welchen die Kriegsgesetze, d. i. die im Milit.-Strafges.-Buche für strafbare Handlungen im Felde gegebenen Vorschriften Anwendung erleiden, giebt Milit.-Strafges.-Buch § 9.
VII. Die sog. Kriegsartikel*) verfolgen den Zweck, Unterofficiere und Soldaten mit den ihnen obliegenden Pflichten, den bei Pflichtverletzungen zu gewärtigenden Strafen und den bei treuer Pflicht-

---

*) Die Kriegsartikel sind vor Vereidung der Recruten zu verlesen (R.O. § 12, 2).

Militärwesen.

erfüllung zu erwartenden Belohnungen im Allgemeinen bekannt zu machen und sind als Anhang zu den Strafgesetzen publicirt durch B.O. vom 29. Dec. 1867.

VIII. Druckfehlerberichtigungen zum Milit.=Strafges.=Buche, und zwar
  1) zu § 95 siehe im Ges.=Bl. 1873 p. 138,
  2) zu § 141 und § 158 siehe im Ges.=Bl. 1872 p. 288.

H. **Militärstrafproceß.** Auf Grund von Art. 61 der R.V. ist durch Verordnung vom 29. Dec. 1867 die Strafgerichtsordnung für das preußische Heer vom 3. April 1845 nebst Beilagen (Classification der Militärpersonen, Vorschriften für Feststellung des Thatbestandes verübter Verbrechen, Strafproceßtaxe) im Reiche eingeführt. Inwieweit

I. auch für Militärpersonen der Civilgerichtsstand aufrecht erhalten bleibe, siehe Strafgerichtsordnung § 3. Die Geldbußen der Civilbehörden sind von der Militärbehörde einzuziehen und im Unvermögensfalle zu verwandeln und zu vollstrecken; Näheres hierüber, insbes. über die Strafverwandlung giebt Strafgerichtsordnung § 269 — § 272.

II. Inwieweit auch für den Beurlaubtenstand der Militärgerichtsstand gilt, siehe Strafgerichtsordnung § 6 — § 8; inwieweit dieß beim Landsturme der Fall, siehe Ges. vom 12. Febr. 1875 § 4.

III. Inwieweit für Disciplinarbestrafung ein besonderes Verfahren stattfindet, siehe nachstehend unter J.

IV. Inwieweit auch Civilpersonen dem Militärgerichtsstande unterworfen sind, siehe Strafgerichtsordnung § 18 (Bestimmungen für Kriegszeiten) in Verbindung mit Ges. vom 4. Juni 1851[*] über den Belagerungszustand § 10 ff.

V. Inwieweit, und zwar auch außer dem Falle er-

---

[*] Von Reichswegen nicht publicirt.

klärten Kriegszustandes, das Militär zum Waffen=
gebrauche berechtigt ist, bestimmt das preußische
Ges. vom 20. März 1837; die Vorschriften für
Wachen in Hinsicht auf die von ihnen vorzunehmen=
den vorläufigen Ergreifungen und förmlichen Ver=
haftungen enthält die preußische Instruction vom
27. Juli 1850; Ausführungsbestimmungen über
den Waffengebrauch giebt die preußische Instruc=
tion vom 4. Juni 1863.*)

VI. Ueber die Organisation der Militärgerichte in
Kriegszeiten s. Strafgerichtsordnung § 25; über
die nach Erklärung des Kriegszustandes zu bilden=
den Kriegsgerichte siehe § 10 des preußischen Ge=
setzes vom 9. Juni 1851.

VII. Ueber die Ehrengerichte der Officiere im preußischen
Heere ist die Verordnung vom 2. Mai 1874**)
ergangen.

J. Die Vorschriften über Handhabung der Disciplin im
Heere bestimmt der Kaiser (Militärges. vom 2. Mai
1874 § 3). Auf Grund dieser Bestimmung ist die
Disciplinargerichtsordnung für das Heer vom 31. Oct.
1872***) ergangen.

  I. Diejenigen Zuwiderhandlungen, welche der Disci=
plinarbestrafung unterliegen, enthält § 1 dieser
Verordnung.

  II. Inwieweit eine Disciplinarbestrafung des Beur=
laubtenstandes stattfindet, siehe § 23 ff. dieser Ver=
ordnung und C.O. § 14.

  III. Ueber die zulässigen Disciplinarstrafmittel siehe
Einführungsgesetze vom 20. Juni 1872 § 3 in
Verbindung mit § 3, § 4 der Disciplinargerichts=
ordnung, und soviel den Beurlaubtenstand betrifft
C.O. § 14.

---

*) Sämmtliche hier aufgeführte kgl. preußische Bestimmun=
gen sind von Reichswegen nicht publicirt.
**) Zufolge C.O. § 27, 4.
***) Publicirt im Armee-Verordnungsblatte 1872 p. 831.

Militärwesen.

IV. Das Defectverfahren für Reichsbeamte gilt nach Ges. vom 31. März 1873 § 157 auch für Personen des Soldatenstandes.

K. Die Bestrafung von Uebertretungen der Polizei- und Finanzgesetze, bez. von Jagd- und Fischereiverordnungen steht den Civilbehörden zu, wenn die Contravention im Gesetze nur mit Geld oder Confiscation bedroht ist (Strafgerichtsordnung vom 3. April 1845 § 3).

L. Civilrechtliche und civilprocessuale Bestimmungen

I. für das active Heer bez. für Militärpersonen des Friedensstandes enthält das Militärges. vom 2. Mai 1874 in § 39, § 40, § 41, § 42, § 44 und 45 (Ausschluß des besonderen Militärgerichtsstandes für Civilsachen, allgemeiner Gerichtsstand des Gerichts am Garnisonorte, Ausnahmen von beiden Grundsätzen, Erforderniß der Genehmigung zur Eheschließung und zu Uebernahme von Vormundschaften, Ablehnungsgründe für letztere, Aufhebung der Beschränkungen hinsichtlich der auf Grundstücke bezüglichen Rechtsgeschäfte, privilegirte Testamente, Beschränkungen der Zwangsvollstreckung).

II. Soviel insbesondere den Eheconsens betrifft, so bedürfen

1) Militärpersonen des Friedensstandes zur Verheirathung der Genehmigung ihrer Vorgesetzten (Milit.-Ges. vom 2. Mai 1874 § 40).

2) Personen des Beurlaubtenstandes sind rücksichtlich der Verheirathung keiner Beschränkung unterworfen (C.O. § 7, 9), jedoch bedürfen beurlaubte Recruten und Freiwillige der Genehmigung des Landwehrbezirkscommandeurs (C.O. § 79, 3 Abs. 2, Militär-Ges. vom 2. Mai 1874 § 60, 4).

3) Auf Zurückstellung können durch Verheirathung Militärpflichtiger keine Ansprüche begründet werden (C.O. § 30, 3).

4) Verheirathung ohne die erforderliche Genehmigung ist strafbar, auf die Rechtsgültigkeit der Ehe ist der Mangel der Genehmigung jedoch ohne Einfluß (Militär-Strafges.-Buch vom 20. Juni 1872 § 150).

5) Durch die Bestimmungen über die Civilehe ist an dem Erfordernisse der dienstlichen Genehmigung Nichts geändert (Ges. vom 6. Febr. 1875 § 38).

M. Ueber den Gewerbebetrieb der Militärpersonen f. Gewerbewesen A III 2 a.

N. Inwieweit Militärpersonen zu Steuern und Abgaben, und zwar
  I. zu Staatssteuern herbeizuziehen sind, bestimmt Militärges. vom 2. Mai 1874 § 46, § 48.
  II. Inwieweit eine Herbeiziehung zu Communalauflagen stattfindet, bestimmt die durch Verordnung vom 22. Dec. 1868 publicirte preußische Verordnung vom 23. Sept. 1867.
  III. Wegen Uebertretung von Steuervorschriften durch Militärpersonen f. oben K.

O. Das Wahlrecht für den Reichstag und die Landesvertretungen, ingleichen das Recht an Vereinen und Versammlungen Theil zu nehmen, ruht für active Militärpersonen, soviel das Wahlrecht betrifft, jedoch mit Ausnahme der Militärbeamten (Militärges. vom 2. Mai 1874 § 49). Hierzu siehe
  I. soviel das Wahlrecht anlangt, die entsprechende Bestimmung in § 2 des Wahlgesetzes vom 31. Mai 1869,
  II. soviel das Vereins- und Versammlungsrecht betrifft, die in § 101, § 113 des Milit.-Strafges.-Buches vom 20. Juni 1872 für unbefugte Versammlungen von Personen des Soldatenstandes festgesetzten Strafen.

P. Ueber Pensionirung und Versorgung der Militärpersonen des Reichsheeres und der Marine, sowie

die Bewilligungen für Hinterbliebene derselben gilt das Ges. vom 27. Juni 1871*). Hierzu siehe
I. Ges. vom 4. Apr. 1874 § 1 — § 17 (Abänderungen und Ergänzungen zu den §§ 10. 14. 16. 31. 39. 37. 48—55. 58. 75. 81—85. 98. 103. 107. 112 des Gesetzes vom 27. Juni 1871)*).
II. Ges. vom 4. April 1874 § 18 — § 24*) (Bestimmungen darüber, inwieweit dem Gesetz vom 27. Juni 1871 rückwirkende Kraft beizulegen, Vorbehalt der im einzelnen Falle vom Kaiser zu treffenden Entschließung darüber, wer als Theilnehmer am Kriege zu betrachten sei, Ueberweisung der infolge des Feldzuges 1870/71 erwachsenen Ausgaben auf den Reichsinvalidenfond); über letzteren Fond siehe Reichsfinanzen E III.
III. Die Einführung vorstehender beider Gesetze von 1871 u. 1874 in Els.-Lothringen ist erfolgt durch Ges. v. 8. Febr. 1875; über die Pensionsverhältnisse der früher französischen Militärpersonen siehe Zusatzconvention v. 11. Dec. 1871 (Ges.-Bl. 1872 p. 7 Art. 2).
IV. Ueber die Pensionirung der Angehörigen der schleswig-holsteinschen Armee und ihrer Hinterbliebenen siehe Ges. vom 3. März 1870 (die unteren Classen betr.) und Ges. vom 14. Juni 1868 (Officiere und Militärbeamte betr.).
V. Ueber den Verlust des Versorgungsanspruchs als Folge der Versetzung in die 2. Classe des Soldatenstandes s. Milit.-Str.-Ges.-B. v. 20. Juni 1872 § 39.
VI. Ueber die Begünstigungen in Bezug auf die Besteuerung der Hinterbliebenen s. Militärges. vom 2. Mai 1874 § 48.

---

*) Bestimmungen zu Ausführung von § 101 — § 108 des Ges. vom 27. Juni 1871 sowie von § 15, § 16, § 12 des Gesetzes vom 4. April 1874 (Pensionsverhältnisse während des Civildienstes von Militärpensionären) publicirt Centr.-Bl. 1875 p. 142. — Zu § 23, § 60 des Gesetzes vom 27. Juni 1871 siehe Kriegsjahre, Anmerk.

VII. Ueber Anrechnung der Militärdienstzeit bei Berechnung der Dienstzeit der Reichsbeamten s. **Civildienst II.**

Q. Ueber Unterstützung von Familien

I. activer Officiere, Militärbeamter und Mannschaften, solange sie nach eingetretenem Kriegszustande von ihren Ehemännern und Vätern getrennt leben müssen, siehe das durch Erl. vom 13. Aug. 1855 genehmigte diesfallsige Reglement vom 26. Juli 1855 nebst Beilagen und den hierzu ergangenen Bestimmungen vom 26. April 1859, 6. Mai 1864, 3. Juni 1864, 28. Juni 1864, 26. Juli 1864 und 11. Sept. 1871*).

II. Ueber die Unterstützung bedürftiger Familien einberufener Reserve- und Landwehrmannschaften gilt nach Verordnung vom 7. Nov. 1867 unter 5 das preußische Ges. vom 27. Febr. 1850, auf die Ersatzreserve erstreckt durch das Ges. vom 8. April 1868; letzteres Gesetz ist als Reichsgesetz in Baden eingeführt durch Ges. vom 22. Nov. 1871 p. 399.

R. Militärleistungen

I. im Kriege, hierüber gilt das Ges. vom 13. Juni 1873 mit Ausf.-Verordnung vom 1. April 1876. Für die innerhalb des vormaligen norddeutschen Bundes aus Anlaß des Krieges gegen Frankreich ohne gesetzlichen Anspruch auf Entschädigung erfolgten Kriegsleistungen ist den Gemeinden auf Grund des Gesetzes vom 23. Febr. 1874 Vergütung gewährt worden.

II. Im Frieden gilt

1) für Naturalleistungen überhaupt das Ges. vom 13. Febr. 1875 mit Instruction vom 2. Sept. 1875**),

---

*) Sämmtlich von Reichswegen nicht publicirt.
**) Die Classeneintheilung der Vergütungssätze für Vorspann, sowie das Verzeichniß der für die einzelnen Lieferungs-

Militärwesen.   125

2) speciell für Quartierleistungen gilt das Gesetz vom 25. Juni 1868, auf Baden erstreckt durch Ges. vom 23. Nov. 1871, auf Bayern und Würtemberg durch die Gesetze vom 9. Febr. 1875 (p. 41, p. 48). Ausführungsbestimmungen zum Ges. vom 25. Juni 1868 enthält

a) die Instruction vom 31. Dec. 1868 (Ges.-Bl. 1869 p. 1); eine Abänderung zu § 15 Abs. 3 derselben publicirt Erlaß vom 13. Sept. 1870, insofern Servisliquidationen künftig bei der Intendantur der mit Einquartierung belegten Ortschaft, nicht der einquartierten Truppe einzureichen sind.

b) Weitere Ausführungsbestimmungen des Gesetzes vom 25. Juni 1868 enthalten die Anlagen dieses Gesetzes, bestehend in dem Regulative für die Einquartierungsbefugnisse der bewaffneten Macht, dem Servistarife und der Classeneintheilung der Orte; die letztere hat Abänderungen erfahren durch Erlaß vom 26. April 1869 (Dom Kietz, Wandsbeck und Festung Königstein betr.).

S. Ueber die Tagegelder und Reisekosten der Personen des Soldatenstandes des preußischen Heeres bestimmt Verordnung vom 15. Juli 1873*).

T. Ueber die Militärbildungsanstalten**) s. E.O. § 10***)

---

verbände festgestellten Vergütungssätze publicirt Armee-Verordnungsblatt 1875 p. 166.
  *) Publicirt im Centr.-Bl. 1873 p. 248.
  **) Die einzelnen Militärbildungsanstalten betr., siehe Armee-Verordnungsblatt 1875 p. 258 (Bestimmungen für die Aufnahmeprüfung der Militärakademie), Beilage zu No. 7 des Armee-Ver.-Bl. von 1873 mit Abänderung auf p. 250 des Jahrgangs von 1875 (Bestimmungen über die Organisation und den Dienstbetrieb der Kriegsschulen), Armee-Ver.-Bl. 1875 p. 274 (Bestimmungen über die Aufnahme in die preußischen Unterofficiersschulen).
  ***) Die hier vorbehaltenen Ausführungsbestimmungen enthält R.O. § 13, 7.

(verlängerte Dienstzeit der ehemaligen Zöglinge derselben) E.O. § 86 (freiwilliger Eintritt in die Officierschulen), E.O. § 90, 5 (der einjährige Besuch der 2. Classe des Cadettencorps genügt zum Nachweise der wissenschaftlichen Befähigung für den Freiwilligen-Dienst)*).

U. Siehe auch Wohnungsgeldzuschüsse, Orden (Kriegsdenkmünze), Kirche D I (Militärkirchenordnung).

Mineralöle f. entzündliche Stoffe.

Mineralproducte, Maaße für dieselben f. Maaße und Gewichte E I 3 und D II.

Mobilmachungspferde, über Beschaffung derselben gilt Ges. vom 13. Juni 1873 § 25 — § 27 und Ausf.-Verordnung vom 1. April 1876 No. 13; das Verfahren bezüglich der Gestellung und Aushebung der Pferde wird nach § 27 obigen Gesetzes von den einzelnen Bundesstaaten geregelt.

Modelle, über deren Schutz f. Urheberrecht II 3.

Montirungsstücke, unbefugter Ankauf derselben ist nach St.G.B. § 370 3, strafbar.

Mortification, f. Amortisation.

Most, über dessen Besteuerung f. Zollwesen B III, B IV.

Mühlen, f. Flüsse B (Stauanlagen), auch Mahlsteuer, Mahlzwang.

Münzgewichte f. Maaße und Gewichte C.

Münzwesen. Die Ordnung des Münzsystems unterliegt nach Art. 4, 3 der R.V. der Reichscompetenz. Auf Grund dieser Bestimmung ist

A. unter dem 4. Dec. 1871 das Gesetz betreffend die Ausprägung von Reichsgoldmünzen ergangen.

  I. Die Einführung der Bezeichnung Krone und Doppelkrone für die nach § 1, § 3 dieses Gesetzes auszuprägenden 10- und 20-Markstücke ist erfolgt durch Erl. vom 17. Febr. 1875. Zu diesen beiden

---

*) Ueber die für die Bildungsanstalten zu stellenden Recruten (Oekonomiehandwerker) f. R.O. § 1, 4 § 2, 7 § 12, 3.

Gattungen von Reichsgoldmünzen kommen nach Art. 2 des Gesetzes vom 9. Juli 1873 die 5=Markstücke.

II. Zu § 12 des Gesetzes (Goldmünzgewichte) siehe Maaße und Gewichte C.

III. Im Uebrigen siehe die in den Artikeln 1, 2, 9, 10, 12, 14, 16, 17 des Münzgesetzes vom 9. Juli 1873 (s. nachstehend unter B) enthaltenen Bestimmungen über Goldmünzen.

B. Die Einführung der Goldwährung als Reichswährung, der Mark als Rechnungseinheit, sowie die weitere Regelung des Münzwesens ist erfolgt durch Ges. vom 9. Juli 1873. Dasselbe ist mit Modificationen auf Els.=Lothringen erstreckt durch Ges. vom 15. Nov. 1874. Im Einzelnen siehe

I. zu Art. 1 und 2 die vorstehend unter A aufgeführten Bestimmungen über Goldmünzen. Der in Art. 1, 2 vorbehaltene Zeitpunkt des Inkrafttretens der Reichswährung ist durch Verordnung vom 22. Sept. 1875 auf 1. Jan. 1876 festgesetzt worden.

II. Zu Art. 9, 2: Ueber die Bedingungen, unter welchen die Reichsbank Reichsgoldmünzen gegen andere Münzen umtauscht, siehe Bek. vom 19. Dec. 1875.*)

III. Zu Art. 10 (Einziehung abgenutzter Reichsmünzen) siehe die analogen Bestimmungen in § 9 des Gesetzes vom 4. Dec. 1871.**)

IV. Zu Art. 12 siehe über die Bedingungen für Ausprägung von Goldmünzen auf Privatrechnung Bek. vom 8. Juni 1875.***)

V. Zu Art. 15 (Bezeichnung der annoch anzunehmen-

---

*) Centr.-Bl. 1875 p. 802.
**) Ueber die Behandlung der bei den Reichs- und Landescassen eingehenden nachgemachten, verfälschten oder nicht mehr umlaufsfähigen Reichsmünzen siehe Centr.-Bl. 1876 p. 260.
***) Centr.-Bl. 1875 p. 349.

den Münzen) siehe Ges. vom 6. Jan. 1876, wonach der Bundesrath bestimmen darf, daß auch 1-Thalerstücke bis zur Außerkurssetzung nur noch als Reichssilbermünzen in Zahlung anzunehmen sind.

VI. Zu Art. 18 siehe **Bankwesen I 2** und **Papiergeld**.

VII. Die Strafbestimmungen für unbefugte Anfertigung, Verabfolgung bez. für den unbefugten Gebrauch von Stempeln, Formen 2c. zur Anfertigung von Geld, ferner für Anfertigung oder Verbreitung von papiergeldähnlichen Abbildungen oder der Stempel und Formen dazu siehe St.G.B. § 360, 4—6.

Musikalien, Vervielfältigungen derselben fallen unter das Preßgesetz (Preßgesetz vom 7. Mai 1874 § 2).

Musikalisches Eigenthum s. **Urheberrecht I**.

Musikaufführungen im Umherziehen ohne höheres Kunstinteresse s. **Schaustellungen**.

Müssiggänger s. **Armenwesen B**.

Musterregister und

Musterschutz s. **Urheberrecht II** und **II 3**.

Mustersendungen, s. **Postordnung § 15***)

Musterung

I. der Militärpflichtigen, hierüber s. E.O. § 62 ff.**) (im Frieden), E.O. § 97, § 98 (im Kriege), § 74, § 75 (Schiffermusterung).

II. Beschaffung von Mobilmachungspferden, s. **Mobilmachungspferde**.

III. Ueber die Seemusterung s. Seemannsordnung vom 27. Dec. 1872 § 4, 2 § 5 ff. und hierzu **Seewesen A II 4**; Vorschriften über die Anmusterung mit Rücksicht auf die Militärpflicht bez. Wehrpflicht

---

*) Centr.-Bl. 1875 p. 12 und dazu **Postwesen B I 2** Anm. 5.

**) Ausführungsbestimmungen hierzu giebt R.O. § 1—§ 10.

giebt C.O. § 15, 5 (Anmusterung befreit im Frie=
ben von der Militärpflicht), C.O. § 3, 2 § 4, 4
(Beschränkung der Anmusterung vor und nach eingetretener Militärpflicht), § 7, 10 § 10, 7 (Con-
trolvorschriften für angemusterte Mannschaften des
Beurlaubtenstandes).

Musterungsbezirke f. C.O., § 1, 4 § 59, 1 und dazu Militärwesen A I 2a Anm.

Nachdruck f. Urheberrecht I.

Nachersatz f. C.O. § 72, 5 § 76 § 75, 4.

Nachtruhe, Störung derselben wird nach St.G.B. § 360, 11 bestraft.

Namen.
1) Die Eintragung eines Geburtsfalles in das Standes=
   register hat die Vornamen des Kindes, Vor= und
   Familiennamen der Eltern zu enthalten (Ges. vom
   6. Febr. 1875 § 22 Abs. 1 No. 4 und 5); die
   Vornamen des Kindes sind spätestens binnen 2 Mo-
   naten nach der Geburt anzuzeigen (eod. § 22, 3);
   Unterlassung der Anzeige ist strafbar (eod. § 68);
   über Eintragung der Anerkennung eines unehelichen
   Kindes, ingleichen über die Eintragung der Adoption
   und Legitimation f. eod. § 25, § 26.*)
2) In der Stammrolle sind außereheliche Kinder mit
   dem Namen der Mutter aufzuführen (C.O. § 45, 2).
3) Der Gebrauch falscher Namen gegenüber dem zustän=
   digen Beamten wird nach St.G.B. § 360, 8 bestraft.

Nationallisten der Recruten, dieselben sind von den Land=
wehrbezirkscommandos aufzustellen.**)

Naturalisation begründet die Staatsangehörigkeit (Ges.

---

*) Hierzu allenthalben stehe die Ausführungsbestimmungen der Verordnung vom 22. Juni 1875 (Centr.=Bl. 1875 p. 386) § 7 A (Eintragsschema), § 10 (Controle über die nachträglich zu machenden Anzeigen der Vornamen).

**) Näheres hierüber giebt R.O. § 11, 4 § 11, 6.

vom 1. Juni 1870 § 2, 5 § 6 — § 12 und dazu Staatsangehörigkeit A II).

Naturalleistungen, s. Militärwesen R I (im Kriege) R II (im Frieden).

Naturalquartier
1) im Kriege, hierüber siehe Ges. vom 13. Juni 1873 § 3, 1 § 9, 1 und Ausf.-Verordnung vom 1. April 1876 No. 2,
2) im Frieden s. Militärwesen R II 2.

Naturalverpflegung
1) im Kriege s. Ges. vom 13. Juni 1873 § 3, 2 § 10, Ausf.-Verordnung vom 1. April 1876 No. 3,
2) im Frieden s. Ges. vom 13. Febr. 1875 § 2, 2 § 9, 2 und Instruction vom 2. Sept. 1875 No. 2 und 6 und dazu Militärwesen R III 1.

Nebenregister der Standesbeamten, hierüber s. Ges. vom 6. Febr. 1875 § 14, § 15.*)

Nebenzollämter s. Zollwesen C VI.

Nettogewicht s. Zollwesen A XL.

Niederlagen s. Zollwesen A XVIII und wegen der Niederlagsabgaben Zollwesen A III 2.

Niederlassungsverhältnisse, die Bestimmungen hierüber unterliegen der Reichscompetenz (R.V. Art. 4, 1); die hierüber ergangenen Bestimmungen s. unter Freizügigkeit; für Bayern gilt zwar das Freizügigkeitsgesetz nach Ges. vom 22. April 1871 § 2, I 3 ebenfalls, nicht aber obige Reichscompetenz.

Niveauübergänge, hierüber siehe Bahnpolizei-Reglement § 4, § 5 No. 6 und 7.**)

Normale s. Eichordnung vom 16. Juli 1869 §49—§66.

Normaleichungscommission s. Maaße und Gewichte E.

Normalprofil des lichten Raumes der Eisenbahnen s. Bahnpolizei=Reglement § 2.***)

---

*) Das Schema des Beglaubigungsvermerks giebt § 2 der Ausf.-Verordnung vom 22. Juni 1875 (Centr.-Bl. 1875 p. 386).
**) Centr.-Bl. 1875 p. 58.
***) Centr.-Bl. 1875 p. 57.

Notare s. Advocaten; die Bundesconsuln sind innerhalb ihres Bezirks Notare (Ges. vom 8. Nov. 1867 § 16).

Notenausgabe die Befugniß dazu kann nur durch Reichsgesetz erworben werden (s. Papiergeld).

Notenbanken s. Bankwesen.

Notensteuer s. Bankges. vom 19. März 1875 § 9, § 10.

Obduction s. Aufhebung.

Oberersatzcommission s. E.O. § 2, 1 § 2, 4.

Oberhandelsgericht s. Reichs=Oberhandelsgericht.

Oberinspectoren s. Zollwesen C VI.

Oberpostdirectionen s. Postwesen B IV 2.

Oekonomiehandwerker, über deren Aushebung s. E.O. § 29, 2.*)

Officiere.
  I. Active Officiere, hierüber s. R.V. Art. 63, Art. 64, Art. 65 und Militärges. vom 2. Mai 1874 § 7 (Qualificationsbedingungen, Ernennung, Fahneneid), R.V. Abschnitt XI (besondere Bestimmungen für Bayern und Würtemberg), R.V. Art. 53 (Ernennung der Officiere der Marine), Militärges. vom 2. Mai 1874 § 4 (Benennung der einzelnen Chargen). Die Officiere des Friedensstandes gehören zu den Militärpersonen des Friedensstandes (Militärges. vom 2. Mai 1874 § 38), siehe daher Militärwesen D.

  II. Ueber die Officiere des Beurlaubtenstandes siehe zunächst die bei Militärwesen F aufgeführten Bestimmungen über den Beurlaubtenstand überhaupt, insbesondere aber E.O. § 5, 4 (Zugehörigkeit zum Beurlaubtenstande), § 7, 3 (Urlaub), § 7, 4 und 5 (Verabschiedung, Entlassung aus der Staatsangehörigkeit), § 7, 6 (Auswanderung ohne Consens), § 10, 9

---

*) Näheres hierüber giebt R.O. § 6, § 1, 4.

(Meldepflicht), § 12, 6—9 und 12 (Uebungen), § 13, 7 (Diensteinkommen bei Einberufung).*)

III. Ueber die Officiere zur Disposition s. Disposition III.

Olympia, siehe den Vertrag wegen der Vornahme archäologischer Aushebungen daselbst vom 13/25. April 1874 (p. 241 des Ges.-Blattes von 1875).

Orden (geistliche), siehe Jesuitenorden.

Orden und Ehrenzeichen.
  I. Einzelne Orden:
  1) Das Statut, die Stiftung der Kriegsdenkmünze für den Feldzug 1870/1871 betr., publicirt der Erlaß vom 20. Mai 1871; hierzu siehe zwei Erlasse vom 22. Mai 1871 (die Verleihung der Kriegsdenkmünze an Nichtcombattanten betr.) und Erlaß vom 14. März 1872 (Verleihung derselben an Combattanten der Marine betr.). Ueber die Herstellungskosten der Kriegsdenkmünze bestimmt das Ges. vom 24. Mai 1871.
  2) S. ferner Landwehrdienstauszeichnung.
  II. Allgemeine Bestimmungen: St.G.B. § 360, 8 (Strafe für unbefugtes Tragen von Orden), Beamtengesetz vom 31. März 1873 § 15 (Reichsbeamte bedürfen zur Annahme der Genehmigung des Kaisers), Milit.-Strafges.-Buch vom 20. Juni 1872 § 32, § 33, § 39, § 42 und St.G.B. § 33 (Verlust der Orden als Ehrenstrafe).

Ortsabgaben s. Gemeindewesen D.
Ortsangehörigkeit s. Gemeindewesen A.
Ortsarmenverbände s. Armenverbände.
Ortsstatuten s. Gemeindewesen E.
Ostbahn s. Friedensvertrag I.

Packetporto s. Postwesen B III 2.

---

*) Hierzu allenthalben siehe die Ausführungsbestimmungen in L.O. § 21 — § 29 § 17, 5 § 18, 4 § 20, 3—5.

Packetsendungen s. Güterbeförderung.

Papiergeld. Die Feststellung der Grundsätze über Emission von fundirtem und unfundirtem Papiergelde unterliegt der Reichscompetenz (R.V. Art. 4, 3). Auf Grund dieser Bestimmung, sowie der im Gesetze vom 16. Juni 1870 und Art. 18 des Münzgesetzes vom 9. Juli 1873 getroffenen Uebergangsbestimmungen ist diese Feststellung erfolgt

A. im Allgemeinen durch § 8 des Gesetzes vom 30. April 1874 (Ausgabe oder Gestattung der Ausgabe von Papiergeld durch einzelne Bundesstaaten setzt ein Reichsgesetz voraus),

B. speciell für die Ausgabe von Banknoten und desjenigen Staatspapiergeldes, dessen Ausgabe einem Bankinstitute zur Verstärkung seiner Betriebsmittel übertragen wird, durch Bankges. vom 14. März 1875 § 1 ff. (Banken überhaupt betr.), § 16 ff. (insbesondere die Reichsbank betr.).

C. Für Staatspapiergeld ist diese Feststellung erfolgt durch Ges. vom 30. April 1874, über die Ausgabe von Reichscassenscheinen.*)

D. Uebertretungen in Bezug auf Papiergeld s. **Münzwesen B VII.**

Passagiergepäck s. **Güterbeförderung, Maaße und Gewichte E I 5 und D II.**

Passirgewicht der Reichsgoldmünzen, hierüber s. Ges. vom 4. Dec. 1871 § 9 (Begriff), Ges. vom 9. Juli 1873 Art. 2 (Bestimmung für 5-Markstücke).

Paßwesen s. **Fremdenwesen C.**

Patente der Officiere und Aerzte, s. **C.O. § 6, 3.**

Patentschutz s. **Erfindungspatente.**

Pensionirung s. **Militärwesen P** (Militärpersonen betr.), Reichsbeamte D, insbesondere Beamtengesetz vom

---

*) Die Beschreibung derselben giebt Centr.-Bl. 1875 p. 48; Bestimmungen über den Umtausch beschädigter oder unbrauchbar gewordener Scheine enthält Centr.-Bl. von 1876 p. 296.

31. März 1873 § 34 — § 71 § 75, 2 § 149 — § 153 § 6 § 19 (Reichsbeamte betr.).

Personenbeförderung
1) mit Post s. Postordnung § 45 ff.*)
2) mit Bahn s. Bahn-Betriebs-Reglement**) § 7 — § 23.

Personenstand. Ueber dessen Beurkundung bestimmt das Ges. vom 6. Febr. 1875. Dasselbe enthält
A. allgemeine Bestimmungen in § 1 — § 16 (Standesbeamte, Standesregister, Standesamtsbezirke), § 61 bis § 64 (Beurkundung des Personenstandes auf der See, s. auch Seewesen C II), § 65, § 66 (Berichtigung der Standesregister), § 68 (Strafbestimmung für unterlassene Anzeige, Strafandrohung der Standesbeamten), § 70 (Casse, welcher die Strafen und Gebühren zufallen), § 71 (Vorbehalt besonderer Bestimmungen für das Militär), § 72 (Standesbeamte der landesherrlichen Familien), § 73 (Beweiskraft der Zeugnisse der bisherigen Kirchenbuchführer), § 74, 1 (Entschädigung an Geistliche aus Anlaß dieses Gesetzes, fortdauernde Anzeigepflicht der bisher Verpflichteten), § 75 (Bestimmungen für die Grenzpfarreien), § 79, § 81 (Einführungsbestimmungen), § 82 (Fortbestehen der kirchlichen Verpflichtung), § 83 — § 84 (Vorbehalt besonderer Ausführungsbestimmungen)***), § 85 (Bestimmungen für Reichsangehörige im Auslande s. auch Consulatwesen B III), C.O. § 45 No. 7—10 (Vorschriften für Standesbeamte mit Rücksicht auf das Militärersatzwesen).
B. Zu den speciellen Bestimmungen § 17 — § 60, § 67, § 69, § 77, § 78, § 80 s. Geburten, Ehe, Sterbefälle.

---

*) Centr.-Bl. 1875 p. 30.
**) Centr.-Bl. 1874 p. 179.
***) Diese Ausführungsbestimmungen enthält die Verordnung vom 22. Juni 1875 (Centr.-Bl. 1875, p. 386) § 1 — § 12 und § 15 (Register-Formulare, Eintragsschemata ꝛc. betr.).

Pfandleiher s. Gewerbewesen B III 2.
Pferde, Lieferung derselben für den Armeebedarf, s. Mobilmachungspferde.
Pflastergeld, Unzulässigkeit desselben, s. Zollwesen A III 2 b.
Pflichtexemplare s. Preßgesetz vom 7. Mai 1874 § 9 (deren Lieferung), § 19, 2 (Strafe für Zuwiderhandlung hiergegen), § 22 (Verjährung dieser Strafe).
Pharmaceuten s. Apothekerwesen; insbesondere über deren Militärpflicht s. eod. B II.
Pharmacopoe s. Apothekerwesen A III.
Phosphor s. entzündliche Stoffe.
Photographien, Schutz derselben gegen Nachbildungen, s. Urheberrecht II 2.
Placate s. Gewerbewesen C I 4.
Pockenkrankheit s. Impfwesen.
Politische Rechte, über den Umfang der Befugniß zu deren Ausübung in Bezug auf den eignen Staat und das Reich s. R.V. Art. 3 und dazu Staatsangehörigkeit B VI, Militärwesen O.
Polizeiaufsicht, hierüber s. St.G.B. § 38 (Voraussetzungen für deren Eintritt), § 45 (insbesondere bei Versuch), § 76 (bei Concurrenz), § 57, 5 (Ausschluß bei jugendlichen Personen), § 39 (Wirkung derselben im Allgemeinen), G.O. § 57, 3 (Versagung des Legitimationsscheines als Folge der Polizeiaufsicht), St.G.B. § 361, 1 (Strafe für Zuwiderhandlungen gegen die durch die Polizeiaufsicht auferlegten Beschränkungen).
Polizeibehörde, hierüber s. Landespolizeibehörde (Verweisung an dieselbe) und St.G.B. § 360, 10 (Strafe für unterlassene Unterstützung der Polizei bei Unglücksfällen).
Polizeistunde, deren Uebertretung wird nach St.G.B § 365 bestraft.
Polizeivergehen s. Uebertretungen.
Porto s. Postwesen B III B II.
Portofreiheit s. Postwesen B II.
Portohinterziehung s. Postdefraudationen.

Portopflichtige Behördencorrespondenz s. Postwesen
B III 1 b.
Portotaxe s. Postwesen III Anm.
Postanweisung s. Postordnung*) § 17 (einfache), § 18 (telegraphische Postanweisung).
Postauftrag s. Postwesen B I 2 Anm. 6, B V 2 Anm.
Postbeamte und
Postbehörden s. Postwesen B IV.
Postbestellgebühren, die Fälle, in welchen solche nicht zu erheben sind, finden sich aufgezählt in § 8 des Posttaxgesetzes vom 28. Oct. 1871; über die Fälle, in welchen solche zu erheben sind und über die Höhe derselben s. Postwesen B I 2 Anm. 9.
Postbestellung s. Postwesen B I 2 Anm. 9 und 10.
Postblatt s. Postwesen B Anm.
Postbriefkasten s. Postwesen B I 2 Anm. 8.
Postdebit s. Presse B.
Postdefraudationen s. Postgesetz vom 28. Oct. 1876 § 27 — § 46.
Postkarten s. Postwesen B I 2 Anm. 3.
Postmandat s. Postwesen B I 2 Anm. 6.
Postordnung s. Postwesen B I 2.
Postreisende s. Postordnung § 45 ff.**)
Postverein s. Postwesen B V 1.
Postverträge s. Postwesen B V 2.
Postvorschußsendungen s. Postordnung § 19.***)
Postwerthzeichen s. Posttaxges. vom 28. Oct. 1871 § 9 und Postwesen B I 2 Anm. 11.
Postwesen.
  A. Die Verfassungsbestimmungen über das Post- und Telegraphenwesen enthält R.V. Art. 4, 10, Art. 48—51.
    Diese Bestimmungen sind
      I. auf Elsaß-Lothringen erstreckt durch Verordnung vom 14. Oct. 1871,

---
*) Centr.-Bl. 1875 p. 13.
**) Centr.-Bl. 1875 p. 30.
***) Centr.-Bl. 1875 p. 14.

II. beschränkt rücksichtlich Bayerns und Würtembergs durch R.V. Art. 52, rücksichtlich Badens und Hessens durch No. 4 und 5 der Vereinbarung vom 15. Nov. 1870 (Ges.-Bl. 1870 p. 651). Ueber die Befugniß der Einzelstaaten zu Abschließung von Postverträgen s. Schlußprotokoll vom 23. Nov. 1870 (Ges.-Bl. 1871 p. 23) unter XI.

B. Auf Grund obiger Verfassungsbestimmungen sind ergangen *):
I. das Gesetz über das Postwesen vom 28. Oct. 1871 (Ges.-Bl. 1871 p. 347).
1) An Stelle von § 4 desselben (Leistungen der Eisenbahnen zu Zwecken des Postdienstes betr.) tritt Gesetz vom 20. Dec. 1875 (Ges.-Bl. 1875 p. 318).**)
2) An Stelle des in § 50 vorbehaltenen Reglements tritt die Postordnung vom 18. Dec. 1874.***)

---

*) Das als Beilage zum Deutschen Reichsanzeiger erscheinende Postblatt enthält die Zusammenstellung der neuesten Bekanntmachungen in Postsachen und wird sowohl einzeln als im einjährigen Abonnement abgegeben (Centr.-Bl. 1873 p. 136 p. 154).

**) Die Vollzugsbestimmungen zu diesem Gesetze publicirt Centr.-Bl. 1876 p. 87.

***) Publicirt durch Centr.-Bl. 1875 p. 6. Zu den einzelnen Bestimmungen der Postordnung ist Folgendes ergangen:
1) Zu § 2 (Adresse): Auf den nach Berlin bestimmten Briefen ist der Postbezirk, in welchem die Wohnung des Adressaten liegt, anzugeben (Centr.-Bl. 1873 p. 259, Centr.-Bl. 1874 p. 109).
2) Zu § 4, § 5 (Begleitadresse) s. Centr.-Bl. 1876 p. 27, p. 61 (Zahl der auf eine Begleitadresse zulässigen Packete).
3) Zu § 13 (Postkarten) siehe Centr.-Bl. 1875 p. 345 (Geschäftskarten dürfen auf der Vorderseite nur die Adresse enthalten), p. 752 (Versendung offener Geschäftskarten ist auch ohne die Ueberschrift „Postkarte" zulässig).
4) Zu § 14 (Drucksachen) siehe Centr.-Bl. 1875 p. 136 (Voraussetzungen für Beförderung von Büchern, Landkarten und Musikalien gegen das ermäßigte Porto für Drucksachen), p. 753 (Zulässigkeit der Beförde-

3) Ueber die zollamtliche Behandlung des Postverkehrs siehe Zollwesen A XVI.
II. Ueber die Portofreiheiten ist das Gesetz vom 5. Juni 1869 ergangen; dasselbe ist durch Gesetz vom 29. Mai 1872 auf Bayern und Würtemberg, durch Gesetz vom 20. Dec. 1875 auf Südhessen erstreckt.
III. Ueber das Posttaxwesen*) ist das Posttargesetz vom 28. Oct. 1871 (Ges.-Bl. 1871 p. 358) ergangen.

---

rung von kleinen Stoff- und Zeugmustern als Erläuterung des Textes von wissenschaftlichen oder technischen Zeitschriften).
5) Zu § 15 (Waarenproben) s. Centr.-Bl. 1875 p. 306 (weitere Bestimmungen über deren Versendung).
6) Zu § 20 (Postauftragsbriefe) siehe Centr.-Bl. 1875 p. 504 (die in § 34 III. der Postordnung aufgeführten Bestimmungen über Bestellung von Briefen an dritte Personen werden auf den Postauftragsverkehr erstreckt), Centr.-Bl. 1876 p. 406 (die Einrichtung der Postaufträge kann auch zur Vorzeigung von Wechseln behufs deren Annahme benutzt werden 2c.).
7) Zu § 21 (Eilbestellung) s. Centr.-Bl. 1876 p. 27, p. 61 (Gebühr für Eilbestellung).
8) Zu § 24, I (Postbriefkasten) s. Centr.-Bl. 1873 p. 71 (Die Benutzung der Postbriefkasten zur Einlieferung von Eisenbahngüteranmeldezetteln ist nachgelassen).
9) Zu § 32 (Bestellung) s. Centr.-Bl. 1875 p. 137 (Bestellgebühren für frankirte Sendungen können sogleich mit dem Franko vorausbezahlt werden 2c.).
10) Zu § 34 (Bestellung an dritte Personen) siehe oben Anm. 6 (Erstreckung dieser Bestimmung auf Postaufträge).
11) Zu § 42 (Postwerthzeichen) veröffentlicht Centr.-Bl. 1875 p. 816 die vom 1. Jan. 1876 ab zulässigen Postwerthzeichen.
12) Im Uebrigen siehe noch Centr.-Bl. 1876 p. 359 (zu Zahlungen an die Post- und Telegraphencassen können in gewissen Bezirken auch Noten gewisser Privatbanken zugelassen werden) und Telegraphenwesen B I Anm. 3 (Depeschenbeförderung mit Post).

*) Die Bedingungen, unter denen die Portotaxe an das Publicum abgegeben wird, s. Centr.-Bl. 1874 p. 49.

1) Zu § 1 desselben (Porto für Briefe) siehe
a) Ges. vom 3. Nov. 1874 mit Berichtigung p. 134 des Ges.-Bl. von 1874 (Erstreckung des Portosatzes von 10 Pf. für den gewöhnlichen frankirten Brief auf das Gebiet der süddeutschen Währung).
b) Zu § 1 Abs. 3 (portopflichtige Behördencorrespondenz) bestimmt Bekanntmachung vom 29. Aug. 1870, daß portopflichtige Sendungen im Behördenverkehre stets von der absendenden Behörde zu frankiren sind und eine Portoerstattung nicht stattfindet. Diese Bestimmungen sind durch die Bekanntmachungen vom 17. April 1872 und 8. Juli 1873 auf Elsaß-Lothringen und die süddeutschen Staaten, durch die Bekanntmachung vom 31. März 1873 auf den Verkehr mit Oestreich-Ungarn erstreckt. Das durch Ges. vom 17. Mai 1873 vorgesehene Zuschlagsporto wird bei diesen Sendungen nicht erhoben (§ 3 dieses Gesetzes).
2) Die in § 2, § 3 enthaltenen Sätze des Packetportos*), sowie des Portos und der Versicherungsgebühr für Sendungen mit Werthangabe sind abgeändert durch Ges. vom 17. Mai 1873; das letztere ist auf Elsaß-Lothringen erstreckt durch Gesetz vom 8. Febr. 1875.
3) Zu § 11: Die die Tarife für den Verkehr mit anderen Postgebieten enthaltenden Verträge siehe nachstehend unter V.
4) Zu § 13 (innerer Postverkehr mit Bayern und Würtemberg) siehe wegen des Portosatzes von 10 Pf. oben unter III 1 a.
5) Hiernächst siehe noch die weiteren in der Postordnung (oben II 2) enthaltenen Gebührensätze,

---

*) Die Umrechnung der Packetportotarife in Markrechnung publicirt Centr.-Bl. 1875 p. 44.

insbesondere Postordnung § 14, VIII und XIII (Porto für Drucksachen), § 13, 5 (für Postkarten), § 16, IV (Einschreibegebühr), § 17, II § 18, III (Porto für Postanweisungen), § 19, IX (Postvorschußgebühr), § 20, XI (Postauftragsporto), § 21 (Eilgebühren), § 22, II (Gebühr für Behändigungsscheine), § 32, III ff. (Bestellgebühren), § 43 (allgemeine Bestimmungen für Porto und sonstige Gebühren) und hierzu allenthalben die obigen Anmerkungen zu B I 2.

IV. Ueber Postbehörden und Postbeamte siehe
  1) die allgemeinen Bestimmungen in Art. 50 der R.V.; die Umwandlung der Post= und Telegraphenbehörden in Reichsbehörden ist erfolgt durch Erl. vom 18. Oct. 1867.
  2) Die Verwaltung und Leitung des Post= und Telegraphenwesens untersteht dem Generalpostmeister; unter demselben fungiren das Generalpostamt und das Generaltelegraphenamt; den Oberpostdirectionen verbleibt sowohl das Post= als das Telegraphenwesen in den einzelnen Bezirken (Verordnung vom 22. Dec. 1875).*)
  3) Der Ueberschuß aus der Verwaltung der französischen Landespost durch die deutsche Postverwaltung während des Feldzuges 1870/1871 ist durch Ges. vom 20. Juni 1872 zu einer Stiftung für die Beamten der Reichspostverwaltung und ihre Hinterbliebenen bestimmt worden; das Statut dieser Stiftung (Kaiser=Wilhelms=Stiftung) ist publicirt durch Erlaß vom 29. Aug. 1872; die Stiftung ist auf die Beamten der Reichstelegraphenverwaltung erstreckt durch Ges. vom 4. März 1873.

---

*) Den Sitz der einzelnen Oberpostdirectionen publicirt Centr.-Bl. 1876 p. 6.

Postwesen. 141

4) Ueber die Beamtenclasse der Posträthe s. Erlaß vom 1. April 1871.
5) Im Uebrigen siehe über Post= und Telegraphenbeamte unter Reichsbeamte, insbes. A VII (Tagegelder, Fuhrkosten ꝛc.), G I und G II (Cautionen).

V. Postverträge.
1) Ueber Gründung eines allgemeinen Postvereins*) siehe die im Ges.=Bl. von 1875 p. 223 ff. publicirten Verträge vom 9. Oct. 1874 (Vertrag und Schlußprotokoll) und 3. Mai 1875 (Ratification).
2) Hiernächst sind folgende Einzelverträge**) publi-

---

*) Die Portosätze und Versendungsbedingungen des allgemeinen Postvereins publicirt Centr.-Bl. 1875 p. 378, p. 380; über den Beitritt Frankreichs und Algeriens s. Centr.-Bl. 1876 p. 5; über den Beitritt Britisch-Indiens und der französischen Colonien s. Centr.-Bl. 1876 p. 359.

**) Die seit Gründung des allgemeinen Postvereins in Bezug auf den Verkehr mit fremden Postgebieten sonst noch ergangenen Bestimmungen publicirt Centr.-Bl. 1875 p. 378 (Fahrpostabkommen mit Ostindien), p. 379 (Porto für Drucksachen und Waarenproben nach Oestreich, Abänderungen im Postverkehre mit Belgien und den Niederlanden), p. 380 (Werthangabe bei Fahrpostsendungen nach Belgien, Frankreich und England), p. 504 (Postpacketverkehr mit Ostindien), p. 505 (Postanweisungsverkehr nach den Niederlanden), p. 817 (Postanweisungsverkehr nach Queensland), Centr.-Bl. 1876 p. 5 (Packetverkehr mit Ostindien), p. 60 (Anweisungsverkehr mit Frankreich und Algerien), p. 166 (Anweisungsverkehr mit den Vereinigten Staaten, Werthangabe bei Sendungen nach Belgien, Großbritannien, Frankreich, Rußland und Italien), p. 184 (telegraphische Postanweisungen nach Helgoland), p. 291 (Postanweisungsverkehr mit Italien und den niederländischen Besitzungen in Ostindien), p. 306 (Packetverkehr mit Ostindien), p. 336 (Gold- und Silbersendungen nach Großbritannien und Irland), p. 358 (Postauftragsverkehr mit der Schweiz, Aufschrift postlagernder Briefe nach England), p. 383 (Postvorschuß- und Postanweisungsverkehr mit Oestreich-Ungarn, Postverkehr mit gemünztem Gold und Silber nach Belgien, Porto für Briefe nach Ascension, Capland, Colonie Victoria, Cap Natal, Sct. Helena und Zanzibar), p. 406 (Briefe mit Werthangabe nach Frankreich und Algerien, Portoermäßigung für Briefsendungen

cirt worden: vom 17. Febr. 1868 (Norwegen), 7./9. April 1868 (Dänemark), 29. Mai 1868, 26. März 1868 und 22. Nov. 1868 (Schweiz), 1. Oct. 1868 p. 547 des Ges.-Bl. von 1870 (Niederlande), 10. Nov. 1868 Ges.-Bl. 1869 p. 55 und 11. Mai 1873 (Italien), 23. und 24. Febr. 1869, 20. März 1870 und 25. Mai 1873 (Schweden), 25. April 1870 (England), 21. Oct. 1867, 7. und 23. April 1870, 14. Mai und 31. März 1871 (Vereinigte Staaten), 19. April 1872 (Spanien), 14. Febr. 1872 (Frankreich), 24./26. Mai 1872 (Rußland), 7. Mai 1872 (Oestreich), 9. Mai 1872, Ges.Bl. 1873 p. 93 (Portugal), 19. Juni 1872 (Luxemburg), 30. Sept. 1873 Ges.-Bl. 1874 p. 85 (Brasilien), 22. März 1874 Ges.-Bl. 1875 p. 88 (Chile), 11. Juni 1874 Ges.-Bl. 1875 p. 161 (Peru).

Postzwang s. Postges. vom 28. Oct. 1871 § 1 § 2 § 15 § 27, 1.

Präsenzstärke des Heeres s. Militärwesen A I 1.

Presse.
A. Die Bestimmungen über die Presse unterliegen nach Art. 4, 16 der R.V. der Reichscompetenz. Auf Grund dieser Zuständigkeit ist das Preßgesetz vom 7. Mai 1874 ergangen. Hierzu und zwar
 I. zu § 1 — § 5 des Gesetzes ist zu bemerken: Nach § 1 des Gesetzes unterliegt die Freiheit der Presse

---

nach Japan), p. 468 (Portosätze für die Correspondenz nach den niederländischen Besitzungen im Archipel über Italien, ingleichen für Briefsendungen nach Persien und Kleinasien), p. 489 (Verbot der Einlegung von Briefen in die nach Frankreich bestimmten Geld- und Päckereisendungen), p. 568 (im Verkehre mit dem Auslande sind durch Eilboten zu bestellende Briefsendungen nur nach Oestreich-Ungarn, Helgoland, Luxemburg, Belgien, Dänemark, den Niederlanden, Rumänien, Schweden, der Schweiz und Serbien zulässig), p. 624 (Versendung von Drucksachen in offenen Umschlägen ist auch im deutsch-östreichischen Verkehre zulässig).

nur denjenigen Beschränkungen, welche durch das Preßgesetz vorgeschrieben oder zugelassen sind; nach § 4, 2 des Gesetzes ist jedoch für den Betrieb der Preßgewerbe, abgesehen von den Bestimmungen über Entziehung der Gewerbebefugniß die G.O. maßgebend: Hiernach haben

1) Buch- und Steindrucker, Buch- und Kunsthändler, Antiquare, Leihbibliothekare, Inhaber von Lesecabinetten, Verkäufer von Druckschriften, Zeitungen und Bildern bei Eröffnung des Gewerbebetriebs das Local desselben sowie den späteren Wechsel desselben am Tage des Eintritts der Wohnortsbehörde anzuzeigen (G.O. § 14, 2); die Strafe für Unterlassung dieser Anzeige siehe bei Gewerbewesen B I 1; wegen der Empfangsbescheinigung für diese Anzeige s. G.O. § 15, 1.

2) Ueber die gewerblichen Vorschriften für Verbreitung von Druckschriften (Colportiren, Anheften von Placaten ꝛc.) s. Gewerbewesen C I 4.

3) Die Vorschriften über Entziehung der Befugniß zum Gewerbebetriebe siehe bei Gewerbewesen M III.

II. Zu § 23 ff. (Beschlagnahme) s. St.G.B. § 40, § 41 (ist der Inhalt strafbar, so ist im Urtheile auszusprechen, daß alle Exemplare, Platten und Formen zu vernichten sind; diese Maßregel ist auch ohne Verurtheilung einer bestimmten Person zulässig).

III. Zu § 30 (landesgesetzliche Bestimmungen über Placate ꝛc.) s. Gewerbewesen C I 4.

B. Postrechtliche Bestimmungen giebt Postgesetz vom 28. Oct. 1871 § 3 (Debit für Zeitungen), § 1 § 2 § 27, 1 (Postzwang für Zeitungen), Posttargesetz vom 28. Oct. 1871 § 10 (Provision für Zeitungen), Postwesen B I 2 Anm. 4 (Beförderung von Drucksachen).

C. Siehe auch Urheberrecht.

Preußische Banknoten, dieselben gelten als Noten der Reichsbank, s. Bankwesen II 3. Anm. a.
Privatlager s. Zollwesen A XIX.
Privatnotenbanken s. Bankwesen III.
Prostituirte, dieselben werden nach St.G.B. § 361, 6 § 362 bestraft.
Prüfungscommission für einjährige Freiwillige, s. E.O. § 92 § 2, 7 und 8.
Pulver s. Entzündliche Stoffe.

Qualificationsatteste s. Anm.*)
Quartierbillets s. Instruction vom 31. Dec. 1868 § 11, § 12 (Ges.=Bl. 1869 p. 5 ff.).
Quartierleistung s. Naturalquartier.

Ranglisten des Beurlaubtenstandes s. Anm.**)
Rasen, unbefugte Wegnahme desselben wird nach St.G.B. § 370, 2 bestraft.
Raupen, Unterlassung desselben wird nach St.G.B. § 368, 2 bestraft.
Rayon, über diesen Begriff siehe Ges. vom 21. Decbr. 1871 § 2, 3.
Rayoncommission, hierüber s. Ges. vom 21. Decbr. 1871 § 31, § 14, § 23, § 30.
Realconcessionen s. Gewerbewesen A II.
Rebenpflanzen, Einfuhrverbot hierfür s. Verordnung vom 11. Febr. 1873.
Reblaus, Maaßregeln dagegen, s. Ges. vom 6. März 1875.
Rechnungshof des Deutschen Reichs s. Reichsfinanzen C.
Rechtsanwälte s. Advocaten.
Rechtsweg, Provocation auf denselben
  1) in Gewerbesachen s. G.O. § 19, § 75, § 108, § 121,

---

*) Hierüber s. R.O. § 16, 6 § 19, 5 L.O. § 26, 1.
**) Hierüber s. L.O. § 3 — § 5 § 7, 6 § 6, 6.

Reclamationen — Reichsbankdirectorium. 145

2) in Postsachen s. Postgesetz vom 28. Oct. 1871
§ 25, 3 § 35 § 42,
3) nach dem Beamtengesetze vom 31. März 1873 s.
§ 144, § 149 ff. dieses Gesetzes.

Reclamationen in Militärangelegenheiten s. Zurück=
stellung, hiernächst E.O. § 82 (Reclamation behufs
Entlassung aus dem activen Dienste) und E.O. § 100
(Reclamationen nach eingetretener Mobilmachung).

Recommandirte Sendungen s. Einschreibesendungen.

Recruten s. E.O. § 80 (Gestellung), § 79 (Controle),
E.O. § 5, 4 b. (Zugehörigkeit zum Beurlaubtenstande)
und dazu Militärwesen F.*)

Recrutirungsbezirke s. Militärwesen A I 2 a Anm.

Recrutirungsordnung s. Wehrordnung.

Recrutirungsstammrollen s. Stammrollen.

Redacteure von Zeitschriften s. Presse, insbes. Preßges.
vom 7. Mai 1874 § 7, § 8, § 10, § 11.

Redefreiheit der Abgeordneten des Reichstags s. R.V.
Art. 30, der Landtage s. St.G.B. § 11.

Regiment, über diesen Begriff s. Militärges. vom 2. Mai
1874 § 3.

Registerauszüge aus den Standesregistern, hierüber s.
Ges. vom 6. Febr 1875 § 15, 2 (Beweiskraft), § 16, 3
(Einrichtung), § 16, 2 (Gebühren dafür), § 8 (kosten=
freie Lieferung der Formulare**).

Rehabilitirung s. Anm.***).

Reichsangehörigkeit s. Staatsangehörigkeit.

Reichsbank s. Bankwesen II.

Reichsbankdirectorium s. Ges. vom 14. März 1875
§ 26, § 27.

---

*) Ausführungsbestimmungen giebt R.O. § 11, § 12, L.O.
§ 8, 1.
**) Hierzu allenthalben siehe die Ausführungsbestimmungen
der Verordnung vom 22. Juni 1875 (Centr.-Bl. 1875 p. 386)
§ 4, § 8.
***) Die Bestimmungen darüber sind zusammengestellt in der
Anlage zu L.O. § 14, 2.

Reichsbeamte. Die Rechtsverhältnisse derselben sind geregelt durch Gesetz vom 31. März 1873. Hierzu s. Folgendes:

A. Zu § 1 — § 22 (allgemeine Bestimmungen) und zwar
   I. zu § 1, § 3 (Begriff „Reichsbeamte", Anstellung und Verpflichtung) siehe die hierauf bezüglichen Bestimmungen in Art. 18, 1 Art. 50, Art. 53 der R.V. Insbesondere
   1) die Form des Diensteides der unmittelbaren Reichsbeamten bestimmt Verordnung vom 29. Juni 1871; zusätzliche Bestimmung für Bankbeamte siehe in § 10, § 39 des Gesetzes vom 14. März 1875.
   2) Diejenigen Bestimmungen des Gesetzes, welche auf eine Anzahl von Reichsbeamten keine Anwendung erleiden, giebt § 158 des Gesetzes.
   3) Neuhinzugetretene Reichsbeamte sind die Bankbeamten (Ges. vom 14. März 1875 § 28).
   II. Zu § 4 des Gesetzes, und zwar
   1) zu Abs. 1 desselben (Anstellungsurkunde) nennt Verordnung vom 23. Novbr. 1874 § 2 diejenigen Beamten, welche eine kaiserliche Anstellung erhalten; die Anstellungsurkunden der übrigen Reichsbeamten werden im Namen des Kaisers vom Reichskanzler ausgestellt (eod. § 3); den Vorbehalt besonderer Bestimmungen hierüber für einzelne Beamte enthält § 4 dieser Verordnung, dießfallsige Bestimmungen für die Bankbeamten Verordnung vom 19. Dec. 1875.
   2) Zu Abs. 2 dieses § (Diensteinkommen)*) siehe
      a. wegen der Wohnungsgeldzuschüsse der Reichsbeamten unter Wohnungsgeldzuschüsse,

---

*) Infolge gerichtlichen Strafverfahrens oder Disciplinarverfahrens entlassene Beamte haben nur bis zur Rechtskraft des die Entlassung verfügenden Erkenntnisses Anspruch auf das Diensteinkommen (Centr.-Bl. 1876 p. 19).

b. Die Besoldung der Reichsbankbeamten trägt die Reichsbank (Ges. vom 14. März 1875 § 28).

c. Siehe auch die weiteren Bestimmungen in § 5 — § 8 des Beamtengesetzes und dazu nachstehend unter III.

III. Die in § 5 vorbehaltene Bestimmung derjenigen Beamten, welche die Gehalte vierteljährig erhalten, geben die Verordnungen vom 5. Juli 1873 und 27. Decbr. 1875.*)

IV. Zu § 11 (Pflicht zur Verschwiegenheit) siehe wegen der dießfallsigen Verpflichtung der Bankbeamten Ges. vom 14. März 1875 § 39.

V. Die in § 14 vorbehaltenen Bestimmungen über Urlaub und Stellvertretung giebt Verordnung vom 2. Nov. 1874.

VI. Zu § 16 (Nebenämter, Nebenverdienst) s. Bankgesetz vom 14. März 1875 § 28 (kein Bankbeamter darf Antheilsscheine der Reichsbank besitzen).

VII. Die in § 18 vorbehaltenen Bestimmungen über Tagegelder, Fuhrkosten und Umzugskosten enthalten die Verordnungen vom 21. Juni 1875 (überhaupt)**) und 5. Juli 1875 (Beamte der Post- und Reichseisenbahnverwaltung). Weitere Bestimmungen über Umzugskosten enthält noch § 23, § 40 des Gesetzes.

---

*) Publicirt im Centr.-Bl. 1873 p. 211 und Centr.-Bl. 1875 p. 819.

**) Die Einreihung der Reichsbeamten in die in § 1 und § 10 der Verordnung vom 21. Juni 1875 genannten Beamtenclassen ist in Gemäßheit von § 20 dieser Verordnung erfolgt, für den größeren Theil der Reichsbeamten durch Verordnung vom 6. Jan. 1876 (Centr.-Bl. 1876 p. 7), für die Reichsbevollmächtigten für Steuern und Zölle, sowie die Stationscontroleure und die Beamten bei den Hauptzollämtern der Hansestädte im Centr.-Bl. 1876 p. 181 ff; über die Erstattung der Tagegelder und Reisekosten der im Disciplinarverfahren mit den Verrichtungen der Staatsanwaltschaft beauftragten Beamten siehe unten die Anm. zu E VII.

B. Zu § 23 (Versetzung in ein anderes Amt) s. § 158 des Gesetzes (Beamte, auf welche diese Bestimmungen nicht Anwendung erleiden).
C. Zu § 24 — § 31 (einstweilige Versetzung in den Ruhestand) siehe die in § 158 des Gesetzes genannten Ausnahmen und Ges. vom 27. Juni 1873 § 2 (auch der Vorsitzende des Reichseisenbahnamtes gehört zu den in § 25 genannten Beamten).
D. Zu § 34 — § 71 (Pensionirung) s.
  I. Verordnung vom 23. Dec. 1875 (Erstreckung dieser Bestimmungen auf Reichsbankbeamte) und Ges. vom 14. März 1875 § 28 (die Pensionen der Reichsbankbeamten trägt die Reichsbank).
  II. Zu § 42, 4 (Ermittelung der Pension bei Militärbeamten) siehe die weiteren Bestimmungen hierüber bei Militärbeamte II 1.
  III. Zu § 47 — § 50 (Einrechnung der Militärdienstzeit in die Dienstzeit der Reichsbeamten) siehe Civildienst, ingleichen Kriegsjahre Anm.
  IV. Zu § 52 No. 2 und 3 (Pensionsverhältnisse bei Uebernahme von Beamten aus fremdem Staatsdienst) siehe nachstehend D VI.
  V. Zu § 61 — § 68 (zwangsweise Versetzung in den Ruhestand) siehe die Ausnahmen in § 158 des Gesetzes.
  VI. Zu § 69 — § 71 (Bewilligung für Hinterbliebene, Pensionsverhältnisse der in den Reichsdienst übernommenen Beamten) siehe § 52 des Gesetzes und dazu
    1) R.V. Art. 18, 2 (den in den Reichsdienst übernommenen Beamten eines Bundesstaates stehen dem Reiche gegenüber dieselben Rechte zu, wie sie ihnen aus ihrer dienstlichen Stellung gegenüber ihrem Heimathsstaate zustanden). Zu diesen Rechten gehören nach Protokoll vom 15. Nov. 1870 (p. 650) sub 1 und Protokoll vom 25. Nov. 1870 (p. 657) sub 1 c diejenigen Rechte nicht,

welche nach den Gesetzen der Einzelstaaten den Hinterbliebenen in Beziehung auf Pension und Unterstützung zustehen.

2) Die Pensionsverhältnisse der früheren französischen Beamten sind geordnet durch Art. 2 der Zusatzconvention vom 11. Dec. 1871 (p. 7 des Ges.=Blattes von 1872.

E. Zu § 72 — § 124 (Disciplinarbestimmungen)*) siehe
I. die in § 158 des Gesetzes genannten Ausnahmen.
II. Zu § 75, 2 siehe über den Termin, mit welchem bei Dienstentlassung die Gehaltszahlung aufhört, oben A II 2 Anm.
III. Zu § 86 siehe das Regulativ für die Geschäfts=ordnung der Disciplinarbehörden**).
IV. Zu den in § 87 genannten Orten, welche den Sitz von Disciplinarkammern bilden, ist durch Verordnung vom 7. Jan. 1874 als Sitz der Disciplinarkammer für Elsaß-Lothringen, Straßburg getreten. Letztere Disciplinarkammer ist nach Ges. vom 5. Nov. 1874 zugleich für Beamte der Reichseisenbahnverwaltung, welche im Auslande ihren dienstlichen Wohnsitz haben, zuständig.
V. Die in § 88 vorbehaltene Abgrenzung der Bezirke der Disciplinarkammern ist erfolgt durch Verordnung vom 11. Juli 1873.
VI. Die besonderen Bestimmungen für Militärbeamte, welche nach § 123 noch fortgelten, siehe unter Militärbeamte.
VII. Zu den baaren Auslagen, welche der im Disciplinarverfahren Verurtheilte zu erstatten hat, ge=

---

*) In einer in Gemäßheit von § 78, 2 des Gesetzes eingeleiteten Disciplinaruntersuchung gegen einen vom Strafrichter wegen eines Vergehens zu Freiheitsstrafe verurtheilten Beamten sind die Disciplinarbehörden an die Entscheidung des Strafrichters über die Schuldfrage gebunden (Centr.-Bl. 1874 p. 143).
**) Publicirt im Centr.-Bl. 1873 p. 390 mit Berichtigung p. 408.

hören nach Bekanntmachung vom 22. Juli 1876*) auch die Taggelder und Reisekosten des im Disciplinarverfahren mit den Verrichtungen des Staatsanwalts beauftragt gewesenen Beamten, welcher den Vernehmungen des Angeschuldigten in der Voruntersuchung beigewohnt hat; inwieweit die im Disciplinarverfahren erwachsenen Copialien zu erstatten sind, bestimmt Bekanntm. vom 25. April 1874**).

F. Zu § 125 — § 133 (vorläufige Dienstenthebung) siehe die Ausnahmen von § 158 des Gesetzes.

G. Zu § 134 — § 148 (Defectverfahren) siehe das Ges. vom 2. Juni 1869 über die Cautionsverhältnisse der Reichsbeamten. In Gemäßheit

I. von § 3 dieses Gesetzes sind die cautionspflichtigen Beamtenclassen und die Höhe der Cautionen bestimmt
  1) für Postbeamte durch die Verordnungen vom 29. Juni 1869 und 14. Juli 1871,
  2) für Reichseisenbahnbeamte durch die Verordnung vom 27. Februar 1872,
  3) für das auswärtige Amt, den Reichsinvalidenfond und das Büreau des Reichstages durch Verordnung vom 6. Juli 1874,
  4) für die Reichsbankbeamten durch Verordnung vom 23. Dec. 1875,
  5) für Militär= und Marinebeamte durch Verordnung vom 16. Aug. 1876.

II. Die in § 7 des Gesetzes vom 2. Juni 1869 vorbehaltenen Bestimmungen darüber, in welchen Fällen die Dienstbehörden ermächtigt sind, den Beamten die nachträglich durch Gehaltsansammlung zu bewirkende Bestellung der Caution zu gestatten, sind enthalten außer in den unter I aufgeführten Verordnungen in

---

*) Centr.-Bl. 1876 p. 405.
**) Centr.-Bl. 1874 p. 158.

der Verordnung vom 12. Juli 1873 (Post- und Telegraphenbeamte betr.) und Verordnung vom 3. April 1876 (Telegraphenbeamte betr., welche infolge der Vereinigung des Telegraphenwesens mit der Postverwaltung eine cautionspflichtige, bez. mit erhöhter Cautionspflicht verbundene Dienststelle erhalten).

H. Die in § 159 vorbehaltenen Ausführungsbestimmungen sind erfolgt durch die oben zu A II 1 erwähnte Verordnung vom 23. Nov. 1874 und soviel Reichsbankbeamte betrifft durch Verordnung vom 19. Dec. 1875.

J. Siehe auch Civildienst, Reichsbehörden I.

Reichsbehörden.

I. Die nach Maaßgabe der Verfassung und der Gesetze des Reichs vom Kaiser ernannten Behörden und Beamten sind als kaiserliche zu bezeichnen (Erlaß vom 3. Aug. 1871). Ueber die Verhältnisse der Reichsbeamten, s. Reichsbeamte.

II. Die einzelnen Reichsbehörden siehe unter Reichskanzleramt, Reichsoberhandelsgericht, Reichsbankdirectorium, Rayoncommission, Gesandtschaftswesen, Consulatwesen, Reichsfinanzen unter C D I, D II und E III (Reichsschuldenverwaltung, Reichsschuldencommission, Rechnungshof des Deutschen Reichs, Verwaltung des Reichsinvalidenfonds), Reichsbeamte E III, E IV, E V (Disciplinarbehörden), Seewesen B II (Marinebehörden), Postwesen B IV (Post- und Telegraphenbehörden), Eisenbahnwesen B III und C (Reichseisenbahnamt und kaiserliche Generaldirection), Maaße und Gewichte E (Normaleichungscommission), Unterstützungswohnsitz II (Bundesamt für das Heimathswesen), Zollwesen C IV (Reichsbevollmächtigte für Zölle und Steuern).

Reichscassen s. Reichsfinanzen E.
Reichscassenscheine s. Papiergeld C.
Reichsconsuln s. Consulatswesen.
Reichsdienst s. Reichsbeamte.

Reichseigenthum s. Reichsfinanzen B.
Reichseisenbahnamt und
Reichseisenbahnen s. Eisenbahnwesen B III und C.
Reichsfestungsbaufond s. Festungen III.
Reichsfinanzen.
- A. Hierüber s. zunächst die Verfassungsbestimmungen in Abschnitt XII der R.V. (allgemeine Bestimmungen), Art. 38, Art. 39 der R.V. (Einnahmen und Ausgaben beim Zollwesen), Art. 49, Art. 51, Art. 52 (Einnahmen und Ausgaben beim Post- und Telegraphenwesen), Art.. 62, Art. 71, Art. 53 und Militärwesen A I 1 (Ausgaben beim Heere und der Marine), Art. 4, 7 der R.V. (Kosten des Consulatwesens).
- B. Die Verhältnisse der zum dienstlichen Gebrauche einer Reichsverwaltung bestimmten Gegenstände (Reichseigenthum daran) ordnet das Ges. vom 25. Mai 1873.
- C. Die Controle des Reichshaushalts sowie des Landeshaushaltes für Els.-Lothringen führt die preußische Oberrechnungskammer unter der Benennung „Rechnungshof des Deutschen Reichs"*) nach Maaßgabe des Gesetzes vom 4. Juli 1868 und der in Abs. 2 des Gesetzes vom 11. Febr. 1875 hierzu getroffenen Abänderung (siehe Ges. vom 14. Febr. 1876). Auch die Rechnungen der Reichsbank unterliegen der Revision durch den Rechnungshof (Bankges. vom 14. März 1875 § 29). Diejenigen Bestimmungen des Beamtengesetzes vom 31. März 1873, welche auf Mitglieder des Rechnungshofs nicht Anwendung erleiden, nennt § 158 dieses Gesetzes.
- D. Reichsschuldenwesen.
  - I. Der preußischen Hauptverwaltung der Staatsschulden, welcher durch Ges. vom 19. Juni 1868 die Verwaltung der Bundesanleihe von 1867 übertragen worden, ist durch § 6 des Gesetzes vom 30. April

---

*) Dessen Instruction giebt Centr.-Bl. 1875 p. 157.

1874 als „Reichsschuldenverwaltung" die Ausfertigung der Reichscassenscheine überwiesen worden. Unter dieser Benennung ist ihr auch die Verwaltung der späteren Anleihen, sowie die Verzinsung und Einlösung der Schatzanweisungen übertragen worden.

II. Die durch § 4 des Ges. vom 19. Juni 1868 errichtete Bundesschuldencommission hat bei Reichsanleihen die Geschäfte der Staatsschuldencommission wahrzunehmen. Derselben ist weiter übertragen
1) die Controle des Reichskriegsschatzes durch Ges. vom 11. Nov. 1871 § 3 und Verordnung vom 22. Jan. 1874 § 15,
2) die Controle über den Reichsfestungsbaufond durch Ges. vom 30. Mai 1873 Art. III,
3) die Controle über Ausfertigung und Ausgabe der Reichscassenscheine durch Ges. vom 30. April 1874 § 7,
4) die Controle über An= und Ausfertigung, Einziehung und Vernichtung der Noten der Reichsbank durch § 16 des Bankgesetzes vom 14. März 1875,
5) die Controle der Verwaltung des Reichsinvalidenfonds (Ges. vom 23. Mai 1873 § 4 — § 6, § 11, § 13, § 14, Ausf.=Verordnung vom 11. Juni 1874 § 7, § 9); zu vorgenanntem Zwecke ist die Commission um 5 Mitglieder verstärkt worden (Ges. vom 13. Febr. 1876 § 3).

III. Die Reichsschuldverschreibungen anlangend, so bestimmen über Form, Verzinsung ꝛc. derselben die einzelnen Emissionsgesetze; über deren Amortisation siehe Ges. vom 12. Mai 1873, auf Els.=Lothringen erstreckt durch Ges. vom 8. Febr. 1875.

IV. Ueber Reichscassenscheine s. Papiergeld C.

E. Reichscassen und Reichsfonds:

I. Die Centralcassengeschäfte des Reiches, welche nach

Bek. vom 21. Jan. 1868 und Bek. vom 1. Juni 1871 die kgl. preußische Generalstaatscasse als „Reichshauptcasse" zu führen hatte, sind durch § 22 des Bankgesetzes vom 14. März 1875 und § 11 des Bankstatuts vom 21. Mai 1875 auf die Reichsbank übergegangen. *)

II. Der Reichskriegsschatz ist begründet durch Ges. vom 11. Nov. 1871, ausgeführt durch Verordnung vom 22. Jan. 1874.

III. Der Reichsinvalidenfond ist begründet durch Ges. vom 23. Mai 1873. Die Verwaltung desselben führt die in § 11 dieses Gesetzes unter dem Namen „Verwaltung des Reichsinvalidenfonds" gebildete Behörde nach Maaßgabe der durch Bek. vom 11. Juni 1874 publicirten Anweisung. Derselben sind durch § 24 des Ges. vom 4. April 1874 diejenigen Ausgaben überwiesen worden, welche dem Reiche nach diesem Gesetze (siehe Militärwesen P) infolge des Feldzuges 1870/1871 erwachsen sind. Die in § 3 des Gesetzes vom 23. Mai 1873 für die Anlage der dem Fond überwiesenen Gelder gesetzte Frist ist für die Anlage in deutschen Eisenbahnprioritäten durch Ges. vom 23. Febr. 1876 § 1 bis zum 1. Juli 1880 erstreckt. Wegen der Mitverwaltung des Reichsfestungsbaufonds f. Festungen III, wegen der Concurrenz der Reichsschuldencommission in Sachen des Reichsinvalidenfonds f. oben D II 5.

IV. Ueber sonstige Reichsfonds f. Postwesen B IV 3 (Kaiser-Wilhelm-Stiftung), Bankwesen II (Reichsbank), Festungen III (Reichsfestungsbaufond).

Reichsgebiet f. Bundesstaaten.

Reichsgesetze und

Reichsgesetzgebung f. Gesetzgebung A.

---

*) Die Reichsbank führt diese Geschäfte unter der Bezeichnung „Reichshauptcasse"; für die Buchführung der letzteren ist bei der Reichsbankhauptcasse eine besondere Geschäftsabtheilung eingerichtet (Centr.-Bl. 1875 p. 821).

Reichsgoldmünzen s. Münzwesen A.

Reichshauptcasse s. Reichsfinanzen E I Anm.

Reichshaushalt, über dessen Aufstellung, Feststellung und Controle siehe R.V. Art. 69 — Art. 71 und dazu Reichsfinanzen C.

Reichsindigenat s. Staatsangehörigkeit.

Reichsinvalidenfond s. Reichsfinanzen E III.

Reichskanzler. Derselbe wird vom Kaiser ernannt, führt den Vorsitz im Bundesrath, leitet dessen Geschäfte und kann sich durch jedes andere Mitglied des Bundesraths vermöge schriftlicher Substitution vertreten lassen (R.V. Art. 15). Die Anordnungen und Verfügungen des Kaisers bedürfen zu ihrer Gültigkeit der Gegenzeichnung des Reichskanzlers, welcher dadurch die Verantwortung übernimmt (R.V. Art. 17). Derselbe kann mit Gewährung des gesetzlichen Wartegelds jeder Zeit in den Ruhestand versetzt werden (Beamtenges. vom 31. März 1873 § 25).

Reichskanzleramt. Die Errichtung und Zuständigkeit des Bundeskanzleramts bestimmt Erlaß vom 12. Aug. 1867; die Erhebung zum Reichskanzleramte ist erfolgt durch Erlaß vom 20. Mai 1871; der Präsident, die Directoren und Abtheilungschefs desselben können mit Gewährung des gesetzlichen Wartegeldes jeder Zeit einstweilig in den Ruhestand versetzt werden (Beamtengesetz vom 31. März 1873 § 25).

Reichskriegsschatz s. Reichsfinanzen E II.

Reichs=Oberhandelsgericht.*)

I. Dasselbe ist errichtet durch Gesetz vom 12. Juni 1869, nach Verordnung vom 22. Juni 1870 ins Leben getreten am 5. Aug. 1870, zum Reichsgericht erhoben durch Vertrag vom 15. Nov. 1870 jct.

---

*) Das Regulativ über den Geschäftsgang bei demselben publicirt Centr.-Bl. 1874 p. 275. Die Instruction über Einziehung und Verrechnung der für die Geschäfte desselben in Ansatz kommenden Kosten publicirt Centr.-Bl. 1873 p. 97 mit Nachtrag p. 100.

Ges. vom 16. April 1871 (siehe jedoch wegen Bayerns § 5 des Gesetzes vom 22. April 1871), als oberster Gerichtshof für Els.-Lothringen bestellt durch Ges. vom 14. Juni 1871.

II. Seine Competenz ist erweitert durch Haftpflichtgesetz vom 7. Juni 1871, Urhebergesetz vom 11. Juni 1870, Flößereigesetz vom 1. Juni 1870, Consulatsgesetz vom 8. Nov. 1867 jct. Gesetz vom 22. April 1871 § 3, Strandordnung vom 17. Mai 1874 § 44, Reichsbeamtengesetz vom 31. März 1873 § 152, § 154, § 87, § 91 und Gesetz über den Invalidenfond vom 23. Mai 1873 § 12.

III. Diejenigen Bestimmungen des Gesetzes über die Reichsbeamten vom 31. März 1873, welche auf Mitglieder dieses Gerichtshofes nicht Anwendung erleiden, nennt § 158 dieses Gesetzes. Ueber die Disciplinarbefugnisse desselben über die Advocaten s. Ges. vom 29. März 1873.

Reichspräsidium s. Bundespräsidium.
Reichsschuldenwesen s. Reichsfinanzen D.
Reichssteuern s. Steuern.
Reichstag.

I. Die verfassungsmäßigen Bestimmungen hierüber enthält R.V. Art. 20 — Art. 32; Absatz 2 des Art. 28 (Modalität der Beschlußfassung über nicht gemeinschaftliche Angelegenheiten) ist aufgehoben durch Ges. vom 24. Febr. 1873.

II. Ueber die Wahlen zum Reichstage ist das Ges. vom 31. Mai 1869 ergangen. Dasselbe ist

1) in Bayern eingeführt durch Vertrag vom 23. Nov. 1870 (Ges.-Bl. 1871 p. 21) sub III § 8.

2) Das in § 15 des Gesetzes vorbehaltene Reglement ist erlassen unter dem 28. Mai 1870, abgeändert durch Ges. vom 20. Juli 1873 (zwei Wahlkreise des Regierungsbezirks Oppeln betr.), ergänzt durch Bek. vom 27. Febr. 1871 (die Wahlkreise und bei der Wahl zuständigen Behörden in Süddeutsch-

land betr.), Bek. vom 24. Jan. 1872 (die Wahl=
behörden in Lübeck betr.).
3) Die Bestimmungen für Els.=Lothringen enthält
Ges. vom 25. Juni 1873 § 6 (Einführung des
Wahlgesetzes), § 3 (Zahl der Abgeordneten), Bek.
vom 1. Dec. 1873 (Wahlkreise betr.).
III. Die Reichstagsbeamten sind Reichsbeamte (Gesetz
vom 31. März 1873 § 156), siehe daher Reichs=
beamte, insbes. G I 3 (Cautionen betr.).

Reichsverfassung. Dieselbe ist in der Neuredaction publicirt durch Ges. vom 16. April 1871. Im Einzelnen:
I. Die dazu ergangenen Abänderungen zu Art. 4 und Art. 28 siehe bei Gesetzgebung A II 1 und Reichstag I.
II. Die neben der Verfassung fortgeltenden vertrags= mäßigen Bestimmungen enthält § 3 des Gesetzes vom 16. April 1871 in Verbindung mit den Schluß= bestimmungen zu Abschnitt XI und XII der R.V.
III. Inwieweit die R.V. in Els.=Lothringen gilt, siehe bei Elsaß=Lothringen II bis IV.
IV. Die Reichsbeamten sind auf die R.V. zu vereiden (Ges. vom 31. März 1873 § 10).
V. Im Uebrigen siehe bei den einzelnen Materien.

Reichswährung s. Münzwesen B.

Reichswappen s. Wappen.

Reisegepäck s. Güterbeförderung.

Reisepapiere s. Fremdenwesen C.

Reiten, Uebertretung von straßen= und feldpolizeilichen Vorschriften dabei wird nach St.G.B. § 366, 2 § 368, 9 bestraft.

Requisitionsscheine, als Ausweis für Militärpersonen des activen Heeres, hierüber s. E.O. § 6, 4.

Reservatrechte der Einzelstaaten s. Gesetzgebung A II 1 b β, Reichsverfassung II.

Reserve, und zwar
I. Reservepflicht, hierüber s. Militärwesen B, insbes. E.O. § 11,

II. Verhältnisse der Reserve, hierüber s. **Militärwesen** F (Militärverhältnisse des Beurlaubtenstandes überhaupt),

III. Reserveofficiere s. **Officiere** II.

Restantenlisten, hierüber siehe zunächst **Grundlisten**, insbes. C.O. § 47 § 70, 8.

Retourwaaren s. **Zollerlaß**.

Rinderpest. Die Maaßregeln gegen dieselbe enthält das Ges. vom 7. April 1869, eingeführt in Bayern und Würtemberg durch Ges. vom 2. Nov. 1871, in Elsaß-Lothringen durch Ges. vom 11. Dec. 1871. Im Einzelnen:
1) Wegen Aufhebung von § 6 des Gesetzes und der in § 46 der Instruction vom 9. Juni 1873 aufrecht erhaltenen früheren Bestimmungen über den Viehtransport auf Eisenbahnen s. **Eisenbahnwesen** B II 5.
2) Die in § 8 des Gesetzes vorbehaltene Instruction ist erlassen unter dem 9. Juni 1873.

Rittergüter s. **Gutsbezirke**.

Robben, über die Schonzeit derselben gilt Ges. vom 4. Dec. 1876.

Rübenzuckersteuer s. **Zuckersteuer**.

Ruhestörungen, und zwar
I. öffentliche Unruhen, hierüber s. **Kriegszustand** und **Militärwesen** H V.
II. Exceß ist nach St.G.B. § 360, 11 strafbar.

Sabbathsheiligung s. **Feiertage**.

Salzsteuer. Hierüber siehe zunächst die bei **Zollwesen** B und C aufgeführten Bestimmungen über indirecte Abgaben überhaupt; auf Grund der dort unter B I erwähnten Competenzbestimmung und infolge der dießfallsigen Uebereinkunft der Zollvereinsstaaten vom 8. Mai 1867 (Ges.-Bl p. 49) ist das Gesetz vom 12. Oct. 1867, die Erhebung einer Abgabe vom Salze betreffend, ergangen. Ausführungsbestimmungen zu der in § 20 des Gesetzes bestimmten Befreiung des zu landwirthschaftlichen und gewerblichen Zwecken bestimmten Salzes von der Salzabgabe, insbes. über die die Voraussetzung der Abgabenfreiheit bildende Denaturirung sind unter dem 1. Sept. 1872 in Kraft getreten.*)

Sammelacten der Standesbeamten, s. Ausf.-Verordnung vom 22. Juni 1875 § 9.**)

Sanitätscorps s. Medicinalwesen C I.

Sanitätspolizei s. Medicinalwesen B.

Schankwirthschaften s. Gastwirthe.

Schauer s. Gewerbewesen B III 3.

Schauspieler s. Theater.

Schaustellungen. Zu Schaustellungen, Musik-Aufführungen ꝛc. auf Straßen ꝛc. im Umherziehen, bei welchen ein höheres Kunstinteresse nicht vorliegt, bedarf es des Legitimationsscheines und der ortspolizeilichen Erlaubniß (G.O. § 59, § 42). Der Legitimationsschein gilt zunächst nur für den Bezirk der höheren Verwaltungsbehörde, welche denselben ausgestellt hat (G.O. § 60, 2). Im Uebrigen siehe G.O. § 55 ff. über den Gewerbebetrieb im Umherziehen überhaupt, und dazu Gewerbewesen C, insbes. C II, C V.

Schiedsgerichte, gewerbliche, s. G.O. § 108, 4 und dazu Gewerbewesen G IV.

Schießgewehre s. Waffen.

Schifffahrt s. Seewesen, Flüsse.

Schifffahrtszeichen s. Seewesen A im Eingange.

Schiffermusterung s. S.O. § 74, § 75.

Schiffsabgaben s. Wasserzölle.

---

*) Jedoch im Centr.-Blatte nicht publicirt. Die Bedingungen, unter denen die Denaturirung von Gewerbebestellsalz mit Petroleum ꝛc. zulässig ist, giebt Centr.-Bl. 1874 p. 425, Centr.-Bl. 1876 p. 602, die Bedingungen der Denaturirung mit Schwefelsäure und Kienöl Centr.-Bl. 1875 p. 749. Die Salzabgabe für eingepökelte ꝛc. Gegenstände, welche auf deutschen Kriegsschiffen als Proviant ausgeführt werden, ist aus der Reichscasse zu vergüten (Centr.-Bl. 1876 p. 554). Abänderungen bezüglich der Salzabgabenstatistik publicirt Centr.-Bl. 1876 p. 628.

**) Centr.-Bl. 1875 p. 388.

Schiffscertificate s. Seewesen A IV.
Schiffsprovisionsliste s. Zollgef. vom 1. Juli 1869 § 78.
Schiffsregister s. Seewesen A IV, A I.
Schlächtereien und
Schlachthäuser unterliegen den Vorschriften über gewerbliche Anlagen (G.O. § 16 — § 28 und Gewerbewesen B II). Den Landesgesetzen bleibt vorbehalten, für solche Orte, in welchen öffentliche Schlachthäuser in genügendem Umfange bestehen, oder errichtet werden, die fernere Benutzung und die Anlage von Privatschlächtereien zu untersagen (G.O. § 23, 2).
Schlachtsteuer, in wieweit dieselbe zulässig ist, siehe bei Zollwesen B III und B IV.
Schlägerei ist nach St.G.B. § 367, 10 § 360, 11 strafbar.
Schleußen, über Abgaben für deren Benutzung s. Zollwesen A III 2; Uebertretungen in Bezug auf Schleußen sind nach St.G.B. § 367, 14 strafbar.
Schlitten, polizeiliche Uebertretungen mit denselben werden nach St.G.B. § 366, 4 bestraft.
Schlosser werden für widerrechtliche Anfertigung von Schlüsseln nach St.G.B. § 369, 1 bestraft.
Schmiede, inwieweit dieselben verpflichtet sind, die Benutzung der Schmieden marschirenden Truppen im Felde zu überlassen, bestimmt Ges. vom 13. Febr. 1875 § 13.
Schnellzüge, hierüber siehe Bahnpolizei-Reglement*) vom 4. Jan. 1875 § 26 (größte Fahrgeschwindigkeit), § 28 (Zustand der Betriebsmittel), § 29 (Vorrang der Schnellzüge, Eilgutbeförderung mit denselben).
Schornsteinfeger.
I. Die Gewerbeordnung fordert eine besondere Concession für dieselben nicht, läßt jedoch die Einrichtung von Kehrbezirken nach (G.O. § 39, 1); Aufhebung oder Veränderung der Bezirke giebt den Bezirksschornsteinfegern kein Widerspruchs- bez. Entschä-

---

*) Centr.-Bl. 1875 p. 57.

bigungsrecht, (G.O. § 39, 2); sind Kehrbezirke eingerichtet, so ist
1) über die Zulässigkeit der Stellvertretung durch die Anstellungsbehörde zu entscheiden (G.O. § 47).
2) Aufstellung von Taxen durch die Verwaltungsbehörde und Ermäßigung derselben durch die Schornsteinfeger ist zulässig (G.O. § 77, § 79), die Ueberschreitung der Taxen ist nach G.O. § 148, 8 jct. Ges. vom 12. Juni 1872 § 2, 4 strafbar.
II. Unterlassene Reinigung der Schornsteine wird nach St.G.B. § 368, 4 bestraft.

Schriftwerke s. Urheberrecht I.

Schulamtscandidaten und

Schullehrer (Volksschullehrer), über deren Militärverhältnisse s. Unterrichtswesen B II. Anm.

Schulwesen s. Unterrichtswesen.

Schwimmunterricht s. Gewerbewesen B III 2.

Seemännische Bevölkerung s. Seewesen B I 2 und 4 (Begriff, Militärpflicht, Ersatzbedarf).

Seemannsämter s. Seewesen A II 4 Anm.

Seemannsordnung s. Seewesen A II 4.

Seeschiffahrtszeichen s. Seewesen A, im Eingange.

Seewarte s. Seewesen C III.

Seewehr s. Seewesen B I 1, I 3, I 5, I 6.

Seewesen.
A. Handelsmarine: Die Kauffahrteischiffe aller Bundesstaaten bilden eine einheitliche Marine (R.V. Art. 54, 1). Der Gesetzgebungscompetenz des Reichs unterliegt (nächst der Handelsgesetzgebung R.V. Art. 4, 2) die Organisation des gemeinsamen Schutzes der deutschen Schiffahrt und ihrer Flagge zur See (R.V. Art. 4, 7), sowie die Regelung der Seeschiffahrtszeichen (Ges. vom 3. März 1873). Auf Grund dieser Bestimmungen und der weiteren Verfassungsbestimmungen in Art. 54, Art. 55 der R.V. sind folgende Bestimmungen ergangen:
I. Die in Art. 54, 2 der R.V. vorbehaltenen Be-

stimmungen über das Verfahren zu Ermittelung der Ladungsfähigkeit der Seeschiffe und die Ausstellung von Meßbriefen sind enthalten in der Schiffsvermessungsordnung vom 5. Juli 1872.*)

II. Die gewerblichen Vorschriften anlangend, so haben
1) Seeschiffer, Seesteuerleute und Lootsen sich über den Besitz der erforderlichen Kenntnisse durch einen Befähigungsnachweis zu legitimiren (G.O. § 31, 1). Die in G.O. § 31, 2 und R.V. Art. 54 der R.V. hierüber vorbehaltenen Bestimmungen sind, soviel die Prüfung der Seeschiffer und Seesteuerleute betrifft, publicirt durch Bek. vom 25. Sept.

---

*) Zur Schiffsvermessungsordnung sind folgende Bestimmungen ergangen:
1) Die auf Grund § 19, § 20 derselben fungirenden Vermessungs- und Revisionsbehörden publicirt Centr.-Bl. 1876 p. 474.
2) Eine Ergänzung von § 23 (die vor der Vermessung bez. vor Ausfertigung der Meßbriefe noch anzustellenden Erörterungen betr.) publicirt Centr.-Bl. 1875 p. 718.
3) Bestimmungen über das Anerkenntniß der in den ausländischen Schiffspapieren enthaltenen Vermessungsangaben in deutschen Häfen und umgekehrt publicirt Centr.-Bl. 1873 p. 163 (Oestreich-Ungarn, Dänemark und Nordamerika betr.), Centr.-Bl. 1874 p. 329 (Italien betr.), Centr.-Bl. 1875 p. 324 (Nachtrag bezüglich Oestreich-Ungarns), p. 688 (Schweden betr.), Centr.-Bl. 1876 p. 26 (Chile betr.), p. 221 (Norwegen betr.).
4) Die Anweisung für deutsche Schiffsregisterbehörden, betreffend die Eintragung der Vermessungsergebnisse in die Schiffscertificatformulare giebt Centr.-Bl. 1873 p. 156.
5) Die von den Seeuferstaaten erlassenen Verordnungen behufs Umrechnung der Abgaben, welche in den deutschen Häfen nach Maaßgabe der Ladungsfähigkeit erhoben werden, publicirt Centr.-Bl. 1873 p. 184 ff., p. 193 ff. Die Tarife zu Erhebung von Communicationsabgaben in den fiscalischen Häfen des Königreichs Preußen publicirt Centr.-Bl. 1875 p. 203 ff.
6) Die Anweisung für deutsche Schiffsregisterbehörden wegen Bezeichnung der Ladungsfähigkeit der im Auslande erworbenen, im Inlande noch nicht vermessenen deutschen Schiffe in den Schiffsregistern und Schiffscertificaten ist enthalten im Centr.-Bl. 1874 p. 223.

1869*); die in § 21 der letzteren vorbehaltenen Bestimmungen über das Prüfungsverfahren und die Zusammensetzung der Prüfungscommission publicirt Bek. vom 30. Mai 1870.
2) Die Landesgesetzgebungen können vorschreiben, daß zum Betriebe des Lootsengewerbes besondere Genehmigung erforderlich ist (G.O. § 34).
3) Ueber Aufhören des Gewerbebetriebes in den zu 1 und 2 genannten Fällen, desgleichen über die Zulässigkeit der Stellvertretung s. Gewerbewesen M und N.
4) Auf die Rechtsverhältnisse der Schiffsmannschaften und Seeschiffer leidet die G.O. nicht Anwendung (G.O. § 6). Die für dieselben geltenden Bestimmungen enthält die Seemannsordnung vom 27. Dec. 1872**) und Buch V des Deutschen Handelsgesetzbuchs, soweit die Bestimmungen des letzteren nach § 110, § 68 der Seemannsordnung noch fortbestehen.

III. Zu Art. 54 Absatz 3 bis 5 der R.V. (Schiffsabgaben) s. Wasserzölle; über die zollamtliche Behandlung der Waaren-Aus- und Einfuhr see-

---

*) Zu § 7 § 8 § 3, 1 b der Verordnung vom 25. Sept. 1869 siehe Centr.-Bl. 1875 p. 376 (Gleichstellung der Seefahrzeit der Obermatrosen mit den ehemaligen Matrosen I. und II. Classe). — In weiterer Ausführung der Verordnung vom 25. Sept. 1869 veröffentlicht Centr.-Bl. 1875 p. 371 die Vorschriften betreffs des Umtausches der vor dem 1. Mai 1870 ertheilten Zeugnisse über die Befähigung als Seeschiffer und Seesteuermann. — Die Anordnungen über Zulassung ehemaliger Officiere der kaiserlichen Marine als Seeschiffer und Seesteuerleute auf Kauffahrteischiffen giebt Centr.-Bl. 1875 p. 51.

**) Zu § 23 der Seemannsordnung siehe das im Centr.-Bl. von 1874 p. 371 veröffentlichte Verzeichniß der Seemannsämter und Musterungsbehörden, mit Nachträgen im Centr.-Bl. 1875 p. 917, Centr.-Bl. 1876 p. 288. — Den Tarif der Kosten, welche von den Seemannsämtern innerhalb des Bundesgebietes für Musterungsverhandlungen zu erheben sind, publicirt Centr.-Bl. 1873 p. 62.

wärts s. Zollwesen A XV; über den für Strand=
güter zu gewährenden Zollerlaß siehe Zollges. vom
1. Juli 1869 § 116 und Punkt 22 der dazu
gehörigen Anweisung.*)

IV. Zu Art. 54, 2 Art. 55 der R.V.: Die Beschrei=
bung der Bundesflagge der Kauffahrteischiffe ent=
hält Verordnung vom 25. Oct. 1867, die Voraus=
setzungen für deren Führung, insbesondere die
Bestimmungen über Eintragung der Schiffe in
das Schiffsregister und Ausstellung der Schiffs=
certificate giebt das Ges. vom 25. Oct. 1867**).
Das Gesetz vom 28. Juni 1873 giebt die Be=
stimmungen über Führung und Abänderung der
Namen der Schiffe und verfügt unter Aufhebung
von § 17 des Gesetzes vom 25. Oct. 1867, daß
kleinere Schiffe zur Führung der Bundesflagge
auch ohne Eintragung in die Schiffsregister und
Ertheilung von Certificaten befugt sind. Die
Bundesconsuln haben die Innehaltung der Bestim=
mungen über Führung der Bundesflagge zu über=
wachen (Ges. vom 8. Nov. 1867 § 30).

V. Die Strandordnung ist erlassen unter dem 17. Mai
1874.***)

VI. Ueber die Verpflichtung der Kauffahrteischiffe zur
Mitnahme hülfsbedürftiger Seeleute s. Ges. vom
27. Dec. 1872 (p. 432).

VII. Die Reichsconsuln sind berufen, das Interesse des
Reichs in Bezug auf die Schiffahrt thunlichst zu
schützen (Ges. vom 8. Nov. 1867 § 1). Ueber

---

*) Die Anweisung ist nicht publicirt — vergl. Zoll=
wesen A—.

**) Die zufolge § 3 dieses Gesetzes fungirenden Schiffs=
registerbehörden giebt Centr.=Bl. 1873 p. 155 mit Berichtigung
p. 198.

***) Die Instruction zur Strandordnung enthält Centr.=Bl.
1875 p. 751, das Verzeichniß der Strandämter und Strand=
vögte Centr.=Bl. 1875 p. 478, abgeändert im Centr.=Bl. 1876
p. 302.

die sonstige Zuständigkeit der Consuln bezüglich der Handelsmarine s. § 30 bis § 37 dieses Gesetzes.
B. Die Kriegsmarine ist eine einheitliche unter dem Befehle des Kaisers; hierüber und über die Organisation, Kosten und Flagge der Kriegsmarine, Dienst in derselben und Reichskriegshäfen s. R.V. Art. 53, Art. 55. Hierzu siehe
I. die unter Militärwesen aufgeführten Bestimmungen. Insbesondere
1) über die Organisation siehe Militärwesen A I, insbes. Ges. vom 9. Nov. 1867 § 2, § 13 (Eintheilung in Flotte und Seewehr ꝛc.).
2) Ueber Ersatzbedarf und Ersatzvertheilung s. Militärwesen A I 1, insbes. R.V. Art. 53, 5 (die von jedem Staate gestellte Quote kommt auf die Gestellung zum Landheere in Anrechnung), E.O. § 50, 5 (getrennte Aufstellung des Ersatzbedarfs der Marinetheile nach der land- und seemännischen Bevölkerung), E.O. § 51, 7 (Hinübergreifen auf die militärpflichtige Landbevölkerung bei Mangel an Ersatzmannschaften der seemännischen Bevölkerung).
3) Ueber die Organisation der Seewehr s. Militärwesen A II, insbes. Ges. vom 9. Nov. 1867 § 5 (Bestimmung der Seewehr zur Unterstützung der Flotte).
4) Ueber die Gliederung der Wehrpflicht s. Militärwesen B, insbes. E.O. § 5, 4 (Gliederung der Pflicht zum Dienste in der Marine), E.O. § 21 (Militärpflicht der seemännischen Bevölkerung und Begriff der letzteren).
5) Ueber die Dauer der Wehrpflicht s. Militärwesen B II, insbes. E.O. § 15 bis § 17 (Dauer der activen Dienstpflicht, der Marinereservepflicht und der Seewehrpflicht).
6) Ueber das Ersatzwesen s. Militärwesen C, insbes. E.O. § 74, § 75 (Schiffermusterung), § 77, 3

(außerterminliche Musterungen), § 49 (Vorstellungs= liste F), § 57, 4 (summarische Nachweisung der Militärpflichtigen der seemännischen Bevölkerung), § 87 (freiwilliger Eintritt in die Marine), § 81, 2 § 82, 2 (Entlassung von Marinemannschaften).

7) Ueber den Beurlaubtenstand s. Militärwesen F, insbes. C.O. § 5, 4 (Zugehörigkeit der Marine= Reserve und der Seewehr zum Beurlaubtenstande), § 12, 8—10 (Uebungen).

8) Ueber die Gerichtsbarkeit s. Militärwesen G bis L, insbesondere unter L und dazu Militär= strafgesetzbuch vom 20. Juni 1872 § 162 — § 166 (zusätzliche Bestimmungen für die Marine) und Anhang zum Milit.=Strafges.=Buch (Classification der zur Marine gehörigen Militärpersonen); siehe auch unten B II 3 (Generalauditoriat der Marine).

9) Ueber die Pensionsverhältnisse s. Militärwesen P, insbes. Ges. vom 27. Juni 1871 § 48 — § 57, § 60, § 93 und Ges. vom 4. April 1874 § 7 — § 9.

10) Ueber Kriegsleistungen s. Militärwesen R I, insbes. Ausf.=Verordnung vom 1. April 1876 No. 17 (Erstreckung der dießfallsigen Bestim= mungen auf die Marine) und soviel die Gestellung von Schiffen und Fahrzeugen betrifft, Gesetz vom 13. Juni 1873 § 23, § 24 jct. Ausf.=Verord= nung vom 1. April 1876 No. 12.

11) Ueber Naturalleistungen im Frieden s. Militär= wesen R II, insbes. Instruction vom 2. Sept. 1875 No. 11 (Erstreckung der dießfallsigen Be= stimmungen auf die Marine) und soviel die Ge= stellung von Schiffen und Fahrzeugen betrifft, Gesetz vom 13. Febr. 1875 § 10 jct. Instruction vom 2. Sept. 1875 No. 7.

12) Siehe auch Wohnungsgeldzuschüsse, Orden I, (Kriegsdenkmünze).

II. Marinebehörden.
1) Die oberste Marinebehörde (kaiserliche Admiralität) ist errichtet durch Erlaß vom 1. Jan. 1872 und führt die Geschäfte des Obercommandos und der Verwaltung nach Maaßgabe des Regulativs vom 15. Juni 1871; der Chef der Admiralität kann jeder Zeit mit Wartegeld in den Ruhestand versetzt werden (Beamtenges. vom 31. März 1873 § 25).
2) Die Errichtung von 2 Stationsintendanturen und einem Decernat für Rechnungsrevisionen ist erfolgt durch Erlaß vom 18. Juni 1872.
3) Das oberste Militärgericht in Marinesachen ist das Generalauditoriat der kaiserlichen Marine; der Vorstand desselben führt die Benennung Generalauditeur der kaiserlichen Marine (Erlaß vom 23. Mai 1876).
4) Ueber die Competenz der Reichsconsuln in Bezug auf die Kriegsmarine s. Ges. vom 8. Nov. 1876 § 27 — § 29.

III. Ueber die Marinebeamten s. Militärbeamte.

C. Gemeinsame Bestimmungen für Kriegs- und Handelsmarine:
I. Auf Grund von § 145 des St.G.B. publicirt
1) die Verordnung vom 23. Dec. 1871 die Vorschriften zu Verhütung des Zusammenstoßes von Schiffen zur See,
2) die Verordnung vom 15. August 1876 die Vorschriften über das Verhalten der Schiffe nach einem Zusammenstoße von Schiffen zur See.
3) Auf Grund derselben Bestimmung ist die Noth- und Lootsen-Signalordnung für Schiffe auf See und auf Küstengewässern vom 14. August 1876 ergangen.
II. Ueber die Beurkundung des Personenstandes der auf See befindlichen Personen s. Ges. vom 6. Febr. 1875 § 61 — § 64 § 68, 2; die in § 71 dieses Gesetzes vorbehaltenen Bestimmungen über die Be-

urkundung von Sterbefällen der Militärpersonen an Bord von Schiffen sind publicirt durch Verordnung vom 4. November 1875.
III. Die deutsche Seewarte ist errichtet durch Gesetz vom 9. Januar 1875.

Selbstgeschosse, Legung derselben ist nach St.G.B. § 367, 8 strafbar.

Servis
1) für die Einquartierung im Frieden, hierüber s. Ges. vom 25. Juni 1868 § 15, § 16, Anlage zu diesem Gesetze (Tarif) und Instruction vom 31. Dec. 1868 § 15, 4 § 16 § 17 (Ges.=Bl. 1869 p. 6).
2) Servis für Wohnungsgeldzuschüsse, hierüber s. Ges. vom 30. Juni 1873 § 3 und dazu Wohnungsgeldzuschüsse.

Seuchen s. Rinderpest, Medicinalwesen B, R.V. Art. 4, 15 (Reichscompetenz).

Siegel, unbefugte Anfertigung und Verwendung ist nach St.G.B. § 360, 4 und 6 strafbar.

Signalordnung für Eisenbahnen s. Eisenbahnwesen B I, für Schiffe s. Seewesen C I 3.

Singvögel, unbefugte Ausnahme von Eiern derselben ist nach St.G.B. § 368, 11 strafbar.

Soldbücher, dieselben dienen als Ausweis der Militärpersonen des activen Heeres (C.O. § 6, 3).

Sonntagsarbeit s. Feiertage.

Spanndienste s. Vorspannleistungen.

Specialmärkte s. Gewerbewesen D IV.

Spiel s. Ges. vom 1. Juli 1868 (Schluß der Spielbanken und Verbot der Concessionirung neuer), St.G.B. § 360 (Strafe für verbotenes Halten von Glücksspielen); s. auch Lotterie.

Spielkarten. Das Verbot der Einfuhr derselben ist aufgehoben, der Spielkartenstempel bleibt bestehen, darf aber von fremden Spielkarten mit keinem höheren Betrage erhoben werden, als von den im Inlande verfertigten (Schlußprotokoll vom 8. Juli 1867 Punkt 3).

Spirituosen. s. Gastwirthe.
Staatsangehörigkeit.
A. Ueber Erwerb und Verlust der Reichs- und Staats-
angehörigkeit ist auf Grund Art. 4, 1 der R.V. das
Gesetz vom 1. Juni 1870 ergangen. Hierzu siehe
Folgendes:
  I. Die auf die süddeutschen Staaten bezüglichen Bestimmungen § 1, 2 § 8, 3 § 16 des Gesetzes erledigen sich durch die Erklärung desselben zum
  Reichsgesetze (vgl. § 9 des Gesetzes v. 22. April 1871).
  II. Zu § 9, 2 (die Anstellung eines Ausländers in
  einem Bundesstaate giebt die Staatsangehörigkeit
  desjenigen Bundesstaates, in welchem er seinen
  dienstlichen Wohnsitz hat) s. Ges. vom 20. Dec. 1875
  p. 324 (Ausländern, welche im Reichsdienste angestellt werden, und ihren dienstlichen Wohnsitz im
  Auslande haben, darf von demjenigen Bundesstaate, in welchem sie die Verleihung der Staatsangehörigkeit nachsuchen, die Naturalisationsurkunde
  nicht versagt werden).
  III. Zu § 15 (Voraussetzungen für Entlassung Militärpflichtiger aus der Staatsangehörigkeit), und zwar
    1) zu § 15, 1 (Wehrpflichtige von 17 bis 25 Jahren
    betr.) siehe E.O. § 25, 1—4 (Ausführungsbestim-
    mungen), St.G.B. § 140 (Strafe unerlaubter
    Auswanderung), E.O. § 48, 6 (Vorschriften für
    Einleitung des gerichtlichen Verfahrens), E.O.
    § 47, 3 (Streichung in den Restantenlisten).
    2) Zu § 15, 2 siehe, soviel die Entlassung
      a) von Militärpersonen des activen Heeres betrifft
      E.O. § 6, 2; die Strafe für unerlaubte Aus-
      wanderung giebt dießfalls Militärstrafgesetz-Buch
      vom 20. Juni 1872 § 69 ff.
      b) Soviel Officiere und im Officierrang stehende
      Aerzte des Beurlaubtenstandes, vorläufig in die
      Heimath beurlaubte Recruten und Freiwillige,
      zur Disposition entlassene bez. beurlaubte Mann-

schaften betrifft, siehe C.O. § 7, 5; die Strafe für Aerzte und Officiere giebt C.O. § 7, 6.

3) Zu § 15, 3 (Entlassung von Mannschaften der Reserve, Land- und Seewehr) siehe C.O. § 7, 11 und R.V. Art. 59, 2; die Strafe für unerlaubte Auswanderung giebt dießfalls St.G.B. § 360, 3.

4) Ersatzreservisten I. Classe bedürfen, ausgenommen bei besonderer Anordnung für den Fall eines Kriegs, der Genehmigung zur Auswanderung nicht, vielmehr genügt die Anzeige (Militärgesetz vom 2. Mai 1874 § 69, 8). Die Strafe wegen unterlassener Anzeige giebt St.G.B. § 360, 3.

IV. Zu § 21, 3 (Verwirkung der Staatsangehörigkeit nach 5jährigem Aufenthalte im Auslande infolge Staatsvertrages) s. den Vertrag mit Nordamerika vom 22. Mai 1868.

V. Zu § 27 des Gesetzes (Inkrafttreten desselben am 1. Jan. 1871) siehe Gesetz vom 21. Juli 1870, wornach § 17 und § 20 bereits früher in Kraft getreten sind).

VI. Ueber die Verpflichtung zur Uebernahme früherer Staatsangehöriger im Verhältnisse zu Bayern und den nichtdeutschen Staaten siehe Freizügigkeit C I 2 und 3.

B. Die Wirkungen des Bundesindignats sind aufgezählt in Art. 3 der R.V. Ueber die Modificationen

I. der in Art. 3 Abs. 3 der R.V. getroffenen Bestimmungen wegen Fortbestehens der landesgesetzlichen Bestimmungen über die Armenversorgung siehe Armenwesen.

II. Das in Art. 3, 3 angeordnete Fortbestehen der landesgesetzlichen Bestimmungen über die Aufnahme in den localen Armenverband modificirt sich durch die bei Freizügigkeit unter D aufgeführten Bestimmungen.

III. Die Bestimmung in Art. 3, 4 über das Fortbestehen der Verträge wegen Uebernahme Ausgewie=

sener ꝛc. modificirt sich durch das bei Freizügigkeit C I 1 und 2, C II 1 und 2 Bemerkte.
  IV. Die in Art. 3, 5 in Aussicht gestellten Bestim=
mungen über Erfüllung der Militärpflicht im Verhältniß zum Heimathslande enthält Militärgesetz
vom 2. Mai 1874 § 12; über die Wehrpflicht
der Einwanderer und Ausländer s. E.O. § 19.
   V. Keines der in Art. 3 aufgeführten, aus der Reichs=
angehörigkeit fließenden Rechte darf mit Rücksicht
auf das Glaubensbekenntniß beschränkt werden (s.
Freizügigkeit A).
  VI. Die Legislative über die Reichs= und Staatsange=
hörigkeit erstreckt sich nicht auf die Frage, unter
welchen Voraussetzungen Jemand zur Ausübung
politischer Rechte in einem einzelnen Bundesstaate
befugt sei (Schlußprotokoll vom 23. Nov. 1870
unter II (Ges.=Bl. 1871 p. 23).

Staatsdienst
A. des Reichs, siehe Reichsbeamte,
B. der Einzelstaaten, hierüber siehe
   I. R.V. Art. 3, 1 (der Bundesinländer ist zu demselben unter denselben Bedingungen zuzulassen, wie
der Einheimische.
  II. Diejenigen Reichsbeamten, auf welche die Bestimmun=
gen der Einzelstaaten über Staatsdiener Anwendung
erleiden, nennt Beamtenges. v. 31. März 1873 § 19, 1.
 III. Ueber die Pensionsverhältnisse der in den Reichs=
dienst übernommenen Staatsbeamten und ihrer
Hinterbliebenen siehe Gesetz vom 31. März 1873
§ 69 — § 71, und dazu Reichsbeamte D VI;
die Begünstigungen, welche nach der Gesetzgebung
der Einzelstaaten den Hinterbliebenen der Staats=
beamten hinsichtlich der Besteuerung der Pensionen,
Unterstützungen ꝛc. zustehen, sind auf die Hinter=
bliebenen der Reichsbeamten erstreckt worden durch
§ 19, 2 des Ges. vom 31. März 1873.
  IV. Im Uebrigen s. Civildienst.

Staatspapiergeld s. Papiergeld.
Stabsofficiere s. Militärges. vom 2. Mai 1874 § 4.
Stammrollen
1) zum Zwecke des Ersatzgeschäftes, hierüber siehe Grundlisten, hiernächst E.O. § 44, § 45 (allgemeine Bestimmungen), § 23 § 27, 6 E.O. § 4, 2 (Meldungen zur Stammrolle), E.O. § 47, 6 (Vernichtung der Stammrolle), § 60, 3 (Mitbringen bei der Musterung), § 66, 2 (Eintrag der Loosnummer);
2) über Landwehrstammrollen*) und Truppenstammrollen**) s. Anm.

Standarte s. Wappen.
Standesamtswesen s. Personenstand.
Standesnachweise, dieselben werden auf Grund der Landwehrstammrollen und Controllisten aufgestellt.***)
Stapelrechte sind unzulässig (Zollwesen A III 2 b).
Stationscontroleure s. Zollwesen C VI.
Stauanlagen s. Flüsse B.
Stauer s. Gewerbewesen B III 3.
Stehender Gewerbebetrieb s. G.O. § 14 — § 54 und dazu Gewerbewesen B.
Steine, unbefugtes Werfen mit solchen ist nach St.G.B. § 366, 7, unbefugte Wegnahme derselben nach St.G.B. § 370, 2 strafbar.
Steindrucker s. Presse, insbes. A I 1.
Stellvertretung beim Gewerbebetriebe s. Gewerbewesen N, von Reichsbeamten s. Reichsbeamte A V.

---

*) In die Landwehrstammrollen werden die Mannschaften der Reserve und Landwehr und die zur Disposition der Truppentheile beurlaubten Mannschaften aufgenommen; die Aufnahme erfolgt nach Eingang des Ueberweisungsnationales, die Streichung bei Tod, Ueberführung zum Landsturme, Aufnahme in die Ranglisten ꝛc.; hierüber allenthalben s. L.O. § 7, § 8.
**) In die Truppenstammrollen werden die tauglich befundenen Recruten aufgenommen; die Streichung erfolgt nach beendigter activer Dienstzeit (R.O. § 12 § 14, 6).
***) Näheres giebt L.O. § 10.

Stempel. Widerrechtliche Anfertigung bez. Verabfolgung von Stempeln zur Anfertigung von Geld, papiergeldähnlichen Abbildungen, Waarenempfehlungskarten ꝛc. ist nach St.G.B. § 360, 4 und 6 strafbar.

Stempelsteuer.
A. Die Strafbestimmungen in Bezug auf die Stempelsteuer giebt St.G.B. § 364 (Veräußerung von bereits verwendeten Stempelmarken, Stempelpapier ꝛc.), § 360, 4 (widerrechtliche Anfertigung bez. Verabfolgung von Platten, Stempeln ꝛc. zur Herstellung von Stempelpapier).
B. Im Uebrigen siehe Kalenderstempel, Spielkarten, Zeitungsstempel, Wechselstempel.

Sterbecassen, hierüber s. Genossenschaftswesen D II, D III; unbefugte Errichtung wird nach St.G.B. § 360, 9 bestraft.

Sterbefälle, über deren Beurkundung siehe
I. Ges. vom 6. Febr. 1875 § 56 — § 60 und dazu Seewesen C II (Beurkundung auf See), Consulatwesen B IV (Reichsangehörige im Auslande betr.), E.O. § 45 No. 7 b und No. 9 (Uebersendung eines Auszugs aus dem Sterberegister an den Civilvorsitzenden der Ersatzcommission).
II. Im Uebrigen siehe die bei Personenstand aufgeführten allgemeinen Bestimmungen über Standesämter, Standesregister*) ꝛc.

Sterbeurkunden s. Todtenscheine.
Steuer= s. Zoll=.
Steuermannsprüfung s. Seewesen A II 1.
Steuern, und zwar
A. directe Steuern
I. des Reichs bestehen zur Zeit noch nicht. (R.B. Art. 70.)

---

*) Ueber Registerformulare und Probe-Einträge von Sterbefällen siehe Ausf.-Verordnung vom 22. Juni 1875 (Centr.-Bl. 1875 p. 986) § 1 C § 8.

II. Die Bestimmungen zu Vermeidung der Doppelbesteuerung in den Einzelstaaten giebt Ges. vom 13. Mai 1870; siehe auch Gewerbewesen A I 2 b.
III. Ueber Gemeindeabgaben s. Gemeindewesen D I und II.
IV. Ueber Besteuerung von Militärpersonen s. Militärwesen N, der Hinterlassenen von Reichsbeamten siehe Ges. vom 31. März 1873 § 19, 2.

B. Indirecte Steuern
I. des Reichs und der Einzelstaaten, hierüber s. Zollwesen B und C,
II. der Gemeinden und Corporationen s. Gemeindewesen D III.

C. Insbesondere über Besteuerung des Gewerbebetriebes s. Gewerbewesen A I.

Steuervergütung s. Zollwesen B II 2, B IV, B V.

Stockdegen, Mitführen derselben wird nach St.G.B. § 367, 10 bestraft.

Stolgebühren s. Kirche C I.

Strafarten
I. des bürgerlichen Strafrechtes, und zwar
1) des St.G.B. siehe § 13 — § 42, § 57, 4 und al. ult. des St.G.B.,
2) in Materien, welche nicht Gegenstand des St.G.B. sind, siehe Einführungsges. vom 31. Mai 1870 § 5, § 6.
II. Ueber die Strafarten des Militärstrafrechts s. Militärstrafges.=Buch vom 20. Juni 1872 § 14 — § 45 (Criminalstrafen) und Militärwesen J III (Disciplinarstrafmittel).

Strafrecht und zwar
A. Bürgerliches Strafrecht, dasselbe ist enthalten in dem Strafgesetzbuche für das Deutsche Reich, eingeführt für den norddeutschen Bund durch Ges. vom 31. Mai 1870, als Reichsstrafges.=Buch publicirt durch Ges. vom 15. Mai 1871 und mit den in den Gesetzen vom 10. Dec. 1871 (Kanzelmißbrauch) 4. Mai 1874 (un=

befugte Ausübung von Kirchenämtern) und Ges. vom 26. Febr. 1876 (allgemeine Revision) enthaltenen Abänderungen in der Neuredaction publicirt durch Bek. vom 26. Febr. 1876. Diejenigen reichs- und landesrechtlichen Bestimmungen, welche neben dem St.G.B. fortbestehen, bezeichnet § 2, 2 und 3 des Gesetzes vom 31. Mai 1870.

B. Ueber das Militärstrafrecht siehe Militärwesen G und J.

C. Ueber das Verhältniß des Militärstrafrechts zu dem bürgerlichen Strafrechte siehe Militärwesen G I, G IV, G V, H I, H II, H IV, J II und K.

Strandämter s. Seewesen A V Anm.

Strandgüter s. Zollerlaß I.

Straßenwesen.
I. Der Reichscompetenz unterliegt die Herstellung von Landstraßen im Interesse der Landesvertheidigung und des allgemeinen Verkehrs (R.V. Art. 4, 8).
II. Inwieweit die Erhebung von Chaussee-, Wege-, Brücken- ꝛc. Geld zulässig ist, s. Zollwesen A III 2. Den zulässigen Höchstbetrag des Chausseegeldes nennt Zollvertrag vom 8. Juli 1867 Art. 22, 2. Wegen der Befreiung der Posten und der als Ersatz der ordentlichen Posten dienenden Privatfuhrwerke vom Chausseegelde siehe Postgesetz vom 28. Oct. 1871 § 16.
III. Straßenpolizeiliche Uebertretungen werden nach St.G.B. § 366 No. 2—5, No. 8—10 § 367, 12 und 14, § 370, 1 bestraft; zu Schaustellungen, Musikaufführungen ꝛc. auf der Straße bedarf es außer den sonstigen Erfordernissen der ortsobrigkeitlichen Erlaubniß (G.O. § 59 und dazu unter Schaustellungen).

Ströme s. Flüsse.

Strompolizei s. Wasserstraßen I.

Suspension von Reichsbeamten, s. Ges. vom 31. März 1873 § 125 — § 131, § 158.

Syrup. Die Besteuerung desselben unterliegt der Reichscompetenz (s. Zollwesen B I); Eingangszoll für ausländischen Syrup s. Ges. vom 26. Juni 1869 § 2.

Tabakrauchen, inwieweit dasselbe in Eisenbahnwagen zulässig ist, bestimmt Bahnbetriebsreglem. § 22*); Tabakrauchen in feuergefährlicher Nähe von Scheunen ꝛc. wird nach St.G.B. § 368, 5 bestraft.

Tabaksteuer. Hierüber siehe zunächst die bei Zollwesen B und C aufgeführten Bestimmungen über indirecte Steuern überhaupt. Auf Grund der daselbst unter B I erwähnten Reichscompetenz ist das Gesetz vom 26. Mai 1868**), die Besteuerung des Tabaks betr., ergangen.

Tagegelder s. Reichsbeamte A VII, Militärwesen S.

Tanzunterricht s. Gewerbewesen B III 2.

Tara s. Zollwesen A XI.

Tarifwesen der Eisenbahnen, hierüber steht dem Reiche die Controle zu (R.V. Art. 45). Wegen des Vorbehalts für Würtemberg s. Eisenbahnwesen A im Eingange.

---

*) Centr.-Bl. 1874 p. 184.
**) Hierzu sind folgende Bestimmungen ergangen:
1) An Stelle der in § 1 Abs. 2 des Gesetzes für die Veranlagung des Tabaks bestimmten Flächeneinheit von 6 ☐Ruthen ist zufolge eines (im Central-Blatte nicht publicirten) Bundesrathsbeschlusses vom Jahre 1871 die Flächeneinheit von 85 ☐Metern getreten.
2) Die in § 7 des Gesetzes vorbehaltenen Bestimmungen über die Bedingungen des Verfahrens für Gewährung von Steuererlaß bei Mißwachs ꝛc., sowie das Regulativ über Gewähr einer Steuervergütung (vgl. § 8 des Gesetzes) sind vom Bundesrathe im Jahre 1869 erlassen, jedoch ebenso, wie die im Jahre 1871 beschlossenen Abänderungen zu § 20 des Regulativs im Centr.-Bl. nicht enthalten; dagegen finden sich weitere Erläuterungen bez. Abänderungen zu § 20 des Regulativs im C.-Bl. 1875 p. 171 und im C.-Bl. 1876 p. 86.
3) Die Erhebung der Uebergangsabgaben von dem aus Süddeutschland eingehenden Tabak ist zufolge Bundesrathsbeschlusses vom 1. Juli 1869 eingestellt worden (das C.-Bl. enthält diesen Beschluß nicht).

Taufe, die kirchliche Verpflichtung hierzu wird durch das Ges. vom 6. Febr. 1875 nicht berührt (s. § 82 dieses Gesetzes).

Taxen s. Gewerbewesen E.

Telegraphenwesen. Die für das Telegraphenwesen geltenden Verfassungsbestimmungen siehe bei Postwesen A. Auf Grund dieser Bestimmungen sind ergangen
1) die Telegraphenordnung vom 21. Juni 1872*) und dazu das Ges. vom 16. Mai 1869, die Einführung von Telegraphenfreimarken**) betr., letzteres auf Elsaß-Lothringen erstreckt durch Ges. vom 8. Febr. 1875,

---

*) Hierzu siehe
1) die Centr.-Bl. 1876 p. 101 publicirten umfassenden Abänderungen und Ergänzungen derselben in Bezug auf die Gebühren,
2) die Bestimmungen vom 8. Nov. 1872 über gebührenfreie Beförderung telegraphischer Depeschen (im Centr.-Bl. nicht publicirt).
3) Insbesondere zu § 21 der Telegraphenordnung (Weiterbeförderung von Depeschen mittelst Post) siehe Centr.-Bl. 1873 p. 150 (die Eisenbahntelegraphenstation ist dießfalls berechtigt, die Portogebühr von dem Auftraggeber einzuziehen) und Centr.-Bl. 1876 p. 624 (Telegramme werden zur Weiterbeförderung mit Post auch als gewöhnliche, nicht eingeschriebene Briefe angenommen).
4) Nach Centr.-Bl. 1876 p. 106 ist es zulässig, daß Privattelegramme durch die in den Eisenbahnzügen fahrenden Postbureaus zur Einlieferung gelangen, ingleichen, daß Telegraphenboten die Antwort zum Telegraphenamte direct mit zurücknehmen.
5) Neuere Bestimmungen über beschleunigte Beförderung, abgekürzte Form der Adresse und größte Wortlänge publicirt Centr.-Bl. 1876 p. 27; auch Telegramme mit zwei Worten werden angenommen (Centr.-Bl. 1876 p. 624); für Telegramme nach Nordamerika ist der Worttarif eingeführt durch Bek. vom 18. Nov. 1875 (Centr.-Bl. 1875 p. 758).
6) Das Reglement über die Benutzung der Eisenbahntelegraphen zu Beförderung von Telegrammen, welche nicht den Eisenbahndienst betreffen, publicirt Centr.-Bl. 1876 p. 156.
7) Zur Zahlung an die Telegraphencassen können in gewissen Bezirken auch Noten bestimmter Privatbanken verwendet werden (Centr.-Bl. 1876 p. 359).

**) Die Einführung neuer Telegraphenfreimarken auf Reichs-

2) der Telegraphenvertrag mit Luxemburg vom 25/28. Mai 1868.
3) Die für Telegraphenbehörden und Telegraphenbeamte geltenden Bestimmungen siehe bei Postwesen B IV. Die Titel „Telegraphendirector" und „Telegrapheninspector" sind eingeführt durch Erlaß vom 17. Juli 1876.

Theater.
I. Die Ausübung der schönen Künste unterliegt der G.O. nicht, jedoch bedürfen Schauspielunternehmer nach G.O. § 32 zum Betriebe ihres Gewerbes der Erlaubniß; wegen Erlöschens der Gewerbebefugniß und wegen der Stellvertretung s. Gewerbewesen M und N.
II. Ueber theatralische Vorstellungen ohne höheres Kunstinteresse auf Straßen ꝛc. siehe Schaustellungen.
III. Ueber das Urheberrecht an dramatischen Werken s. Urheberrecht I, insbes. Ges. vom 11. Juni 1870 § 50 ff.

Theilungslager s. Zollwesen A XIX.
Theologen, Bestimmungen über den Militärdienst derselben, s. Kirche D III.
Thierärzte s. Medicinalwesen A, insbes. A I 3.
Thierquälerei wird nach St.G.B. § 360, 13 bestraft.
Thorsperrgelder sind unzulässig Zollwesen A III 2 b.
Todesanzeigen, hierüber s. Ges. vom 6. Febr. 1875 § 56 — § 58 (Anzeigepflichtige, Zeit der Anzeigepflicht, Art und Prüfung der Anzeige), § 68 (Strafe unterlassener Anzeige), § 74, 2 (Fortbestehen der landesgesetzlichen Bestimmungen über die Anzeigepflicht).
Todesfälle, über deren Beurkundung s. Sterbefälle.
Todtenscheine, über diese gelten die bei Registerauszüge aufgeführten Bestimmungen.*)

---

währung ist erfolgt durch Bek. vom 12. Dec. 1874 (Centr.-Bl. 1874 p. 443).

*) Ausführungsbestimmungen giebt Verordnung vom 22. Juni 1875 (Centr.-Bl. 1875 p. 423) § 4, § 8 (Formular ꝛc.).

Transitläger s. Zollwesen A XIX.
Transportcontrole s. Zollwesen A XXII.
Transportmittel s. Verkehrsmittel.
Trauung s. Ehe.
Trichinen, Verkauf trichinenhaltigen Fleisches wird nach St.G.B. § 367, 7 bestraft.
Trödler s. Gewerbewesen B III 2.
Trunkenbolde, über deren polizeiliche Behandlung siehe Armenwesen B.
Truppenstammrollen s. Stammrollen 2. Anm.
Truppenübungen, und zwar
  I. Uebungen des Beurlaubtenstandes, hierüber s. Militärwesen F, insbes. C.O. § 12.*)
  II. Ueber die Entschädigung für Gewährung von Grundstücken zu Truppenübungen im Frieden, bez. Ersatz dießfallsiger Flurschäden s. Ges. vom 13. Febr. 1875 § 11, § 14, Instruction vom 2. Sept. 1875 No. 8.
Tumultgesetze s. Kriegszustand, Militärwesen H V.
Turnunterricht s. Gewerbewesen B III 2.

Uebergangsabgaben s. Zollwesen B II, B I, B V.
Uebernahme, Auszuweisender, s. Freizügigkeit C.
Uebersetzungen, rechtswidrige, s. Ges. vom 11. Juni 1870 § 6, § 50, 3 und 4 und dazu Urheberrecht I.
Uebertretungen, hierüber s. St.G.B. § 1, 3 § 18 (Begriff), § 6 § 43 § 49 (im Auslande begangene Uebertretungen sind nur ausnahmsweise, Versuch und Theilnahme niemals strafbar), § 57, 4 (bei jugendlichen Personen ist als Strafe Verweis zulässig), § 78, 2 (Höchstbetrag der Haft bei Umwandelung von Geldstrafen concurrirender Uebertretungen), § 67, 3—4 (Verjährung), § 360 — § 370 (einzelne Uebertretungen

---

*) Ausführungsbestimmungen giebt L.O. § 18 (überhaupt), § 22 (insbes. Officiersaspiranten), § 28, 2 (Reserveofficiere betr.), § 29, 2 (Landwehrofficiere betr.).

des St.G.B.), Einführungsgesetz vom 31. Mai 1870
§ 2 (die besonderen Vorschriften wegen Preß-, Post-,
Jagd- ꝛc. Polizeiübertretungen bleiben in Kraft), Mi=
litärwesen K (Bestrafung von Militärpersonen wegen
Uebertretungen).

Ueberweisungsnationale, durch diese erfolgt die Ueber=
weisung activer Mannschaften zum Beurlaubtenstande*).

Ueberzählige s. E.D. § 72, 7 § 65, 11 und 2 d.

Uebungen s. Truppenübungen.

Umherziehen, über den Gewerbebetrieb im Umherziehen
s. Gewerbewesen C.

Umschlagsrechte sind unzulässig, s. Zollwesen A III 2 b.

Umzugskosten s. Reichsbeamte A VII.

Unabkömmlichkeitsgründe und dießfallsiges Verfahren
s. Zurückstellung III 2.

Uneheliche Kinder. Ueber Eintragung ihrer Anerkennung,
Führung derselben in der Stammrolle ꝛc. s. Namen.

Unfug, grober, wird nach St.G.B. § 360, 11 bestraft.

Unglücksfälle, über die allgemeine Verpflichtung, der
Polizei hierbei Hülfe zu leisten, s. St.G.B. § 360, 10.

Uniform, und zwar
1) militärische, siehe R.B. Art. 63, 2 (für die Be=
kleidung des deutschen Heeres sind die Grundfarben
und der Schnitt der preußischen Armee maaßgebend,
den Contingentsherren bleibt die Bestimmung der
äußeren Abzeichen, Kokarden ꝛc. überlassen), Militär-
Ges. vom 2. Mai 1874 § 7, 2 (Forttragen der Uni=
form Seitens der aus dem Heere Ausscheidenden),**)
Ges. vom 12. Febr. 1875 § 5 (militärische Abzeichen
des Landsturms), St.G.B. § 370, 3 (Strafe für
den Verkauf von Armatur= und Montirungsstücken).

---

*) Näheres hierüber giebt R.O. § 17, 3—5 L.O. § 11 § 19, 4.

**) Officiere des Beurlaubtenstandes tragen die Uniform
bei Controlversammlungen, bei Einberufung zum Dienste, und
während der Beurlaubung bei feierlichen Gelegenheiten (L.O.
§ 17, 5 § 27, 3).

Unruhen — Unterrichtswesen. 181

2) Die Uniform der Reichsbeamten bestimmt der Kaiser (Beamtenges. vom 31. März 1873 § 17).
3) Unbefugtes Tragen von Uniformen ist nach St.G.B. § 360, 8 strafbar.

Unruhen, öffentliche, s. Kriegszustand, Militärwesen HV.

Unsichere Heerespflichtige s. E.O. § 7, 2 § 61, 5 § 65, 3 § 67, 3 § 77, 1 § 24, 7 § 80, 7.

Unterofficiersschulen s. Militärwesen T Anm.

Unterrichtswesen.
  A. Der G.O. unterliegt dasselbe nicht (G.O. § 6), siehe jedoch Gewerbewesen B III 2 (Bestimmungen für Ertheilung von Privat-Tanz-, Turn- und Schwimmunterricht), Fortbildungsschule (Zulässigkeit ortsstatutarischer Verpflichtung des gewerblichen Hülfspersonals zu deren Besuch) und G.O. § 94, 5 (der höheren Verwaltungsbehörde steht das Recht zu, den mit den bisherigen Innungen verbunden gewesenen Unterrichtsanstalten nach der Auflösung der Innung Corporationsrechte zu verleihen).
  B. Mit Bezug auf das Militärwesen ergangene Bestimmungen siehe
    I. unter Freiwillige II (Verzeichniß der Anstalten, welche Zeugnisse über die wissenschaftliche Befähigung für den einjährigen Freiwilligendienst auszustellen berechtigt sind).
    II. E.O. § 9 (abgekürzte Dienstzeit der Volksschullehrer und Candidaten des Volksschulamts*), § 50, 3 Anm. (bei Berechnung des Ersatzbedarfes bleiben dieselben außer Betracht), E.O. § 20, 2a (einzeln stehende Volksschullehrer können mit Unabkömmlichkeitsattesten versehen werden).
  C. Ueber die Voraussetzungen, unter denen früheren Schuldienern, welche in den Reichsdienst getreten

---
*) Die Volksschullehrer und Schulamtscandidaten werden bereits nach 6-wöchiger activer Dienstzeit zur Reserve beurlaubt (R.O. § 13, 2).

sind, dieser Schuldienst bei der Pensionirung ange=
rechnet wird, siehe Ges. vom 31. März 1873 § 52.
Untersagung des Gewerbebetriebs s. Gewerbewesen M.
Unterstützung von Militärfamilien s. Militärwesen Q.
Unterstützungswohnsitz. Die Reichscompetenz über diese
Materie erstreckt sich nach R.V. Art. 4, 1 und Art. I
des Schlußprotokolls vom 23. Nov. 1870 (Ges.=Bl.
1873 p. 23) nicht auf Bayern. Das unter dem
6. Juni 1870 erlassene Gesetz über Erwerb und Ver=
lust des Unterstützungswohnsitzes gilt daher für Bayern
nicht, ist dagegen durch Gesetz vom 8. Nov. 1871 auf
Würtemberg und Baden erstreckt. Im Einzelnen:
I. Zu § 1, 2: Die Bestimmung in § 7 des Freizügig=
keitsgesetzes vom 1. Nov. 1867, somit der Gothaer
und Eisenacher Vertrag wegen Uebernahme auszu=
weisender, Verpflegung erkrankter und Beerdigung
verstorbener Staatsangehöriger gelten daher im Ver=
hältnisse zu Bayern noch fort (s. Freizügigkeit
C I 2, C II 2).
II. Zu § 42 ff. (Bundesamt für das Heimathwesen)*),
s. § 158 des Gesetzes vom 31. März 1873 (Be=
zeichnung derjenigen Bestimmungen des Beamten=
Gesetzes, welche auf Mitglieder des Bundesamtes
nicht Anwendung erleiden).
III. Im Uebrigen s. Armenwesen, Freizügigkeit C.
Unzucht. Zuwiderhandlungen gegen die für Prostituirte
bestehenden polizeilichen Bestimmungen sind nach St.G.B.
§ 361, 6 strafbar.
Urheberrecht. Auf Grund der in Art. 4, 6 der R.V.
geordneten Reichscompetenz über den Schutz des geistigen
Eigenthums sind ergangen:
I. Das Gesetz vom 11. Juni 1870 über das Urheber=
recht an Schriftwerken, musikalischen Compositionen
und dramatischen Werken. Hierzu siehe

---

*) Das Regulativ zur Ordnung seines Geschäftsganges
publicirt Centr.=Bl. 1873 p. 4.

Urlaub — Urlaubskarten.

1) die Instruction für die nach § 31, § 49 des Gesetzes zu bildenden Sachverständigen-Vereine vom 21. Oct. 1870,
2) die gemäß § 58 des Gesetzes ergangene Instruction wegen Inventarisirung und Stempelung der nach der bisherigen Gesetzgebung rechtmäßig angefertigten Vorrichtungen und Exemplare von Schriftwerken vom 7. Dec. 1870.*)

II. Weiter sind ergangen zum Schutz des Urheberrechts**)
1) an Werken der bildenden Kunst das Gesetz vom 9. Jan. 1876***),
2) an Photographien, das Gesetz vom 10. Jan. 1876,
3) an Mustern und Modellen, das Gesetz vom 11. Jan. 1876.†)

III. Verträge zum Schutze der Rechte an literarischen Erzeugnissen und Werken der bildenden Kunst sind abgeschlossen mit der Schweiz unter dem 13. Mai 1869, mit Italien unter dem 12. Mai 1869. Die dießfallsige Uebereinkunft mit Frankreich ist wieder in Kraft getreten durch Art. 11, 3 des Friedensvertrages vom 10. Mai 1871.

IV. Siehe auch Waarenzeichen, Erfindungspatente.

Urlaub von Reichsbeamten, f. Reichsbeamte A V; über die zur Disposition der Truppentheile beurlaubten Mannschaften f. Disposition I.

Urlaubskarten und

---

*) Im Centr.-Bl. nicht publicirt.
**) Zu den Gesetzen vom 9., 10. und 11. Jan. 1876 f. über die Zusammensetzung und den Geschäftsbetrieb der nach diesen Gesetzen zu bildenden Sachverständigenvereine Centr.-Bl. 1876 p. 117.
***) Die Bestimmungen über Inventarisirung und Stempelung der nach der bisherigen Gesetzgebung rechtmäßig angefertigten Vorrichtungen zur Herstellung von Werken der bildenden Kunst publicirt Centr.-Bl. 1876 p. 118; die Bestimmungen über Führung der Eintragsrolle f. eod. p. 119.
†) Die Bestimmungen über Führung der Musterregister publicirt Centr.-Bl. 1876 p. 128 und p. 404.

Urlaubsscheine als Legitimation für zeitweise beurlaubte Militärpersonen des activen Heeres s. C.O. § 6, 5.
Urlaubspässe Militärpflichtiger, hierüber s. C.O. § 72, 5 § 75, 3 § 76, 4 C.O. § 4.

Verbietungsrechte s. Gewerbliche Verbietungsrechte.
Verbrauchssteuern s. Zollwesen B und C.
Veredelungsverkehr s. Zollerlaß.
Vereidung s. Verpflichtung.
Vereinsbevollmächtigte und **Vereinscontroleure** s. Zoll und Steuern C IV.
Vereins- und Versammlungswesen. Das Vereinswesen unterliegt der Reichscompetenz (R.V. Art. 4, 16). Beschränkende Bestimmungen für Militärpersonen s. Militärwesen O.
Vereinszolltarif s. Zollwesen A I.
Verfassung s. Reichsverfassung.
Verfassungseid der Reichsbeamten, s. Reichsbeamte A I 1, insbes. Beamtengesetz vom 31. März 1873 § 10.
Verfassungsstreitigkeiten innerhalb der Bundesstaaten sind im Wege der Reichsgesetzgebung zur Erledigung zu bringen (R.V. Art. 76, 2).
Verheirathung s. Ehe.
Verjährung der Uebertretungen s. St.G.B. § 67, 3 und 4; über Verjährung von Zuwiderhandlungen gegen die Gesetze über die Biersteuer, Branntweinsteuer und Postgefälle, s. Einf.-Ges. vom 31. Mai 1870 § 7.
Verkehrsanstalten.
  I. Ueber die gewerblichen Bestimmungen für Unterhaltung des öffentlichen Verkehrs durch Wagen und Transportmittel aller Art s. Gewerbewesen B III 4.
  II. Inwieweit Abgaben für Benutzung von Verkehrsanstalten zulässig sind s. Zollwesen A III 2.
  III. Ueber Gestellung und Abnahme von Transportmitteln für militärische Zwecke

Verleger — Versicherungswesen.

1) in Mobilmachungsfällen s. Gesetz vom 13. Juni 1873 § 3, 3 § 13 und Ausf.=Verordnung vom 1. April 1876 Nr. 6,
2) im Frieden s. Instruction vom 2. Sept. 1875 No. 1, 6, 10.

IV. Verkehrspolizeiliche Bestimmungen s. bei Straßenwesen III.

Verleger von Zeitungen ꝛc., s. Presse.

Vermahlungssteuer, über die Zulässigkeit der Besteuerung der derselben unterliegenden Gegenstände durch Gemeinden und Corporationen s. Zollwesen B IV; über die Zulassung der Brauer zur Entrichtung der Brausteuer im Wege der Vermahlungssteuer s. Braus teuer II.

Vermißte, über Pensionirung ihrer Hinterbliebenen, s. Gesetz vom 27. Juni 1871 § 44.

Verpackung von Postsendungen, über die Art derselben s. Postordnung § 8.*)

Verpflichtung von Reichsbeamten s. Reichsbeamte A I 1, von Feldmessern, Auctionatoren ꝛc. s. G.O. § 36.

Versammlungen von Militärpersonen s. Militärwesen O.

Versicherungsgebühr für Postsendungen s. Gesetz vom 17. Mai 1873 § 2.

Versicherungswesen.
I. Die in Art. 4, 1 der R.V. geordnete Reichscompetenz bezüglich dieser Materie ist, soviel Bayern betrifft, insofern beschränkt, als die vom Reiche über das Immobiliarversicherungswesen zu erlassenden Bestimmungen für Bayern nur mit Zustimmung der bayrischen Regierung Geltung erlangen können (Schlußprotokoll vom 23. Nov. 1870 sub IV, Ges.=Bl. 1871 p. 23).
II. Die G.O. leidet nach § 6, 1 derselben auf den Gewerbebetrieb der Versicherungsunternehmer keine Anwendung; für Agenten ist eine Concession nicht vor-

---
*) Centr.=Bl. 1875 p. 8.

geschrieben, jedoch haben Agenten von Feuerversicherungsgesellschaften von Uebernahme der Agentur oder Niederlegung bez. Entziehung derselben der Wohnortsbehörde Anzeige zu machen (G.O. § 14, 2 und Gewerbewesen B I).

Versorgung von Militärpersonen, s. Militärwesen P, insbes. Ges. vom 27. Juni 1871 § 58 ff. und Ges. vom 4. April 1874 § 10 ff.

Verstümmelungszulage s. Gesetz vom 27. Juni 1871 § 13, § 72.

Verwandtendiebstahl ist straflos (St.G.B. § 370, 5 Abs. 2).

Verweis ist als Strafe jugendlicher Personen zulässig (St.G.B. § 57, 4).

Veterinärwesen.
I. Gewerbliche Vorschriften über Prüfung, Approbation ꝛc. der Thierärzte siehe bei Medicinalwesen A.
II. Die Veterinärpolizei unterliegt der Reichscompetenz (R.V. Art. 4, 15), s. auch Rinderpest, Medicinalwesen B.

Viehmärkte s. Gewerbewesen D IV.

Viehseuchen s. Rinderpest, Medicinalwesen B 2 und 3.

Viehtransport s. Eisenbahnwesen B II 5.

Visirung der Reisepässe, eine Verpflichtung hierzu besteht nicht (Paßges. vom 12. Oct. 1867 § 5); wegen der Visirung durch die Consuln, s. Ges. vom 8. Nov. 1875 § 25.

Vogelschutz, s. St.G.B. § 368, 11 (Strafe für Ausnahme von Eiern oder Jungen von Singvögeln).

Volksschullehrer, über deren Militärpflicht ꝛc., s. Unterrichtswesen B II.

Vormusterung, s. Mobilmachungspferde.

Vorspannleistungen für die bewaffnete Macht
1) im Frieden, s. Ges. vom 13. Febr. 1875 § 2, 1 § 3 § 9, 1 Instruction vom 2. Sept. 1875 No. 1 und 6, Militärwesen R II, 1 Anm.,

Vorstellungsliste — Waarenzeichen.

2) im Kriege, s. Ges. vom 13. Juni 1873 § 3, 3 § 12, Ausf.-Verordnung vom 1. April 1876 No. 5.

Vorstellungsliste s. E.O. § 49 § 67, 4 und 5 (allgemeine Bestimmungen), § 72, 2 (Eintragung der Entscheidung der Oberersatzcommission), § 75, 9 (Vorstellungsliste der schiffahrttreibenden Militärpflichtigen).

Vorwegeinzustellende s. E.O. § 65, No. 3, 2a und 7.

Vorzumerkende s. E.O. § 65, 4 und 2b.

Waagen s. Maaße und Gewichte E I 5, und über die Zulässigkeit der Erhebung von Abgaben für die Benutzung von Waagen Zollwesen A III 2.

Waarencreditirung, Verbot derselben, s. Arbeitslohn.

Waarenproben, über deren Postbeförderung s. Postwesen B I 2 Anm. 5.

Waarenverschluß (steueramtlicher) s. Zollges. vom 1. Juli 1869 § 43, § 94 ff. und Zollwesen A XVII.

Waarenverzeichniß (amtliches), dient zur richtigen Anwendung des Zolltarifs; Näheres hierüber s. Zollgesetz vom 1. Juli 1869 § 12.*)

Waarenzeichen.

I. Die Bestimmungen zu deren Schutze (Markenschutz) enthält Ges. vom 30. Nov. 1874.**)

1) Wegen den Kosten der in § 6 des Gesetzes erwähnten Bekanntmachung siehe Bek. vom 8. Febr. 1875.***)

2) Durch die Bestimmungen von § 14 des Gesetzes erledigt sich § 287 des St.G.B. (siehe Anmerkung zu § 288 der durch Bek. vom 26. Febr. 1876 publicirten Neuredaction des St.G.B.).

3) Zu § 20: Verträge über den Markenschutz sind

---

*) Abänderungen und Zusätze zu demselben publicirt Centr.-Bl. 1876 p. 24 (Oel, Ricinusöl, Zeugwaaren), Centr.-Bl. 1875 p. 702 (Eisenbahnschienen, Boulinikon, Decken, Linoleum, Cigarrenspitzen).

**) Die Ausführungsbestimmungen hierzu publicirt Centr.-Bl. 1875 p. 123.

***) Centr.-Bl. 1875 p. 131.

publicirt durch Bek. vom 11. Juli 1872 (Schweden und Norwegen), 18. Aug. 1873 (Rußland), 15. April 1875 (Großbritannien), 20. April 1875 (Italien), 20. Aug. 1875 (Oestreich-Ungarn), 13. Sept. 1875 (Belgien), 14. Juli 1876 (Luxemburg); siehe auch die bei Handel unter D aufgeführten Handelsverträge; der dießfallsige Vertrag Frankreichs mit dem Zollvereine und einzelnen Deutschen Staaten ist durch Additional-Vertrag vom 12. Oct. 1871 § 11 und Declaration vom 8. Oct. 1873 wieder in Kraft getreten.

II. Die Voraussetzungen für den Gebrauch des deutschen Adlers als Waarenzeichen, desgleichen die Strafe für den Gebrauch des kaiserlichen Wappens, des Wappens von Bundesfürsten oder von Landeswappen hierzu siehe unter Wappen.

Wachen, Vorschriften für dieselben bei vorläufigen Ergreifungen und förmlichen Verhaftungen, s. Militärwesen H V.

Waffen.

I. Die Voraussetzungen, unter denen dem Militär der Waffengebrauch gestattet ist, giebt Militärwesen H V und Kriegszustand; widerrechtlicher Gebrauch von Waffen durch Militärpersonen wird nach § 149 des Militärstrafgesetzbuches vom 20. Juni 1872 bestraft.

II. Die Strafen für Zuwiderhandlungen anderer Personen in Bezug auf Waffen giebt St.G.B. § 367, 8 bis 10 (unbefugtes Schießen, Feilhalten und Mitsichführen von Stockdegen ꝛc., Gebrauch von Waffen bei Exceß), § 368, 7 (feuergefährliches Schießen), § 362, 2 (Betteln mit Waffen), § 360, 2 (unbefugtes Ansammeln von Waffenvorräthen).

Wäger s. Gewerbewesen B III.

Wahlconsuln s. Consulatswesen, insbes. § 9, § 10 des Ges. vom 8. Nov. 1867.

Waisenpensionen s. Hinterbliebene.

Wanderbücher, Fälschung oder Gebrauch gefälschter, ist nach St.G.B. § 363 strafbar.

Wandern s. G.O. § 104 § 126 § 127 (der Wanderzwang ist aufgehoben), E.O. § 31, 6 (Wandern als Zurückstellungsgrund).

Wappen s. Erlaß vom 3. Aug. 1871 (Feststellung des kaiserlichen Wappens und der kaiserlichen Standarte), Erlasse vom 16. März und 11. April 1872 (Feststellung der Form, unter welcher der Gebrauch des kaiserlichen Adlers als Waarenzeichen zulässig ist), St.G.B. § 360, 7 (Strafe für unbefugten Gebrauch der Abbildung des kaiserlichen Wappens, des Wappens von Landesfürsten oder von Landeswappen).

Wartegeld s. Beamtengesetz vom 31. März 1873 § 24 — § 31 § 149 — § 153 § 6 § 19 § 132 und dazu Reichsbeamte C.

Wasserbetriebwerke, Stauanlagen für dieselben, s. Flüsse B.

Wasserstraßen.
1) Strafen für Uebertretungen in Bezug auf Wasserstraßen giebt St.G.B. § 366, No. 3, 8, 9, 10 § 366 a.
2) Im Uebrigen s. Flüsse, Canäle.

Wasserzölle, die Gesetzgebung hierüber unterliegt der Reichscompetenz (R.V. Art. 4, 9). Inwieweit Wasserzölle zulässig sind, darüber siehe Zollwesen A III 2, und dazu R.V. Art. 54, Abs. 3 bis 6, Zollwesen A XII, A XV, Seewesen A III und A I Anm. 5 und Flößerei.

Wechselacceptation ist den Notenbanken verboten (Bankges. vom 14. März 1875 § 7).

Wechselaccepte, über die Benutzung von Postaufträgen zu Vorzeigung von Wechseln behufs deren Annahme, s. Postwesen B I 2 Anm. 6.

Wechseldiscontirung der Reichsbank, siehe Bankges. vom 14. März 1875 § 13, 2, der Privatnotenbanken siehe eod. § 44, 1; der Discontzinsfuß der Reichsbank ist zeitweilig zu veröffentlichen (eod. § 15).

Wechselstempel. Die Bestimmungen hierüber enthält das Ges. vom 10. Juni 1869, die Ausführungsbestimmungen hierzu die Bek. vom 13. Dec. 1869 (p. 691). Die letztere ist ergänzt
1) soviel den Debit, sowie das Verfahren bei Erstattung verdorbener Stempelmarken und Blanquets betrifft, durch Bek. vom 13. Dec. 1869 p. 695,
2) im Allgemeinen durch die Bekanntmachung vom 24. Juni 1871; die Bestimmungen der letzteren unter II. (Art und Weise der Verwendung) sind ersetzt durch die Bekanntmachung vom 11. Juli 1873.
3) Neue auf „Mark" lautende Stempelmarken und Blanquets sind eingeführt durch Bek. vom 13. Dec. 1874.

Wege s. Straßenwesen.

Wehrordnung. Dieselbe ist zur Ausführung der Bestimmungen des Militärgesetzes über das Ersatzwesen und die militärische Controle des Beurlaubtenstandes bestimmt (s. Militärwesen C und F), zerfällt demgemäß in die Ersatz-Ordnung und Controlordnung und ist publicirt durch Verordnung vom 28. Sept. 1875.*)

Wehrpflicht s. Militärwesen B.

Wein.
I. Zollrechtliche Bestimmungen hierüber siehe bei Zollwesen B III (Bestimmungen darüber, inwieweit die Erhebung einer Abgabe vom Weine zulässig ist), Zollwesen A XIX und Zollges. vom 1. Juli 1869 § 111 (Zollerleichterungen für den Handel mit Wein), Zollwesen A I 2 (Verbot der Einfuhr von Rebenpflanzen).

II. Vorschriften über Stempelung der Fässer siehe bei Fässer.

---

*) Centr.-Bl. 1875 p. 585; zur militärischen Ergänzung der Wehrordnung ist die (im Centr.-Bl. nicht publicirte) Heerordnung ergangen; dieselbe zerfällt in die Recrutirungsordnung und in die Landwehrordnung, erstere vorzugsweise zur Ergänzung der Ersatz-Ordnung, letztere vorzugsweise zur Ergänzung der Control-Ordnung bestimmt.

Werkmeister in Fabriken, für diese gelten die unter Gewerbewesen G aufgeführten Bestimmungen der G.O. über Gesellen und Gehülfen nicht (G.O. § 126).

Werthsendungen mittelst Post, siehe Postges. vom 28. Oct. 1871 § 6 — § 10, Postordnung § 7 — § 10*) und Postwesen B III 2.

Wilhelm=Luxemburger Bahn s. Eisenbahnwesen C.

Windmühlen, über die Entfernung, welche bei Errichtung derselben einzuhalten ist, können die Verwaltungsbehörden durch Polizeiverordnung Bestimmung treffen (G.O. § 28).

Wittwenpensionen s. Hinterbliebene.

Wochenmärkte s. Gewerbewesen D, insbes. G.O. § 66 (Gegenstände des Wochenmarktverkehrs), § 58, 2 (für den Verkauf selbstgefertigter Waaren des Wochenmarktverkehrs haben die unteren Verwaltungsbehörden den Legitimationsschein zu ertheilen).

Wochenübersichten der Banken s. Bankgesetz vom 14. März 1875 § 8, § 15.

Wohnungsgeldzuschüsse für Reichsbeamte, Officiere und Aerzte des Heeres und der Marine s. Gesetz und Ausf.=Verordnung vom 30. Juni 1873 und hierzu die Berichtigung der Classification p. 349 (die Postcassirer betr.), Verordnung vom 3. Febr. 1874 (Ergänzung der Classification) und Verordnung vom 23. Febr. 1875 § 1 (Erstreckung auf Reichsbankbeamte).

Wundärzte, für diese gelten die bei Medicinalwesen A aufgeführten Bestimmungen für Aerzte.

Würtemberg.
1) Wegen der Reservatrechte Würtembergs s. Gesetzgebung A II 1 b β und Reichsverfassung II, insbes. Protokoll vom 25. Nov. 1870 (p. 657) und Ges. vom 16. April 1871 § 3.
2) Wegen der Einführung von Reichsgesetzen in Würtemberg s. Protokoll vom 25. Nov. 1870 (p. 654)

---

*) Centr.-Bl. 1875 p. 7, p. 9.

Art. 2 No. 6 und § 2, 1 des Gesetzes vom 16. April 1871; die ferner eingeführten Reichsgesetze siehe bei den einzelnen Materien.

Zahnärzte, für diese gelten die bei Medicinalwesen A I aufgeführten Bestimmungen für Aerzte.
Zeitungen s. Presse.
Zeitungsdebit s. Presse B.
Zeitungsstempel, derselbe ist unzulässig (Preßges. vom 7. Mai 1874 § 30, 4).
Zi= s. Ci=.
Zollausschlüsse s. Zollwesen A VI.
Zollbeamte, Zollbehörden s. Zollwesen C VI.
Zollcredit s. Zollwesen A XIX.
Zolldeclaration
  1) überhaupt, s. Zollgesetz vom 1. Juli 1869 § 22 ff. und Anweisung dazu Punkt 4,
  2) speciell beim Eisenbahntransporte s. Zollgesetz vom 1. Juli 1869 § 63, § 66, speciell beim Seeverkehr s. Zollges. § 75 ff., § 81.
Zolldefraudationen s. Zollwesen C VII, 1.
Zolldirectionen s. Zollwesen C VI.
Zollerlaß
  I. für Waaren des Meß= und Marktverkehrs, Retour= waaren, Veredelungsverkehr, Strandgüter, Sendungen aus dem Bundesgebiete durch das Ausland nach dem Bundesgebiete, für den Grenzverkehr, s. Zollgesetz vom 1. Juli 1869 § 111 — § 118 und Zollwesen A XXI,
  II. für die auf dem Transporte bez. auf der Niederlage zu Grunde gegangenen, verdorbenen oder zerbrochenen Waaren s. Zollgesetz vom 1. Juli 1869 § 48, § 67, § 103 und Anweisung dazu Punkt 12*).

---

*) Diese Bestimmung ist auf die im Schiffsansageverkehre und im Verkehre mit den Staatsposten eingehenden Strandgüter erstreckt worden (Centr.=Bl. 1876 p. 127).

Zollerleichterungen, hierüber s. zunächst Zollerlaß, hiernächst wegen der Zollerleichterungen durch Niederlagen, Privatlager und fortlaufende Conten Zollgesetz vom 1. Juli 1859 § 97 — § 110 und dazu Zollwesen A XVIII bis XX.

Zolllinie s. Zollwesen A VI.

Zollrevision
1) im Allgemeinen s. Zollgesetz vom 1. Juli 1869 § 28 ff und dazu Zollwesen A X bis A XII,
2) speciell beim Eisenbahntransporte s. Zollges. § 66, beim Seetransporte eod. § 80.

Zollstrafen s. Zollwesen C VII 1.

Zollstraßen s. Zollwesen A VI.

Zolltarif s. Zollwesen A I 1.

Zollvereinigungsvertrag s. Zollwesen C VIII.

Zollverträge
1) zwischen den Bundesstaaten s. Zollwesen C VIII,
2) mit fremden Staaten s. Handel D.

Zollwesen (Zölle und indirecte Steuern).

A. Die Zölle betr. Deutschland bildet ein Zollgebiet, umgeben von gemeinschaftlicher Zollgrenze (R.V. Art. 33). Das Reich hat die Gesetzgebung über das gesammte Zollwesen (R.V. Art. 35, Art. 42). Auf Grund dieser Bestimmungen ist unter dem 1. Juli 1869 das Vereinszollgesetz, auf Grund von § 167 desselben die unter dem 1. Jan. 1870 in Kraft getretene Anweisung*) ergangen. Zum Zollgesetze ist Folgendes zu bemerken:

I. Zu § 1 — § 6 (Aus-, Ein- und Durchgangszoll): Die in § 1 für den Verkehr mit dem Vereinsauslande ausgesprochene Regel der freien Einfuhr, Ausfuhr und Durchfuhr modificirt sich
1) durch die Bestimmungen des Zolltarifs; derselbe ist publicirt durch Bek. vom 23. Mai

---

*) Die Anweisung ist im Ges.-Bl. und Centr.-Bl. nicht publicirt.

1870, abgeändert durch Ges. vom 7. Juli 1873 und in der Neuredaction publicirt durch Bek. vom 12. Juli 1873; Berichtigungen der Positionen 6b, 3c, 19d 1, 42c und 43c desselben giebt Ges.-Bl. 1873 p. 336 *). Da Durchgangsabgaben nach § 6 des Zollgesetzes nicht erhoben werden, die Ausfuhr aber nach Abtheilung II des Tarifes ebenfalls zollfrei ist, so werden überhaupt nur Eingangszölle erhoben, deren Höhe sich nach Abtheilung I des Tarifes bestimmt. Die auch vom Eingangszolle freizulassenden Gegenstände nennt die Vorbemerkung zu Abtheilung I des Tarifes. Unter dem in den allgemeinen Gesetzen und Verwaltungsvorschriften erwähnten allgemeinen Eingangszolle ist nach Art. 3 § 7 Abs. 2 des Zollvertrages vom 8. Juli

---

*) Zum Zolltarife sind außerdem folgende Zusätze ergangen:
1) Zu Position 10 e (Glaswaaren) s. Centr.-Bl. 1875 p. 370 (Syphons).
2) Zu Pos. 13 (Holz) s. Centr.-Bl. 1876 p. 619 (Feldstühle und Fußkissen).
3) Zu Pos. 18 (Kleider, Wäsche, Putzwaaren) s. Centr.-Bl. 1876 p. 579 und p. 144 (Hüte, Handschuhe ꝛc.).
4) Zu Pos. 25 h und h 2 α (Früchte) s. Centr.-Bl. 1876 p. 25.
5) Zu Pos. 25 p. 1 β s. Centr.-Bl. 1876 p. 144 (Kindermehl).
6) Zu Pos. 40 a und 21 c s. Centr.-Bl. 1876 p. 127 (Schiefertuch und daraus gefertigte Wandtafeln).
7) Hiernächst siehe noch Centr.-Bl. 1874 p. 270 (Bestimmungen über die Zollvergütung für die zum Schiffsbau verwendeten metallenen Materialien) und Centr.-Bl. 1876 p. 629 (zollfreie Ablassung von Ausrüstungsgegenständen für östreichische Eisenbahnbureaux).
8) Wegen des zur richtigen Anwendung des Zolltarifs bestimmten amtlichen Waarenverzeichnisses s. Waarenverzeichniß.
9) Zu Abth. 3 P. III des Tarifs (Gewichtsermittelung) siehe unten A XI.
10) Zu Abth. 3 P. V des Tarifs s. Centr.-Bl. 1875 p. 749 (Mindestbetrag der Zollerhebung und Mindestgewicht).

1867 der Zollsatz von 150 Pf. zu verstehen. Abänderungen des Zolltarifs sollen in der Regel 8 Wochen vor deren Inkrafttreten publicirt werden (Zollgesetz § 11).
2) Weitere Ausnahmen von der Regel der Verkehrsfreiheit bilden die bestehenden Ein-, Aus- und Durchfuhrverbote. (Zollges. vom 1. Juli 1869 § 2.) Verboten ist zur Zeit zufolge Verordnung vom 11. Febr. 1873 die Einfuhr von Rebenpflanzen, zufolge Verordnung vom 26. Febr. 1875 die Einfuhr von Kartoffeln aus Amerika.

II. Ueber die im Verkehre mit dem Vereins-Auslande geltenden Zollverträge s. Handel D.

III. Die in § 7 des Zollgesetzes vom 1. Juli 1869 und R.V. Art. 32, 2 als Regel ausgesprochene Verkehrsfreiheit innerhalb des Bundesgebietes erleidet zufolge dieser Bestimmungen Ausnahmen bez. Beschränkungen

1) durch die nach den bestehenden Verträgen noch zu erhebenden Uebergangsabgaben (siehe unten B II),
2) durch die beschränkt (bis zur Höhe des Herstellungs- und Unterhaltungs-Aufwandes) zulässige Erhebung von Abgaben für die Benutzung von Häfen, Canälen, Schleußen, Brücken, Fähren, Kunststraßen, Wegen, Waagen, Krahnen, Niederlagen und anderen zur Erleichterung des Verkehres bestimmten Anstalten (Zollges. vom 1. Juli 1869 § 8, 2, Zollvertrag vom 8. Juli 1867 Art. 22 bis Art. 25, Art. 28, R.V. Art. 54 Abs. 3 und 4). Hierzu siehe

a) die Ausführungsbestimmungen bezüglich der Flüsse unter Flößerei, bezüglich der Häfen unter Seewesen A I Anm. 5, bezüglich des Chausseegeldes unter Straßenwesen II, bezüglich des Meß- und Marktverkehrs in § 68 der G.O.; wegen der Meßgebühren ist

das Nöthige in den Meßordnungen enthalten (Zollgesetz vom 1. Juli 1869 § 11).
b) Dagegen stellen sich Binnenzölle, sowohl des Staates als der Communen und Privaten, nach § 8, 1 des Zollgesetzes vom 1. Juli 1869 als unzulässig dar; unzulässig sind daher insbesondere die Thorsperr= und Pflaster= gelder (Zollvertrag vom 8. Juli 1867 Art. 22, 4), die Stapel= und Umschlagsrechte (eod. Art. 24) und die Abgaben für die Benutzung von Waagen=Einrichtungen, soweit der Gebrauch nur zum Zwecke der zollamtlichen Controle stattfindet (eod. Art. 25, 2).

IV. Zu § 9 des Zollgesetzes vom 1. Juli 1869 (Erhebungsmaaßstab) siehe die einschlagenden Bestimmungen in Abtheilung 3 des Zolltarifs vom 12. Juli 1873 und dazu oben Anm. 9 und 10 zu A I 1.

V. Die Fälle, in welchen Nebengebühren im Sinne von § 10 des Zollgesetzes vom 1. Juli 1869 erhoben werden dürfen, nennt Punkt 1 der Anweisung vom Jahre 1869.

VI. Zu § 16, § 17 (Zollinie, Zollausschlüsse, Zollstraßen) siehe
1) R.V. Art. 33, 1 (ausgeschlossen bleiben die wegen ihrer Lage zur Einschließung in die Zollgrenze nicht geeigneten Gebietstheile), R.V. Art. 34 (die Hansestädte Bremen und Hamburg mit entsprechendem Bezirke bleiben als Freihäfen außerhalb der Zollgrenze, bis sie ihre Einschließung beantragen); Ausführungsbestimmungen über die Bildung der Zollgrenze und die Bezeichnung der Zollstraßen enthält Punkt 2 der Anweisung von 1869. An Stelle des in Art. 6 des Zollvertrags vom 8. Juli 1867 enthaltenen Verzeichnisses der Zollausschlüsse publicirt Bekanntmachung vom 18. Nov. 1868 infolge inzwischen be=

wirkter Einschließung einzelner Gebietstheile ein anderweites Verzeichniß. *)

2) die Maaßregeln, welche in den Zollausschlüssen zur Sicherung der gemeinsamen Zollgrenze erforderlich sind, unterliegen der Reichscompetenz (R.V. Art. 35, 1). Auf Grund dieser Bestimmung giebt das Gesetz vom 1. Juli 1869 (p. 370) die Vorschriften zur Sicherung der Zollgrenzen in den ausgeschlossenen hamburgischen Gebietstheilen.

VII. Zu § 18, § 19 (Zollbehörden, Zollbeamte) s. unten C VI.

VIII. Welche Waaren als „verpackte" im Sinne von § 21 des Zollgesetzes vom 1. Juli 1869 zu betrachten sind, bestimmt Punkt 3 der Anweisung von 1869.

IX. Zu § 22 ff. (Declaration) siehe die Ausführungsbestimmungen in Punkt 4 der Anweisung von 1869.

X. Zu § 28 ff. (Revision) siehe Punkt 5 der Anweisung von 1869 (die Revision an anderen Orten als an der ordentlichen Amtsstelle ist nur in besonderen Fällen mit Genehmigung des Amtsvorstandes zulässig).

XI. Zu § 29 des Zollgesetzes vom 1. Juli 1869 (Begriff und Ermittelung des Bruttogewichts, Nettogewichts, der Tara) siehe die Ausführungsbestimmungen in § 6 der Anweisung von 1869 und die speciellen Bestimmungen in Abtheilung 3 Punkt III des Zolltarifs vom 12. Juli 1873.**)

---

*) Die Zollausschlüsse in der Begrenzung vom 1. Jan. 1872 mit Ausnahme Bremens und Hamburgs sind aufgezählt im Centr.-Bl. 1873 p. 162; weitere Anschlüsse veröffentlicht Centr.-Bl. 1875 p. 716.

**) Welchenfalls beim Eingange von Salz und von Rohzucker in Säcken vom Rechte der Nettoverwiegung Gebrauch zu machen sei, s. Centr.-Bl. 1876 p. 578, p. 629. — Cartons aus Pappe sind nicht zum Nettogewicht zu rechnen s. Centr.-Bl. 1876 p. 127.

XII. Zu § 30 (probeweise Revision), § 38 (Anmeldung beim Ansageposten), § 39 (Verfahren, wenn die Waaren an der Grenze in den freien Verkehr treten sollen), § 44 (Verpflichtung des Begleitscheinextrahenten), § 48 (Zollerlaß der auf dem Transporte zu Grunde gegangenen ꝛc. Waaren), § 57 (Waaren-Ein- und Durchfuhr auf Flüssen, auf welche Staatsverträge Anwendung erleiden) siehe die entsprechenden Ausführungsbestimmungen in Punkt 7 bis 14 der Anweisung von 1869).

XIII. Zu § 44 ff. (Begleitscheine)*) s. vorstehend unter XII; das in § 58 des Zollgesetzes vorbehaltene Begleitscheinregulativ ist unter dem 1. Febr. 1870 in Kraft getreten.**)

XIV. Zu § 59 — § 73 (zollamtliche Behandlung des Eisenbahntransports) und zwar

1) zu § 67 (Zollerlaß für zu Grunde gegangene, verdorbene und zerbrochene Waaren) s. Zollerlaß II,
2) das in § 73 vorbehaltene Regulativ ist unter dem 1. Febr. 1870 in Kraft getreten. ***)
3) Bestimmungen über den gleichen Gegenstand giebt Bahn-Betriebs-Reglement § 51. †)
4) die Uebereinkunft betreffs der Zollabfertigung des internationalen Verkehrs auf Eisenbahnen ist nach Art. 11 des Friedensvertrages mit Frankreich vom 10. Mai 1871 in Kraft geblieben.

XV. Zu § 74 — § 90 (Bestimmungen über die Waaren-

---

*) Vorschriften für den Fall, wann in Gemäßheit von § 46, 2 des Zollgesetzes eine Ergänzung oder Berichtigung des Begleitscheines vor der speciellen Revision vorgenommen wird, siehe im Centr.-Bl. 1876 p. 554.
**) Im Gesetz-Blatte und Central-Blatte aber nicht publicirt.
***) Im Gesetz-Bl. und Centr.-Bl. nicht publicirt; Abänderungen zu § 48 desselben publicirt Centr.-Bl. 1875 p. 716.
†) Centr.-Bl. 1874 p. 197.

Ein- und Ausfuhr seewärts) f. Anweisung von 1869 Punkt 15 (die bestehenden Hafenregulative bleiben in Kraft); über die Abgabentarife f. Seewesen A I Anm. 5.

XVI. Das in § 91, 5 des Zollgesetzes vom 1. Juli 1869 erwähnte, nach Punkt 16 der Anweisung von 1869 am 1. Aug. 1868 in Kraft getretene Regulativ über die zollamtliche Behandlung des Verkehrs mit den Staatsposten hat im Jahre 1871 Abänderungen zu § 1, § 2, § 4 und § 7 erfahren.*)

XVII. Zu § 94 — § 96 (Waarenverschluß) bewendet es nach Punkt 17 der Anweisung von 1869 bei den bestehenden Bestimmungen über die als verschlußfähig anzuerkennende Verpackung.

XVIII. Zu § 97 — § 107 des Zollgesetzes vom 1. Juli 1869 (öffentliche Niederlagen), und zwar
1) zu § 103, siehe Zollerlaß.
2) Das in § 106 vorbehaltene Regulativ ist am 1. Febr. 1870 in Kraft getreten.**)

XIX. Zu § 108, § 109 (Privatlager): Das in § 109 vorbehaltene Regulativ über Privatlager (Creditlager und Transitlager) ist unter dem 1. Juli 1871, das Regulativ über die zollamtlichen Erleichterungen für den Handel mit fremden Weinen nnd Spirituosen (Theilungslager und eiserner Zollcredit) unter dem 1. Jan. 1872 in Kraft getreten.***)

XX. Das in § 110 des Zollgesetzes vom 1. Juli 1869

---

*) Das Regulativ sowohl als obige Abänderungen sind im Ges.-Bl. und Centr.-Bl. nicht publicirt; Die Annotationsregister sind abgeschafft (Centr.-Bl. 1876 p. 25).
**) Im Ges.-Bl. und Centr.-Bl. nicht publicirt; zu § 23 und § 24 desselben siehe Centr.-Bl. 1876 p. 126 (Bestimmungen über Feststellung des Bruttogewichts des alten Fasses bei Ueberleitung der Flüssigkeit in andere Fässer).
***) Die hier genannten Regulative sind von Reichswegen nicht publicirt.

und Punkt 19 der Anweisung von 1869 erwähnte Regulativ über fortlaufende Conten ist im Jahre 1871 zu § 2 und § 29 abgeändert worden. *)

XXI. Zu § 111 — § 118 (Verkehrserleichterungen und Befreiungen) siehe
1) die Ausführungsbestimmungen in Punkt 20—22 der Anweisung von 1869,
2) insbesondere zu § 112 (zur Erleichterung des Besuches von Messen und Märkten kann die zollfreie Rückbringung der unverkauft gebliebenen, aus dem freien Verkehre des Bundesgebietes stammenden Waaren verstattet, nicht minder kann fremden Handels- und Gewerbetreibenden der Erlaß des Eingangszolles von den auf deutschen Messen und Märkten unverkauft gebliebenen Gegenständen gewährt werden) siehe G.O. § 71 (Beschränkungen des Verkehrs mit den zu Messen und Märkten gebrachten aber unverkauft gebliebenen Gegenständen sind aufgehoben).

XXII. Zu § 119 — § 124 des Zollgesetzes vom 1. Juli 1869 (Controlen im Grenzbezirke, Transportcontrole, Ausweis durch Legitimationsschein, Beschränkungen des Gewerbebetriebes im Grenzbezirke, insbef. des Hausirgewerbes und der Wanderlager ɪc.) siehe Anweisung vom Jahre 1869 Punkt 23 (als Transportausweis können Begleitscheine dienen) und G.O. § 5 (alle auf Steuergesetzen beruhenden Beschränkungen des Gewerbebetriebes bleiben auch gegenüber der G.O. in Kraft).

XXIII. Zu § 128 — § 165 (Zollbehörden, Zollstrafen) s. unten C VI und VII.

B. Indirecte Steuern.

---

*) Regulativ und Abänderungen sind nicht publicirt.

Zollwesen.

I. Das Reich hat die Gesetzgebung über die Besteuerung des im Bundesgebiete gewonnenen Salzes und Tabaks, des daselbst bereiteten Branntweins und Biers und des aus Rüben oder anderen inländischen Erzeugnissen dargestellten Zuckers und Syrups (R.V. Art. 35, 1).

1) Für die süddeutschen Staaten gilt diese Gesetzgebungscompetenz bezüglich der Bier= und Branntweinsteuer, für Elsaß=Lothringen bezüglich der Biersteuer, nicht (R.V. Art. 35, 2, Ges. vom 25. Juni 1873 § 4), jedoch ist die Besteuerung dieser Artikel durch die in Art. 5 § 2 des Zollvertrages vom 8. Juli 1867 aufgeführten Maximalbeträge beschränkt. Von den hiernach zwischen Nord= und Süddeutschland auch ferner zu erhebenden Uebergangsabgaben für Branntwein und Bier gilt dasselbe, wie nach Art. 35, 2 der R.V. von den auf Bereitung dieser Getränke gelegten Abgaben. (Schlußprotokoll vom 23. Nov. 1870, p. 23 des Ges.=Bl von 1871, sub X, Vertrag vom 15. Nov. 1870 sub 2 und Vertrag vom 25. Nov. 1870 Art. 2 sub 3).

2) Ueber die auf Grund obiger Reichscompetenz ergangenen Bestimmungen s. Salzsteuer, Tabaksteuer, Branntweinsteuer, Brausteuer, Zuckersteuer.

II. Gegenstände, welche im freien Verkehre eines Bundesstaates befindlich sind, können in anderen Bundesstaaten einer Abgabe nur insoweit unterworfen werden, als daselbst gleichartige inländische Erzeugnisse einer innern Steuer unterliegen; die von dem Erzeugnisse des andern Staates erhobene Steuer darf in keinem Falle höher oder lästiger sein, als die inländische (R.V. Art. 33, 2, Zollvertrag vom 8. Juli 1867 Art. 5 II § 3, § 3 a). Inwieweit hiernach im internen Verkehre

1) noch Uebergangsabgaben erhoben werden dürfen,

hierüber s. Zollvertrag vom 8. Juli 1867 Art. 5 II § 3 d — f und § 5;
2) inwieweit noch Steuervergütungen bez. Ausfuhrprämien zulässig sind, siehe eodem § 4, § 5.

III. Inwieweit die Einzelstaaten berechtigt sind, neben den unter I genannten noch von anderen Gegenständen (Fleisch und Fleischwaaren, Mehl- und Backwaaren, Essig, Malz, Wein, Most, Cider ꝛc.) Abgaben zu erheben, bestimmt Zollvertrag vom 8. Juli 1867 Art. 5 § 2. Im Geltungsbereiche des Gesetzes vom 31. Mai 1872 über die Brausteuer sind jedoch alle über die Besteuerung des Bieres, Essigs, Malzes und der Malzsurrogate ergangenen Bestimmungen — ausgenommen die Bestimmungen über Erhebung der Braumalzsteuer im Anschlusse an die Vermahlungssteuer — durch dieses Gesetz aufgehoben (vgl. § 22, § 44 des Gesetzes und dazu Brausteuer II).

IV. Die Erhebung von Abgaben für Communen und Corporationen soll nur von Gegenständen, die zur örtlichen Consumption bestimmt sind (Bier, Malz, Cider, die der Mahl- und Schlachtsteuer unterliegenden Erzeugnisse, Brennmaterialien, Marktvictualien und Fourage) zulässig sein; für Bier und Branntwein ist ein zulässiger Höchstbetrag festgesetzt; eine Steuervergütung ist ebenfalls zulässig (hierüber allenthalben siehe Art. 5 § 7 des Zollvertrages vom 8. Juli 1867). Hieran ist durch das Brausteuergesetz vom 31. Mai 1872 nach § 44 desselben Nichts geändert. Auf die in Elsaß-Lothringen bestehenden Bestimmungen über das Octroi erleiden jedoch obige Beschränkungen bezüglich der Erhebung von Abgaben Seiten der Communen nicht Anwendung (Ges. vom 25. Juni 1873 § 5).

V. Die Uebersicht der von Branntwein, Bier, und geschrotenem Malze erhobenen Uebergangsabgaben, bez. der dafür gewährten Steuervergütungen publicirt in der Umrechnung nach den neuen Maaßen Bek. vom 15. Jan. 1877.

VI. Siehe auch Stempelsteuer, Notensteuer.

C. Gemeinschaftliche Bestimmungen für Zölle und indirecte Abgaben:

I. Der Ertrag der Zölle fließt in die Reichscasse, der Ertrag der in Art. 35 bezeichneten indirecten Abgaben nur insoweit, als dieselben der Reichs= gesetzgebung unterliegen (R.V. Art. 38, 1, 3 und 4, Ges. vom 25. Juni 1873 § 4, 2, oben B I und, soweit hierdurch nicht erledigt, Zollvertrag vom 8. Juli 1867 Art. 10).

II. Die Vorschriften über Berechnung dieses Ertrages und die dabei statthaften Abzüge giebt R.V. Art. 38, 2 und, soweit hierdurch nicht erledigt, Zollvertrag vom 8. Juli 1869 Art. 11, Art. 16.

III. Die Vorschriften behufs Ermittelung des von der Casse jedes Bundesstaates der Reichscasse hier= nach schuldigen Betrages giebt R.V. Art. 39, und, soweit hierdurch nicht erledigt, Zollvertrag vom 8. Juli 1867 Art. 17.

IV. Die Erhebung der Zölle und Verbrauchssteuern verbleibt jedem Bundesstaate, soweit er sie bisher ausgeübt hat, überlassen (R.V. Art. 36, 1, Zoll= vertrag vom 8. Juli 1867 Art. 19). Ueber die behufs Controlirung des Verfahrens vom Kaiser abzuordnenden Reichsbeamten (Reichsbevollmäch= tigte für Zölle und Steuern und Stationscon= troleure)*) siehe R.V. Art. 36, 2 und 3 und, soweit hierdurch nicht erledigt, Zollvertrag vom 8. Juli 1867 Art. 20 in Verbindung mit Punkt 15 des Schlußprotokolles vom gleichen Tage.

V. Ueber die Decisivstimme Preußens bei Beschluß=

---

*) Ueber Tagegelder und Fuhrkosten dieser Beamten siehe Reichsbeamte A VII Anm.

fassung über Ausführungsbestimmungen in Zoll- und Steuerangelegenheiten, desgleichen über den Bundesrathsausschuß für Zölle und Steuern s. R.V. Art. 37, Art. 8, 3.

VI. Ueber Zoll- und Steuer-Behörden und Beamte s. zunächst oben IV (Controlbeamte), hiernächst über die Zoll- und Steuer-Directionen, Hauptzoll- und Hauptsteuerämter, Ober-Inspectoren, Steuerämter, Nebenzollämter I. und II. Classe, Ansagestellen, Grenzwachen und Steueraufseher, über die amtlichen Befugnisse dieser Beamten und die Geschäftsstunden derselben s. Zollgesetz vom 1. Juli 1869 § 128 — § 133, § 18, § 19, Zollvertrag vom 8. Juli 1867 Art. 19, Zolltarif vom 12. Juli 1873 Abtheilung 3 III und Anweisung zum Zollgesetze von 1869 Punkt 25).

VII. Strafen und Strafverfahren in Zoll- und Steuersachen:
1) Das Zollwesen anlangend, siehe
 a) über die Zollstrafen, Zollgesetz vom 1. Juli 1860, § 134 — § 164 und die p. 516 des Ges.-Blattes von 1870 ersichtliche Berichtigung zu § 136,
 b) hinsichtlich des Verfahrens bewendet es bei den Landesgesetzen (Zollgesetz vom 1. Juli 1869 § 165). Das Begnadigungs- und Strafverwandelungsrecht bleibt jedem Bundesstaate in seinem Gebiete (Zollvertrag vom 8. Juli 1867 Art. 18). Im Verhältnisse zu Oestreich gilt bezüglich des Verfahrens zu Verhinderung, Entdeckung und Bestrafung von Zollübertretungen das dem Zollvertrage vom 9. März 1868 sub C. beigegebene Zollcartell.
2) Die indirecten Abgaben betr., so hat das Reich die Gesetzgebung über den gegenseitigen Schutz der in den einzelnen Bundesstaaten erhobenen Verbrauchsabgaben gegen Hinterziehung (R.V.

Art. 35, 1). Es sind jedoch über Strafen und Strafverfahren außer den in den Specialgesetzen (Braustuergeſ. vom 31. Mai 1872 § 27 ff., Branntweinsteuergesetz vom 8. Juli 1868 § 50 ff. ꝛc.) hierüber enthaltenen Bestimmungen allgemeine Vorschriften nicht ergangen.

3) Ueber die Concurrenz von Steuervergehen mit gewerbepolizeilichen Uebertretungen f. Gewerbe= wesen A I 8.

VIII. Soweit durch die vorstehend unter A, B und C aufgeführten Bestimmungen nicht erledigt, gelten die früheren Zollverträge (Zollvereinigungsver= trag vom 8. Juli 1867 und die in Art. 1 des= ſelben aufrecht erhaltenen früheren Verträge) nach R.V. Art. 40 noch fort.

Zuchthausstrafe ſ. St.G.B. § 14, § 15, § 17, Militär= strafgeſ.=Buch vom 20. Juni 1872 § 15, 3 § 45.

Zuckersteuer, hierüber ſ. zunächst die bei Zollwesen B und C aufgeführten Bestimmungen über indirecte Ab= gaben überhaupt. Auf Grund dieser Competenz ist

I. durch Geſ. vom 2. Mai 1870 die zwischen den Zoll= vereinsregierungen seiner Zeit vereinbarte Verordnung über die Besteuerung des im Inlande producirten Rübenzuckers abgeändert und deren Gültigkeit auch auf diejenigen Staaten erstreckt worden, in welchen sie noch nicht galt.

II. Durch Geſ. vom 26. Juni 1869 sind die Sätze für die inländische Rübenzuckersteuer, den Eingangszoll des ausländischen Zuckers und Syrups und die Höhe der Steuervergütung des ausgeführten Zuckers ander= weit bestimmt worden. Zu § 2, Abſ. 1 No. 4 dieses Gesetzes hat der Bundesrath im Jahre 1870 anderweite Bestimmungen über die Controle, unter welcher Melaſſe zur Branntweinbereitung zollfrei zu= zulassen ist, erlaſſen.*)

---

*) Diese Bestimmungen sind durch das Geſ.=Bl. und Centr.=

Zünfte f. Gewerbewesen F.

Zurückstellung

I. von der Aushebung, f. E.O. § 26, 3 (vorläufige Entscheidung), § 27 — § 33 (Zurückstellungs-Gründe und -Verfahren)*), § 62, 7 (Bescheinigung der Zurückstellungsanträge, Bestätigung der Erwerbsunfähigkeit durch ärztliches Zeugniß), § 63, 5 (Zuständigkeit der verstärkten Ersatzcommission), § 64, 5 (die im Musterungstermin vorzulegenden Urkunden müssen obrigkeitlich beglaubigt sein), § 70, 7 (Rechtsmittel gegen die Entscheidung der Oberersatzcommission), § 72, 7 (Zurückstellung der Ueberzähligen im Aushebungstermine), § 93 No. 2 — 5, No. 7 (Zurückstellung einjähriger Freiwilliger).

II. Ueber Zurückstellung von Recruten von der Einstellung f. E.O. § 80, 4.

III. Zurückstellung für den Fall der Mobilmachung oder nothwendigen Verstärkung des Heeres hinter den letzten Jahrgang der Reserve bez. Landwehr, und zwar

1) Zurückstellung von Personen des Beurlaubtenstandes und der Ersatzreserve I. Classe (Classificationsverfahren), hierüber siehe E.O. § 13, 5 § 15, 2 § 17 — § 19.

2) Ueber die dießfallsige Zurückstellung von Beamten (Unabkömmlichkeitsverfahren) f. E.O. § 20 — § 23, § 13 No. 4. 1. 5.**)

Bl. nicht publicirt. — Die versteuerte Rübenmenge sowie das Ergebniß der Ein- und Ausfuhr wird monatlich durch den Reichsanzeiger und das Centr.-Bl. veröffentlicht (Centr.-Bl. 1876 p. 554).

*) Hiernächst siehe R.O. § 8, 2 und 3 (Zurückstellung wegen zeitiger Untauglichkeit), und Centr.-Bl. 1873 p. 16 (die Zurückstellung der in Rußland lebenden deutschen Militärpflichtigen ist bis zu dem in ihrem 3. Concurrenzjahre stattfindenden Oberersatzgeschäfte zulässig.)

**) Ausführungsbestimmungen hierzu giebt L.O. § 19, 2 und 3 (Unabkömmlichkeitsnachweisung der Beamten und Arbeiter der

Zusammentreffen — Zwangsrechte.

3) Ueber die Zurückstellung wegen Felddienstuntüchtigkeit s. Anm.*)

IV. Ueber die Dispensation von den Uebungen der Reserve und Landwehr s. E.O. § 12, 12.

V. Ueber die Zurückstellung nach erfolgter Mobilmachung s. E.O. § 100.

Zusammentreffen strafbarer Handlungen s. Concurrenz.

Zwangspässe, die Vorschriften hierüber werden durch das Paßgesetz vom 20. Oct. 1867 nicht berührt (s. § 10, 3 dieses Gesetzes).

Zwangsrechte s. gewerbliche Verbietungsrechte.

---

militärischen Institute, Einberufung der als unabkömmlich zurückgestellten Civilbeamten und Geistlichen im Mobilmachungsfalle), L.O. § 9, 5 (die Unabkömmlichkeitsatteste werden den Hülfslisten beigefügt), Eisenbahnwesen E Anm. (Competenzverhältnisse bei Anerkennung der Unabkömmlichkeit bei der kgl. bayrischen Eisenbahncompagnie).

*) Die Felddienstuntüchtigen sind bei Gelegenheit des Aushebungsgeschäftes dem Infanteriebrigade-Commandeur vorzustellen (L.O. § 14, 5).

www.ingramcontent.com/pod-product-compliance
Lightning Source LLC
Chambersburg PA
CBHW020900230426
43666CB00008B/1260